급하고 강한 바람처럼 2

급하고 강한 바람처럼 2

1987년 10월 20일 초   판 1쇄
2003년 1월 20일 재   판 2쇄
2022년 1월 20일 개정판 6쇄

지은이 | 멜.노나 태리
옮긴이 | 정운교
펴낸곳 | 하늘기획
발행인 | 이재승
등록번호 | 제306-2008-17호
주문처 | 하늘유통
주 소 | 경기도 파주시 광탄면 혜음로 883번길 39-32
전 화 | (031) 947-7777
팩 스 | (0505) 365-0691
ISBN | 978-89-92320-603

이 책은 저작권법에 의해 보호를 받는 저작물이므로 무단 전재 및 복제를 금합니다. 잘못 만들어진 책은 구입하신 서점에서 바꾸어 드립니다.

급하고 강한 바람처럼 2
The Gentle Breeze of Jesus

멜·노나 태리 지음 | 정운교 옮김

The Gentle Breeze of Jesus

ed. by
Mel and Nona Tari

tr. by
Jeong, Woon Gyo

1994
© Hanuel Publishing Co.
SEOUL, KOREA

급하고 강한 바람처럼 2
CONTENTS

발행인의 서문 / 6
서문 / 10
역자의 말 / 16

1. 가장 위대한 기적의 체험 / 19
2. 예수님이 주시는 사랑의 선물들 / 39
3. 단순한 믿음 / 62
4. 예수님과의 은밀한 사랑 / 90
5. 부르심 / 115
6. 성령의 바람이 불게 하라 / 131
7. 하늘의 창고에서 쏟아진 보물들 / 165
8. 예수님의 축복 목록표 / 180
9. 하늘의 왕국 / 193
10. 이보다 더 큰일을 / 211
11. 신랑을 맞이할 준비 / 229

발행인 서문

멜 테리!

인도네시아 부흥의 증인으로 지금은 전 세계에 이름이 널리 알려진 그는 1946년 3월 18일 티모르 섬의 니키니키 마을에서 태어났다. 멜은 초등학교 교장선생님이었던 아버지와 독실한 기독교인이었던 어머니 사이의 열 명의 자녀 중 세 번째 아이로 태어났다.

그는 유년 시절을 그가 태어난 곳이 아닌 페네와 소우 등지에서 보내게 되었는데, 소우는 인구 5천명 정도의 산골 마을이었다. 열 다섯 살 때 그는 티모르 섬의 수도인 항구 도시 쿠팡에 있는 고등학교에 입학하게 되었으나, 이 학교에 잠시 다니던 그는 숨바 섬의 와이카부박에 있는 고등학교로 전학을 하였고 거기에서 졸업을 하였다. 그 학교는 개혁 교회에서 운영하는 기독교 학교(Mission School)였다. 그의 학교 성적은 당시 소련에 보낼 유학생을 물색하던 '수카르노' 정부의 관심을 끌 정도로 뛰어났다. 그래서 멜에게는 소련의 모스크바 대학에서 7년 동안 장학금을 받으며 전기학이나 의학을 공부할 좋은 기회가 주어졌다. 그는 기꺼이 응했고, 모스크바로 떠나기 전 부모님께 인사를 드리러 고향인 티모르 섬에 들르게 되었다. 그런데 이때 티모르 섬은 이미 섬 전체가(남한의 3분의 1정도의 크기 - 역자 註) 부흥의 열기에 휩싸여 있었다. 멜은 그의 부모로부터 받은 신앙적 영향이나 고등학교 때의 기독교 교육에도 불구하고 그때까지는 신자가 아니었다. 그러나 그가 소우에 머물고 있는 동안. 전도 집회에서 놀라운 기적과 신유의 역사들이 일어났다. 이에 깊은 감명을 받은 그는, 이 사건을 계기로 그의 전 생애를 그리스도께 드리는 삶의 결단을 내리게 되었다.

1965년 8월, 멜이 모스크바로 떠나야 할 시간이 되었으나 그는 장학금과 유학을 포기했다. 예수 안에서 새 생명을 찾은 그에게 이제는 새로운 삶의 목표가 생겼기 때문이었다.

1965년 9월 26일 밤, 소우 지역의 교회에서는 이전까지의 교회가 완전히 새롭게 갱신되는 강력한 성령의 불길이 폭발하였다. 그것은 마치 신약성경에 나오는 오순절 성령 강림 현상이 재현되는 것과 같았다.

회오리바람 같은 성령의 바람!

육안으로 보이는 성령의 불길!

(길 건너편에 있던 순경들이 화재 경보를 울리고 불을 끄기 위해 자원 소방수를 소집하기까지 하였다.)

성령으로 충만해진 신자들!

수많은 회심자의 무리!

방언!

(놀랍게도 영어로만 말하는 사람까지 있었다.)

이처럼 소우에 강력한 폭발이 있은 지 4일 후인 1965년 9월 30일, 인도네시아에는 좌익 쿠데타가 일어남으로 혼란에 빠지고 말았다. 반

란군은 인도네시아를 공산화하려고 시도했으나 많은 피를 흘린 후 진압되었으며 이 일로 수카르노 정부는 폐위되었다.

그리고 이러한 정치적 불안은 티모르의 그리스도인들이 더욱 예수 그리스도를 의지하게 만드는 요인이 되었다. 이러한 상황 가운데 멜은 42명으로 구성된 전도 팀을 이끌고 티모르 섬과 인근에 복음 전하기를 5년 동안 헌신적으로 일했다.

멜은 5년 후에 하나님의 인도하심으로, 이 놀라운 부흥의 메시지를 미국에 전하기 위해 1970년 9월 1일 미국의 로스앤젤레스에 도착하게 되었다. 그는 9개월간 미국 전역을 순회하면서 단순한 믿음을 가지면 기적은 일어날 수 밖에 없다는 설교를 하여 청중들을 깜짝 놀라게 하였다.

그의 저서 『급하고 강한 바람처럼1』(Like A Mighty Wind, 클리프 듀레이가 기록함)이 1971년도에 출판되었는데 그 다음 해 내내 베스트셀러를 차지했다. 그래서 지금까지 25만부가 출판되었고 최근에는 문고판으로 10만부가 다시 출간되었으며 스페인, 네덜란드, 스웨덴, 독일, 아이슬란드, 영국, 노르웨이, 포르투갈, 핀란드 그리고 아프리카 등지에서 번역본들이 50만부 이상의 판매 기록을 남겼다. 이에 독자들의 강렬한 반응은 두 분류로 나누어졌다. "오늘날도 인도네시아에서 사도 시대의 기적이 재현되고 있다"고 긍정적으로 인용하는 부류(Baptist Record)가 있는가 하면, "불행하고도 엄청난 왜곡 …… 말씀과 사실에 의해 검토되지 않은 실수, 상상력에서 나오는 대표적인 과오의 실례"라고 혹독하게 비판하는 사람들도 있었다. 또 스코틀랜드의 〈선교연구소〉 회보에 따르면 "저자의 순수하고 진실한 마음은 의심할 여지가 전혀 없다"고 평가되는 반면, 미국의 선교학자 스탠리(W. Stanley Mooneyham)에 의해서는 "나는 그 책을 보증하지 못하겠습니다"라고 평가되기도 하였다.

　미국 내에서 이러한 논란이 일고 있는 동안 멜은 아시아, 아프리카, 유럽 등지를 돌아보고 다시 미국으로 돌아왔다. 그리고 1972년 5월 29일에 전(前) 〈무디성경연구소〉 교수를 지냈던 존 리(John Rea) 박사의 딸 노나 리(Nona Rea)양과 결혼하였다. 이 젊은 신혼 부부는 소우 지역으로 돌아갔고 7년 동안 계속되고 있는 부흥 운동에 참여하였다.

　일 년 후 그들은 설교 청탁을 받고 미국에 다시 오게 되었다. 이때 『급하고 강한 바람처럼2』(The Gentle Breeze of Jesus)를 쓰게 된 것이다. 첫 번째 책인 『급하고 강한 바람처럼1』과 마찬가지로, 이 책은 인도네시아 신자들의 열정과 '체'하지 않는 순수한 모습들을 그대로 드러내 보인다. 멜은 독자를 속이려는 기질이나 과장하려는 허풍이 전혀 없는 사람이다. 그는 서구 철학의 회의주의나 염세주의에 대해서도 무지하다. 그는 인도네시아에서 일어난 기적을 정밀하게 검사하여 입증시키려는 노력도 하지 않았다. 그는 오직 티모르 섬에는 성령의 역사가 활발하며, 교회는 날마다 갱신되어 가고, 전도 운동은 지속적으로 전개되고 있음을 알리고 싶어했다.

　그의 설교는 흉금을 털어놓고 이야기하는 것처럼 감정이 넘쳐흐르며, 어떻게 보면 어린아이처럼 천진난만 하기도 하다. 그는 성경 말씀을 자신이 경험한 것으로부터 끌어내어 매일의 삶과 관련시켜 이해하기 쉽게 가르친다. 그래서 따지기 좋아하는 사람들에게는 "누구든지 하나님의 나라를 어린아이와 같이 받들지 않는 자는 결단코 들어가지 못하리라"(막 10:15)는 말씀을 상기시켜 도전을 준다.

서 문

멜의 아내가 된 나는 9년 전 인도네시아 부흥이 시작된 소우 마을에서 사는 축복을 누리게 되었다. 나는 이곳에서, 여러 해 동안을 충성스럽게 티모르 섬의 전 지역과 인도네시아를 누비고 다니며 복음을 전했던 기적의 전도 팀원들을 가까이에서 만날 수 있었다. 『급하고 강한 바람처럼1』의 주인공들을 직접 만나게 되는 일은 나를 숨막힐 정도로 흥분시켰다. 왜냐하면 바로 이 사람들을 하나님께서 크게 사용하셨으며 지금도 사용하시고, 또한 이들은 굉장한 기적들을 일어나게 하는 하나님의 도구였기 때문이었다.

미국인인 나는 이런 부흥을, 미국인의 관점에서 자세하게 관찰할 수 있는 특권을 가지게 된 것이다. 부흥 운동의 주역들과 함께 지내면서 깨달은 것은 진정한 부흥이 무엇인가에 대해서 내 자신이 편견을 갖고 있었다는 사실이다(내가 믿기로는 대개의 서구인들이 나와 같은 오해를 하고 있을 것이다).

처음으로 놀란 일은 인도네시아인들의 부흥 운동이 미국인들의 부흥 운동과 전혀 다르다는 것을 안 후였다. 내가 이곳에 오기 전에, 소우 지역의 사람들은 언제나 계속되는 흥분 속에 살고 있으리라고 상상했었다. "여보게 친구, 어제 일어난 그 놀라운 기적을 알고 있는가?" 사람들은 법석을 떨며 서로 친구들에게 전화할 것이다. 늘 부흥 운동에 관한 신기한 뉴스가 대화의 주제가 된다. 교회의 성찬식 광고가 나가면 사람들이 섬 전체에서 몰려와 인산 인해를 이루게 될 것이다(왜냐하면 주님이 물을 포도주로 변화시키므로 그 첫 순간을 포착하기 위해서). 그러나 이러한 상상은 미국적 발상이었다. 미국 사람들은 음식물이 불어나는 기적이나 죽은 자가 살아나는 일, 물이 포도주로 변하는 사건 등을 보면 소동을 피우지 않고는 도무지 못 견딘다. 30분도 안되어 신문 기자가 현장에 달려올 것이고, 곧 텔레비전 화면에 방영되는 것이 당연한 일일 것이다. 이처럼 미국인들은 활기에 넘치면서도 호기심이 강한 개성을 갖고 있다. 또 그들은 사교적이며 호들갑스럽고 특이한 사건에 대해서 토론하기를 좋아한다.

그러나 인도네시아 사람들은 이와 정반대이다. 이들은 점잖으며 떠들썩한 흥분보다는 조용함과 평화를 더 좋아한다. 즉 인도네시아 인들은 매우 안정감 있는 성격의 소유자들인 것이다. 그래서 이들에게서 미국인들과 같은 요란스런 흥분과 격정을 찾아내기는 어렵다. 그러나 이들의 조용하면서 꿋꿋한 성실과 인내가 결과적으로 미국인을 앞서는 열매를 남기는 것이다. 그래서 내가 소우를 처음 본 인상은 온 마을이 믿기 어려울 정도로 조용하다는 것이었다. 부흥의 흔적은 전혀 없었고 오직 일상생활의 단조로움만이 눈에 들어왔다. 기적이 일어난다는 어떤 징조도 없었다. 그래서 여행자가 잠시 소우를 관광하는 동안에, 바로 이 지방에서 하나님의 굉장한 역사가 일어난다는 사실을 전혀 눈치채지 못할 정도였다.

그렇지만 영적으로 예민한 사람은 범상치 않은 곳임을 알아낼 여러 가지 증거를 찾을 수 있다. 내가 처음으로 놀란 것은 높은 교회 출석

률이었다. 날씨의 좋고 나쁨에 관계없이 매주일 1천5백 석의 교회는 신자들로 가득 채워졌다. 1부 예배 교인들이 예배를 마치고 흩어지면 곧 어디선가 나타난 새로운 신자들이 교회를 채웠다. 그 교회와 가까운 세 개의 다른 교회도 활기가 넘쳤는데, 이 마을 전체의 인구가 5천 명임을 생각하면 놀라운 비율이었다. 그리고 그 신자들의 진지한 예배는 무척 감동적이었다. 나는 이전까지 그렇게 영으로 연합되어 있으며 하나님의 말씀을 갈망하는 신자들을 본 적이 없었다.

내가 두 번째로 놀라게 된 것은 이미 이야기 되었던 것으로, 인도네시아 신자들은 기적에 대해 말을 하지 않는다는 점이다. 특히 그들의 영적인 지도자로 인정되는 사람 외에는 …….

그 예로 1973년 1월에 일어난 일을 들을 수 있다. 새해 첫 날이 지난 후 얼마 지나지 않았었다. 성찬식을 하는 동안 주님은 다시 한 번 물을 포도주로 변하게 하셨다. 이 때 8백명의 교인들이 예배를 드리고 있었다. 그러나 어느 누구도, 방금 주님이 행하신 기적에 대해 말하는 사람은 없었다. 멜과 나는 교회 근처 가까운 곳에 살고 있었는데, 우리가 느지막히 교회에 도착하기 전까지는 무슨 일이 어떻게 일어났는지 전혀 모르고 있었다(성찬식 광고는 한 주일 전 2부 예배 때 하였는데 우리는 1부 예배를 드렸기 때문에 듣지 못했다). 멜은 성찬식에 참석하여 포도주를 마신 신자들 중에도 몇몇은 그 포도주가 어떻게 생겼는지 모를 것이라고 말했다. 그 날 목사님은 물이 포도주로 변했다는 기적적인 사실을 광고로 알리지도 않았다.

관광객들이 전도 팀원들에게 질문을 던지는 경우에도 그들은 하나님이 행하신 기적의 사건들을 섣불리 입에 올리기를 꺼린다. 그 이유 중에 하나는, 아마도 이들이 낯선 이방인 앞에서 개인적 체험을 떠벌리기를 부끄럽게 여기는 선천적 수줍음 때문인 것 같다. 또 한 가지 이유는, 이들 인도네시아 그리스도인들은 강단에서 하나님께 사용되어진 사람들을 칭송하므로 하나님의 영광을 도적질하는 행위를 매우 두렵게 생각하기 때문이다. 그래서 이들은 그들의 영적인 지도자나 신뢰할 수 있는 친구들에게만 기적의 비밀 이야기를 털어놓는다.

 전도 팀원들은 내 남편을 그들의 영적인 아버지로 생각했기 때문에, 남들에게 알려지지 않은 기적의 이야기들을 매우 많이 알고 있다. 멜은 지난 9년의 부흥기간 동안, 티모르 섬에서 일어난 놀라운 기적의 역사들을 누구보다도 잘 안다.

 나는 티모르의 그리스도인들이 하나님의 기적에 대해 떠벌리지 않았기 때문에, 하나님은 여러 번이나 놀라운 기적들을 행하실 수 있었다고 생각한다. 특별히 그리스도인들은 하나님보다 기적에 초점을 맞추는 위험성을 항상 조심해야 한다. 그런 위험에 빠지면 기적은 더 이상 일어나지 못한다. 티모르의 그리스도인들은 그들의 마음 중심에 예수님과 그의 사랑을 모시고 기적은 그 다음 자리에 위치시킴으로써, 이런 위험에는 빠지지 않고 있었다.

 내가 세 번째로 놀란 것은, 환자들이 모두 다 치유 받는 것이 아니라는 사실이었다. 그것은 티모르나 소우도 마찬가지였다.

 인근 마을에서 태어난 지체 부자유아에 대해서 들은 이야기가 있다. 그 마을에 왼쪽 팔이 없는 아기가 태어났는데, 그 아기의 왼쪽 어깨에는 몇 개의 손가락만 힘없이 붙어 있었다. 내 친구 탄타에테가 그 아기의 가족들을 방문했을 때, 나는 주님이 틀림없이 그 불쌍한 아기에게 치유의 은혜를 주시리라고 생각했다. 그러나 그곳에 다녀온 탄타에테의 이야기는 의외였다. 그녀의 이야기인즉 "어린아이가 그렇게 된 것은 그 아이의 할아버지가 하나님께 지은 죄악 때문이었다"고 하나님이 알려 주심으로 그 할아버지에게 악마의 사슬을 끊어야 함을 깨우쳐주고 그 사탄의 권세를 끊어버리는 기도를 시켰다고 했다. "그럼, 탄타에테! 당신은 불쌍한 아기를 위해서는 기도조차 하지 않았단 말이에요?" 내가 다그쳐 물었다. 그녀는 그렇게는 생각도 해보지 않았다는 식으로 나를 빤히 쳐다보았다. 명백하게 그때는 아기가 치료 받을 하나님의 시간이 아니었다. 내 친구는 현명하게도, 주님이 아직 원하지도 않는 일을 믿음으로 선포하는 우스꽝스러운 실수를 범하지 않았다.

이것이 인도네시아 부흥 운동의 매우 중요한 원칙들 중의 하나이다. 즉 단순한 믿음을 갖기는 하되, 매순간 하나님께서 원하시는 것이 무엇인가를 정확히 알도록 기도한 다음에 그 뜻에 온전히 순종하는 것이다. 이것은 진정한 하나님의 역사가 일어나는 데 필수적인 중요한 원칙이므로, 이 책의 제 3장에서 별도로 자세히 다루게 된다.

우리가 미국이나 세계를 여행하다가 만난 많은 사람들은 티모르 섬의 교회가 그들의 교회보다 낫다고 잘못 생각하고 있었다. 물론 나도 인도네시아의 그리스도인들이 자랑스럽기는 하다. 그래서 세계 여러 나라의 교회들이 인도네시아의 그리스도인들이 알고 있는 영적 교훈과 믿음을 본받아야 한다고 생각한다. 특히 미국의 그리스도인들은 티모르의 그리스도인들로부터 배울 점이 많다. 그러나 반대로, 티모르의 그리스도인들도 미국의 그리스도인들에게서 하나님과의 친밀한 교제를 통한 영적 통찰력을 배울 필요가 있다. 다시 말하면 우리 교회들 중에 어느 사람들도 완전하게 성숙했다고 자만할 수는 없다는 것이다. 따라서 우리는 서로에게서 배워야 한다. 그리고 어떤 부류의 사람들을 하나님의 눈에 돋보이는 '특별 교인'으로 취급하는 실수를 범하지 말아야 한다. 우리는 모두 하나님 앞에서 동등한 신자들이기 때문이다.

이 책을 통해 멜과 나는 인도네시아의 그리스도인들이 체험한 사실들을 여러분과 나누려고 한다. 하나님이 그들의 삶 가운데 어떻게 자신들에게 계시하셨는가에 대하여, 인도네시아의 그리스도인 형제들이 여러분의 충고를 쉽게 받아들이는 것처럼 여러분도 열린 마음으로 이 책을 읽어주길 바란다. 이 책은 인도네시아 부흥 운동의 모든 것을 포함하지 않는다. 나는 티모르에 살면서 주님이 행하신 놀라운 기적들과, 아직도 역사하시는 손길을 보면서 경이로움을 느끼고 있다. 주님이 그토록 조용하게 큰 일을 행하시고, 그러면서도 그 결과가 풍성하며 오래 지속되는 것을 보면 나는 지금도 흥분된다. 멜과 내가 주님이 행하신 일들을 기록하려고 시작해 보니 요한복음의 저자 요한의 고백밖에 할 말이 없다. "예수의 행하신 일이 이 외에도 많으니 만일 낱낱이 기록된다면 이 세상이라도 이 기록된 책을 두기에 부족할 줄 아노라"(요 21:25)

역자 서문

　유난히 무더웠던 지난 해 여름, 고맙게도 이방인에게까지 에어컨을 틀어주었던 동양공전 도서관에서 원고와 씨름을 하던 기억이 새롭다. 지루하고 답답해지면 옷을 벗어보기도 하고, 운동장에 나가 신나게 공을 차는 학생들의 모습을 바라보기도 했었다. 이렇게 한 해 여름을 몽땅 바친 덕에 지난 해 겨울엔 『급하고 강한 바람처럼2』를 출판할 수 있었다.
　나는 이상하게도 원고를 쓰기 시작하면 몸에 탈이 나기 시작하는 것 같다. 한 자, 두 자, 원고지를 메우기 시작하면서부터 몸의 건강은 최악의 상태를 헤매게 된다. 책의 내용이 성령 운동이 강하게 일어나고 귀신이 쫓겨나가며 놀라운 기적들이 수없이 일어나는 것이어서 그런 것 같다. 성령의 역사가 강하게 일어났던 기사들을 읽게 되면 여러 성도들도 힘을 얻게 되고 기도와 전도에 더욱 열심을 내게 되니까 사탄이 시기해서 괴롭게 만드는 것으로 안다.
　모든 일들은 인본주의적 관점으로 해석하면서 자신만 과학적, 심리학적, 인간분석학적 교육을 받은 체하는 부류가 교회 안에도 있다. 그렇지만 나는 성도의 삶에서 우연이란 있을 수 없다고 믿는 사람이어서, 나에게 닥치는 일도 늘 이런 식으로 해석하고 믿는다.

이 책은 『급하고 강한 바람처럼 1』의 〈후속편〉이다. 따라서 본서는 『급하고 강한 바람처럼 1』에 연속하여 나타나는 내용과 유사한 점이 많다. 단지, 『급하고 강한 바람처럼 1』이 이적과 기사를 중심으로 한 성령의 능력을 강조했다면, 『급하고 강한 바람처럼 2』는 기적과 능력보다 예수님과의 깊은 영적인 교제를 강조한 차이만 있을 뿐이다.

이 책을 번역하는 데 가장 큰 도움을 준 아내와 부모님 그리고 우리 부부를 위해 끊임없이 기도해 주시는 연남동 어머님과 만리동의 안 권사님께 감사를 드린다. 아울러 『급하고 강한 바람처럼 1』에 이어 이 책을 출판하도록 허락해 주신 하늘기획 이재승 목사님과 많은 도움을 주신 문영진 집사님, 아프리카 중보기도 모임 식구들, 자랑스런 C.A.M.의 후배들 또 영산에서 함께 연단 받는 기도의 동역자들에게도 깊은 감사를 드린다.

오직 이 책이 많은 성도들의 신앙에 도움이 되었으면 하는 마음만 간절할 뿐이다.

영산의 강의실에서 역자 씀

가장 위대한 기적의 체험

티모르 섬.

돌과 바위가 많은 구릉 지대인 보잘것없는 곳인 티모르. 바로 여기가 나의 전 생애를 주 예수 그리스도께 바친 장소이다. 나의 생애를 완전히 주님께 헌신한 그날 이후로 내 앞에는 전혀 새로운 삶의 여정이 펼쳐지게 되었다.

주님이 이 섬에서 강력한 부흥을 일으키기 시작하신 때는 1965년이었다. 성령이 구체적인 능력으로 우리에게 임하셨고, 마치 사도행전 2장의 오순절 날의 역사와 같은 일을 행하셨다. 감격스럽게도 주님은 우리를 위해 너무나 놀라운 일들을 베풀어주신 것이었다.

사실 우리는 영혼이 죽어 있던 냉랭한 불신자들이었다. 그럼에도 불구하고 주님이 먼저 우리를 찾아 주신 것이다. 예수님을 친밀하게 알게 되면 우리의 삶은 변화될 수밖에 없다. 우리는 주님을 친밀하게 알고 난 기쁨으로 엄청난 흥분에 휩싸였다. 매주일 교회에서 딱딱하게 굳은 채로 지루한 예배만 드리다가, 갑자기 주님을 개인적으로 직접 체험하고 성경에 기록된 이적과 기사가 우리들 눈앞에서 일어나니 어찌 흥분하지 않을 수가 있겠는가!

아마 여러분은 이미 우리 주님이 인도네시아에서 행하신 기적들을 소문으로 들어서 알고 있을지도 모른다. 사실이다. 나는 주님이 그런 엄청난 기적들을 행하시는 것을 내 눈으로 직접 목격하였다. 주님은 수많은 병자들을 고쳐 주셨고, 수천 명의 영혼들을 구원하셨으며 성찬식 때는 물을 포도주로 바꾸어 주셨는가 하면 음식물의 양이 불어나게도 하셨다. 또 몇몇 죽은 자들을 다시 살아나게도 하셨다. 그리고 그 외에도 수없이 많은 기적들이 일어났다.

부흥이 시작된 며칠 후의 어느 날이었다. 나는 그 날 밤을 잊을 수 없다. 당시에 우리 팀은 노에노니에서 사역하고 있었다. 우리는 그 마을 중앙에 위치한 조그만 교회에서 특별 집회를 인도하는 중이었다. 티모르 지방에서는 교회의 외관(外觀)이 모두 동일하다. 우리 교회는 크기가 좀 커서 그것만이 다르다. 우리들의 교회 모양을 설명해 보면 다음과 같다.

교회당 건물은 아담하고 예쁜 모습인데, 내게는 언제나 졸고 있는 느낌을 준다. 벽은 회색 야자 나뭇가지로 만들어져 있으며 꼿꼿한 상태가 아니라 한쪽으로 기울어져 축 처져 있다. 창문에는 조그만 덧문들이 달려 있어서 바람이 불 때마다 휙휙 열렸다 닫히곤 하여 마치 교회당이 눈을 깜박이는 것 같이 보인다. 또 대문은 크게 하품하는 입처럼 활짝 열려 있곤 한다.

그리고 무엇보다도 맨 꼭대기에 덮인 큰 초가지붕의 균형을 잡으려고 애쓰는 모습이 가관이다. 사실 교회당 건물을 보면 지붕이 너무나 크고 무거워서 어느 날 문득 털썩 주저앉아 버릴 것 같은 인상을 받게 된다. 그러나 실제로 그런 일은 좀처럼 일어나지 않으니 주님께 감사할 뿐이다.

집회가 있던 날 밤, 그 작은 교회는 사람들로 가득 찼다. 삐걱거리는 나무의자에도 여인들이 꼭 끼게 자리를 잡고 있었기에 남자들에게는 아예 차례가 돌아오지 않았다. 그래서 사람들은 마룻바닥에 앉아야 했으며 마루까지도 꽉 들어차서, 늦게 온 사람들은 문밖에 서서 창문을 통해 설교를 들어야 했다.

설교가 끝난 후 우리는 병 낫기 위한 기도를 받고 싶은 분이 있는지 물어 보았다. 말이 끝나기 무섭게 한 어머니가 7세쯤 된 아이의 손을 잡고 나왔다. 겉으로 보기에 그 아이는 건강한 정상아였다. 그래서 나는 의문을 가졌다.

"도대체 이 아이는 어디가 아픈 것일까?"

그런데 아이를 데리고 나온 어머니는 눈물을 글썽이고 있었다. 그녀는 이 아이가 소경이며 귀머거리이고, 또한 벙어리라고 말했다. 그리고 나서는 더욱 서러운듯 흐느껴 울며 부르짖었다.

"오, 주 예수님. 우리 애를 고쳐 주세요. 이 아이만 고쳐 주시면 더 이상 소원이 없겠어요!"

교회에 모인 다른 사람들의 마음도 이 아이의 어머니처럼 안타까웠다. 마을의 모든 주민들이 그 아이를 사랑하는 마음이 있었던 것이다. 주민들 모두가, 이 아이가 정상아로 활발하게 자랐으면 좋겠다는 간절한 소망이 있었다. 후에 그 교회의 목사님도 자신이 그 날 오후 내내 아이를 위해 기도했다고 고백했다.

우리는 그 아이를 위해 간절히 기도하기 시작했다.

"오! 주님. 가브리엘(이 아이의 이름이 가브리엘이었다)을 고쳐 주시옵소서! 오늘 밤에 당신이 어떤 다른 일을 하시지 않는다고 할지라도 이 아이만은 제발 고쳐 주시옵소서!"

이렇게 기도를 시작한지 얼마 되지 않아 주님은 우리 팀의 리더에게 말씀을 주셨다. 이 리더는 지식의 은사를 받은 사람이었다.

" 이 아이의 증조할아버지가 아주 사악한 죄인이었습니다."

팀 리더는 모든 사람들에게 말했다.

"가브리엘의 할아버지는 부족 전쟁에서 으뜸으로 꼽을 만한 영웅이었습니다. 그런데 그는 그의 모든 힘을 악마로부터 받았답니다. 어떤 때는 그가 마귀에게 승리의 제물로 어린 아이를 바치기도 했습니다. 어린 아이를 데려다가 산 채로 늪지에 묻었던 것이지요. 이런 이야기를 들어보신 적이 있습니까? 제 말을 듣고 뭔가 떠오르는 것이 있는 분은 말씀하세요."

그 아이의 어머니와 다른 사람들이 웅성거리며 대답했다.

"예, 그래요, 우리는 그 일을 잘 알고 있어요. 당신이 말한 것은 모두 사실입니다."

팀 리더는 말을 계속했다.

"여러분, 주님은 저에게 가브리엘이 장님이며 귀머거리가 된 이유는 바로 그 일 때문이라고 알려 주셨어요. 악마의 저주가 증조할아버지 때부터 그 아이까지를 묶고 있는 것입니다! 그러나 우리 하나님에게는 사탄의 저주를 해방할 넉넉한 능력이 있습니다. 함께 하나님을 높이 찬송하십시다."

그래서 우리는 모두 마음을 합쳐 하나님을 찬양했고 예수의 이름으로 마귀를 대적하는 기도를 드렸다. 주님께서 이 아이를 마귀의 권세에서 해방시키실 뿐 아니라 온전한 치유의 역사까지 베풀어 주시기를 간절히 구했다.

그 날 밤 주님은 우리의 기도를 응답하셨다. 가브리엘이 즉시로 고침을 받은 것이다. 할렐루야! 그는 눈을 크게 뜨고 주위를 둘러보았다. 그 아이는 경이로운 표정으로 좌우를 돌아보았다. 금으로 지은 집을 보듯이 흙 마룻바닥을 주시했고, 자신이 앉아 있던 나무 의자를 왕의 보좌나 되듯이 손으로 더듬어 보면서 신기해 하였다. 가브리엘은 아마 천국에 온 것이 아닐까 하고 생각했을 것이다.

우리가 말을 걸자 그의 얼굴이 환하게 빛났다. 우리가 이야기를 몇 마디 건네자 그가 미소를 지으며 웃었다. 그리고 놀라운 일이 한 번 더 일어났는데, 그것은 가브리엘이 말을 시작한 것이다. 그는 태어나서 한 마디의 말도 한 적이 없었다. 나는 성령님이 그의 개인적인 스승이 되어 주셨다고 믿는다.

그는 엄마, 아빠 같은 간단한 말들을 하기 시작했다. 그리고 얼마 지나지 않아 제법 문장을 만들어 말하기 시작했다. 그에게는 조용하고 깜깜한 세상이 갑자기 생기 있고 흥미진진한 세계로 바꾸어져 주변의 모든 것이 새롭게 보였을 것이다.

마루 위에 기어다니는 개미, 서까래에 달려 있는 커다란 램프(가브리엘은 이것을 태양으로 생각했을 것이다)등. 그리고 엄마의 행복한 외침!

교회에 앉아 있던 모든 사람들은 기쁨이 충만했고 할렐루야 소리가 끊이지 않았다. 나는 계속해서 성경 말씀을 읽기는 했었다. 그러나 그 날 밤의 말씀은 살아서 현실로 나타났고, 그 사실을 내 눈으로 직접 목격한 것이다.

"너희가 기도할 때에 무엇이든지 믿고 구하는 것은 받으리라 하시니라"(마 21:22).

1970년 8월, 시카고에 있는 내 친구 두 명이 이곳 소우를 방문하러 왔었다. 그들은 특별한 계획 없이 찾아온 것이었으나 주님은 그들에게 놀라운 일들을 예비하고 계셨다. 그들 개인적으로는 굉장한 복이었다. 왜냐하면 그들이 도착한 날이 바로 교회에서 성찬식을 하는 날이었기 때문이다.

우리는 성찬에 쓸 포도주가 없었으나 조금도 염려하지 않았다. 주님께서 우리의 필요를 아시고 채워 주실 줄 믿고 있었던 것이다. 하나님은 우리에게 물을 포도주로 변화시키겠다고 미리 약속을 주셨다. 그리고 우리들에게 어떻게 해야 할 것인지 상세한 지시도 하셨다.

그래서 어느 날 부인들 몇 명이 소우와 가까운 작은 마을인 캄풍 아만에 있는 샘으로 내려갔다. 이들은 큰 항아리에 물을 채우고 뚜껑을 덮은 후에 그것을 집으로 가져왔다. 그리고 주님은 우리에게 사흘간 계속해서 밤마다 모여 기도하라고 말씀하셨다. 사흘째 되는 날 밤에 주님은 물을 포도주로 바꾸셨다.

이 기적이 일어났을 때 내 친구들의 행동이 어떠했는지 상상할 수 있겠는가? 이 기적이 일어나는 동안 나의 두 미국인 친구들은 대단히 분주하게 움직였다. 그들은 스스로를 무언가 의혹 있는 사건을 검사하는 수사관으로 임명했다. 그래서 그들은 무언가 속이는 바가 있을 것으로 짐작하고 수사를 벌이느라 바빴던 것이다.

내 친구 중 하나는 샘에서 물을 한 컵 따로 떠 와서 자기가 묵는 방에 두었다. 그리고 매일 그 컵을 살펴보았다. 그리고 그는 마음속으로 이렇게 중얼거렸던 것이다.

"모르긴 몰라도 이 물 속에는 유기물이 들어있을 거야. 아마 잘 관찰하면 과학적으로 해명할 근거를 찾게 될지도 몰라. 그렇게 되면 기적이 진짜가 아니라는 사실이 밝혀지겠지."

(원래 그 친구는 유난히 잘 웃기는 친구였는데, 이 기간 동안에 나는 그 친구로 인해 배꼽이 빠져나갈 정도였다. 아마 의심 많은 도마가 이 친구 같았을 것이다.)

그리고 사흘 후.

그 친구 방에 있던 물은 아무런 변화가 없었다. 단지 샘에서 퍼 올린 물의 신선한 맛만 사라졌다. 그런데 그 날 밤, 자칭 수사관이라고 하는 사람을 데리고 그들의 숙소에 기도하러 갔을 때는 놀라운 기적이 눈앞에서 일어나 어떤 과학적 설명도 불가능하였다. 주님이 자연법칙을 초월하여 퍼다 놓은 물을 멋진 포도주로 변화시키신 것이다.

가끔 사람들이 나에게 질문한다.

"이것이 진짜 포도주입니까? 아니면 포도주스입니까?"

그러면 나는 대답한다.

"이 포도주는 둘 다입니다. 하늘의 비법으로 빚어진 포도주여서 포도주처럼 진한 향기가 있으면서도 포도주스처럼 알콜 성분은 없습니다. 이름을 붙여 본다면 '무알콜성 포도주' 또는 '아주 짙은 향기를 가진 포도주스' 라고 할 수 있지요."

나의 두 친구는 본인들의 눈으로 직접 기적을 본 후에야 하나님의 크신 능력을 믿게 되었다.

1965년 12월 어느 날 지녁. 그 날은 우리 팀의 일곱 형제들과 내가 걷고 또 걸었던 날이었다. 너무나 오래 걸었기 때문에 다리에 통증이 오기 시작했다. 길도 험해서 뾰족하고 날카로운 돌들을 맨발로 밟고 올라가야 하는 가파른 바윗길이었다. 우리는 그러한 길을 터벅터벅 걸어갔다. 그 길은 마치 끝이 없는 고속도로처럼 한없이 뻗어 있었다.

그런데 나를 더욱 괴롭히는 것은 뜨겁게 내리쬐는 태양이었다. 전도 여행을 떠나기 전에 나는 하늘을 올려다보며 '오늘 날씨가 좋겠구나' 하고 생각했었는데 출발한지 한 시간도 채 걷기 전에 날씨가 지나치게 더워진 것이다. 나는 너무나 목이 말라서 호수라도 들이킬 수 있을 것만 같았다. 내 머리는 푹 삶은 계란같이 되었다.

어쨌든 고통스런 여행은 끝이 나고 우리는 언덕에 걸터앉아서 예수님이 지시하신 마을을 바라보았다. 주님이 우리 팀에게 가라고 명하신 마을은 '바옵'이라고 불리는 마을이었다. 그 마을을 내려다보는 내 마음은 기쁨이 전혀 없었다. 왜냐하면 너무나 지쳐서 전도도 포기하고 싶은 생각이 간절했기 때문이다.

그런데 바로 그 순간에 우리는 매우 아름다운 광경을 목도하게 되었다. 마을 어귀에 들어설 즈음에 태양은 붉게 물들은 언덕 뒤편으로 미끄러지듯 서서히 내려앉으며 잠자리에 들고 있었다. 그리고 하늘 전체가 환희로 가득 차며 빨강, 핑크, 금색이 어우러져 영광을 노래했다. 태양이 그처럼 멋진 광경을 연출해 보여주었기 때문에 우리 팀은 낮 동안에 못살게 굴었던 행위를 용서해 줄 수밖에 없었다.

우리 팀은 처음에는 그 마을의 목사님 댁으로 가려고 하였다. 그러나 목사님댁의 정원을 감싸 두르고 있는 돌담길에 발을 디디기도 전에 주님이 팀의 지도자에게 말씀하셨다.

"너희들은 오늘밤에 그 집에 묵지 말아라. 너희 여덟 명은 모두 저기 보이는 큰 나무 아래서 자도록 하여라."

"아니, 뭐라구요? 차갑고 딱딱한 맨땅에서 자라니요? 지금 다리가 얼마나 쑤시는지 아십니까?"

"원 세상에, 그러면 내일 설교는 어떻게 하라는 말이야?"

그러나 이렇게 잠시 투덜거리고 있을 때 예수님이 부드러운 어조로 내 마음에 말씀하시기 시작했다.

"멜, 나는 너를 위해 호화로운 하늘 보좌를 떠나 땅으로 내려갔다. 딱딱하고 불편한 바닥에서 지낸 밤이 한두 번이 아니었다. 그런데 너는 나를 위해 하룻밤 자는 것도 힘들어서 못한다는 말이냐?"

"오! 오, 예수님!"

나는 부끄러워 어쩔 줄 몰랐다.

"주님, 정말 죄송합니다. 주님이 시키신 일인데 힘이 들어 못한다는 변명이 있을 수 없음을 압니다. 깨우쳐 주셔서 감사합니다. 제가 당신을 사랑한다는 사실을 순종함으로 보여드리렵니다."

그리고 그 날 밤, 나는 쏟아지는 별빛을 바라보며 돌베개를 베고 누워 야곱의 흉내를 내게 되었다. 잠을 청하며 눈을 감자 예수님이 나를 내려다보며 미소 짓고 계시다는 것을 느낄 수 있었다.

다음 날 새벽, 수탉의 울음소리가 울려 퍼지자 우리 팀원들은 모두 눈을 떴다. 사실 너무 추워서 모두들 잠을 설쳤다(여러분은 티모르 섬에서 노숙하며 밤을 지새우는 일이 얼마나 추운지 상상하기 어려울 것이다).

잠을 깬 팀원들은 곧 마른 나뭇가지와 잎사귀들을 모아 불을 피우고 몸을 녹였다. 이때 괴상스런 모습의 한 사람이 우리에게로 걸어오는 것이었다. 그 사람은 긴 머리카락을 머리 위로 감아 올리고 또 감아 올려서 둥그런 빵 모양을 하고 있었다. 또 눈 한쪽이 아주 우스꽝스러웠다. 눈동자에 하얀 피막이 덮인 채 굳어 있어서 항상 똑바로 전방을 노려보는 형상이었고 그나마 시력을 잃은 것 같았다.

그 사람은 우리에게 이상한 이야기를 하기 시작했다.

"이 지방은 비 한방울 떨어지지 않은 지가 무척 오래 되었습니다. 예년 같으면 벌써 두 달 전에 우기가 시작되었어야 하는데 동네 사람들은 기근이 들까봐 두려워서 떨고 있는 형편입니다. 그래서 저는 악마에게 기도를 하며 비를 주십사 하고 계속 제물을 바쳤습니다. 악마는 저와 더 없이 친한 친구이고 언제든지 기도에 잘 응답했습니다. 그런데 요즘은 그렇지가 못해요. 어느 날 저는 악마에게 닭 한 마리를 제물로 바치고 아주 이상한 꿈을 꾸었습니다. 꿈속에서 이런 소리를 들었던 것이지요.

'오랫동안 악마가 내 비를 도적질 해왔다. 그러나 더 이상은 방관하지 않겠다. 네가 아무리 악마에게 빌어도 소용이 없을 것이다.'

그런 후에는 정말로 내가 아무리 빌어도 비가 오지 않았습니다. 그렇지만 나는 계속해서 점점 더 큰 제물을 드렸지요. 암탉, 수탉, 염소, 등등 …… 그런데 아무 소용이 없어요. 매번 똑같은 꿈만 꾸게 되었어요. 때문에 어제는 급기야 뮤티스 산꼭대기의 가장 신성한 곳에서 황소를 제물로 바쳤어요(그 산은 티모르 섬에서 가장 높은 산이었다). 제물을 바치고 집에 와서 잠이 들자 또 꿈을 꾸었습니다. 그러나 이번에는 그 목소리가 이렇게 덧붙였습니다.

'내가 전에 너에게 비를 주지 않겠다고 알려 주었음에도 너는 믿지 않는구나. 그러니까 너는 쓸데없는 짓만 계속하게 되는 것이다. 내일 아침 새벽에 바옵 마을의 큰 나무 밑에 가 보아라. 그러면 거기서 나의 종 여덟 명을 만날 것이고 그들이 너에게 어떻게 해야 비가 올지 알려 줄 것이다.'

그래서 지금 이리로 찾아왔습니다. 도대체 어찌된 영문입니까? 나에게 말한 그 목소리는 누구입니까? 제발, 알려주세요. 저는 혼란스러워 어쩔 줄 모르겠습니다. 그가 저에게 원하는 것이 무엇일까요? 그가 신입니까? ……?"

우리는 그 목소리의 주인공은 예수 그리스도라고 설명했다. 아울러 그 예수가 당신이 회개하고 그리스도인이 되기를 원하신다고 알려 주었다. 또한 하나님께서 인간을 사랑하시는 아름다운 구속사를 이야기 했다.

"하나님께서 우리 인간을 너무나 사랑하시어 그의 독생자 예수를 이 땅에 보내셔서 대신 죄를 담당시키셨고 우리가 죄인임에도 불구하고 구원하십니다."

우리가 이야기를 다 끝내기도 전에 그 이상한 사람은 곧 무릎을 꿇고 기도했다.

"오! 주 예수님, 저는 당신이 필요합니다. 저는 죽어 마땅한 사악한 죄인입니다. 저를 용서해 주십시오. 부디 저의 검고 더러운 마음을 깨끗하게 해주옵소서. 예수님, 당신을 저의 영원한 주인으로 섬기며 받들겠습니다."

이 세상에 살면서 이처럼 죄인이 거듭나 하나님의 자녀로 태어나는 것을 보는 것보다 더한 기쁨이 있을까? 천사들이 하나님의 보좌 주위에서 찬양하며 축제의 노래를 부르는 모습을 보는 것 같지 않은가!

그 남자가 주님께 회개의 기도를 드리고 났을 때 그의 얼굴에는 오직 예수님만이 채워 주실 수 있는 끓어오르는 기쁨으로 광채가 났다.

잠시 후, 그가 물었다.

"예수님이 눈이 먼 나를 고쳐 주실 수 있을까요? 마을 사람들이 병들면 나는 악마에게 빌었고 악마는 그 기도를 들어주었어요. 그런데 막상 내가 아프면 날 위해 대신 빌어 줄 사람이 없어요. 내가 예수님께 기도하면 그가 고쳐 주실까요?"

물론 그렇다고 우리는 대답했다. 그리고 그를 위해서 기도하기 시작했다. 위대하신 우리 주님은 그 자리에서 즉시 그를 고쳐 주셨다. 그는 수십 년 만에 처음으로, 눈으로 무엇을 볼 수 있다며 기뻐서 어쩔 줄 몰랐다. 눈을 고침 받은 그의 얼굴 모습은 완전히 새롭게 변했다.

처음 볼 때의 징그러운 인상이 아니었다. 주님의 위대하신 능력으로 말미암아 육신도 새로운 피조물이 된 것이었다.

"한 가지 요청이 더 있어요. 주님이 비를 주시도록 기도해 주실 수 있겠습니까?"

"예, 그렇게 하십시다."

우리가 대답했다.

"그렇지만 우리가 이 마을에서 복음 전파를 마치기 전까지는 비가 오지 않을 겁니다. 왜냐하면 비가 즉시 온다면 마을의 주민들이 모임에 나오지 못할 것이기 때문입니다."

주를 찬양할지니! 우리가 그 마을을 떠나던 날, 비가 억수 같이 쏟아져 마을의 모든 주민들은 주님이 베푸신 기적을 분명히 알고 목격했다.

그러나 무엇보다도 놀라운 기적은 그 남자의 삶이 완전히 새롭게 변화된 일이었다. 예수님은 아무리 괴상스럽게 생긴 사람일지라도 그의 손안에서 가장 고상한 천국의 아이로 변화시키시는 분이시다.

바로 그 날, 이 남자는 우리들에게 그의 긴 머리카락을 잘라 달라고 부탁했다. 그것은 그가 진심으로 회개하고 옛 생활을 버렸다는 확실한 표시였다. 티모르에서는 우상을 숭배하는 이교도 제사장들이 절대로 머리를 자르지 않는다. 그들은 긴 머리카락을 매우 소중히 여기는데, 그 이유는 긴 머리카락이 제사장의 신분을 나타내는 일종의 신분 증명서였기 때문이었다.

또한 긴 머리카락은 악마의 지시에 무조건 복종하겠다는 상징이기도 했다(나는 그 남자의 긴 머리를 기념으로 가지고 있었는데 어디에선가 잃어버려 지금은 갖고 있지 않다).

회심한 후 그 남자는 목사님을 찾아갔다. 그동안 이 사람은 목사를 지독하게 미워했고 목회를 방해하려고 갖은 모함을 다했던 그 마을의 대표적 훼방꾼이었다. 목사님은 자신을 원수처럼 적대시하던 이 남자가 예수님을 영접한 것을 보고는 너무나 기뻐서 울음을 터뜨렸다.

나중에 깨달은 사실이지만 우리 팀이 목사님 댁에서 유숙했더라면 이 남자는 결코 구원받지 못했을 것이다. 그는 목사를 너무 증오했기 때문에 아무리 그에게 꿈에 나타나는 목소리의 지시일지라도 목사님 댁까지는 올 수 없었을 것이다. 그래서 주님은 우리가 길가에서 추운 밤을 지내도록 하신 것이다. 우리 주님은 지혜로우셔서 의미 없이 고생을 시키시지 않으신다. 주님이 우리에게 무엇을 하라고 지시하실 때는 언제든지 최고로 선한 목적을 위해 말씀하시는 것이므로, 우리는 전적으로 신뢰할 수 있다.

목사님을 만난 이 이교도 제사장은 자신의 이름을 바꾸어 달라고 부탁했다. 그의 이름은 '오에'였는데 그 뜻은 '물'이다(이처럼 자연물인 나무, 산, 물 등의 이름을 따는 것은 정령숭배 사상에 물들어 있기 때문이다). 그는 자신의 이름이 우상숭배에 관련이 있음을 알고 괴로웠던 것이다. 그래서 목사님의 이름과 똑같은 '웰렘'이란 이름으로 바꾸었다. 악마의 종노릇하는 대신 하나님의 사람이 되고 싶었던 것이다.

'웰렘'이라고 이름을 고친 그는 자신이 쓰던 주물과 사술에 쓰는 악마적인 기구들을 모두 목사님댁으로 가져왔다. 그리고 마을을 다니며 증거하기 시작했다. 구원받기 전에 그는 티모르 섬에서 가장 영향력 있는 이교도 제사장 중의 하나였다. 그러므로 마을 사람들이 큰 충격을 받은 것은 당연한 결과였다. 그 제사장이 살던 마을에서는 그의 증거로 구원받은 사람이 2백명이 넘었다.

이 놀라운 변화를 보고 하나님을 찬양할 수 밖에 없지 않는가! 전에는 마을 사람들이 그가 무서워서 예수 믿기를 주저했다. 만약에 예수를 믿으면 그가 악마의 힘을 이용하여 농사나 사업을 망쳐 버릴까 두려웠던 것이다. 그러나 웰렘은 회심한 날부터 그의 생명이 다하는 1972년까지 예수를 위해 헌신된 지도자의 삶을 살았다.

오, 우리 주님이 얼마나 놀라우신 분인가!

주님에게는 무슨 일이나 능치 못할 일이 전혀 없다. 그러므로 우리는 그분의 능력을 제한해서는 안 된다. 그렇다. 나는 그가 행하시는 여러 가지 기적을 보고 흥분했었다. 그의 기적은 참으로 흥미진진했다. 그가 베푸시는 놀라운 역사를 지켜보는 것은 참으로 매혹적이다. 그렇지만 나는 진실한 마음으로 그보다 더욱 중요한 일을 이야기해야 하겠다. 물론 기적은 흥분되고 매혹적인 사건이다. 그러나 예수님 자체와 비교하면 그 절반도 매력이 없다. 나는 솔직하게 이렇게 고백할 수 있다.

"나는 내 주 예수님과 깊은 사랑에 빠져 있다."

가끔 앉아서 주 예수님이 어떤 분인가를 묵상하면 그 분은 나에게 가까이 다가오시고, 나는 기쁨으로 숨이 막힐 지경이 된다. 내 평생에 가장 강렬한 소원과 목표가 있다면 바로 그를 더욱 알고 싶은 것이다. 주님의 성품을 세밀하게 알고 그의 초자연적인 사랑에 푹 잠겨 쉬고 싶다. 지금부터 영원까지 계속 될 나의 숙제는 그를 더욱더 깊이 아는 것이다. 바로 이것이 우리의 삶을 행복으로 지속시켜 주기에 충분한 근원이다.

그러나 서글픈 사실이 있다. 주 예수님이 그토록 놀라우신 분임에도 많은 사람들이 그를 지루하게 느낀다는 것이다. 이런 사람들은 기적 자체에만 온 정신이 집중되어, 우리를 지극히 사랑하시는 하나님께는 조금의 관심도 보이지 않는다. 사람들이 주님보다 기적에 더 관심을 보이는 성향은 매우 우스운 일이다. 그들은 주님과 친밀한 영적 사귐을 위해 앉아 있기보다는 기적이 일어난다는 소문을 듣고 그런 모임을 찾아 돌아다니기를 즐긴다.

　기적이란 극적이며 전율이 느껴지는 사건임에 틀림없다. 사람이란 누구나 특이한 일이 발생할 때마다 호기심이 생기게 마련이다. 그러나 기적 그 자체에만 눈을 돌린다면 위험하기 짝이 없다. 기적만 쳐다보면 예수 그리스도가 누구인지에 관해서 까맣게 잊어버리기 쉽고, 그리스도를 잊어버리면 혼돈에 빠질 수밖에 없게 된다.

　이제 독자들에게 강조하고 싶은 말이 있다. 그것은 우리의 신앙생활이 결코 '서커스'(circus)가 아니라는 것이다. 하나님은 우리에게 오락거리를 제공하시기 위해서나 우리를 흥분시키기 위해서 그의 능력을 보이시지 않는다. 즉 하나님은 멋진 쇼를 한번 연출하시고 인간들로 하여금 "야! 굉장한데! 하나님이 이런 일을 다 하실 수 있다니! 이건 굉장한 일이야!" 하는 등의 찬사를 발하게 하려고 기적을 일으키시지 않는다는 것이다.

　나는 하나님이 다음의 세 가지 이유로 기적을 베푸신다고 믿는다.

　첫째는 우리를 향한 하나님의 극진한 사랑과 관심을 보여 주시려는 것이고,

　둘째는 우리를 자신에게 더 가까이 다가오도록 이끌어 주시기 위해서이며,

　셋째는 하나님이 누구인가를 더욱 깊이 계시해 주시려고(하나님께 온전한 영광을 돌려드리기 위하여) 기적을 행하시는 것이다.

　주님은 오늘날에도 우리에게 그의 크신 능력을 자주 보여주시기를 간절히 원하신다. 그런데 하나님이 기적을 신중히 다룰 수밖에 없는 이유가 있다. 바로 우리들이, 그분이 베푸신 기적에 대해 너무나 흥분한 나머지 주님에 관해서는 깡그리 잊어버리기 때문이다.

　주 예수님은 우리 각자가 그와 깊고 진정한 사랑의 관계 안에 들어

오기를 원하신다. 우리와 함께 시간을 보내기를 갈망하신다. 즉 우리가 사랑하기에 합당한 그분 자신을 가장 중요하게 여기기를 바라는 것이다. 우리가 그분에게 가까이 나아가는 모든 순간마다 주님의 마음은 기쁨으로 흡족해지신다.

나는 한 가지 비밀을 독자들에게 알려 주고자 한다. 그것은 우리가 예수님을 우리의 삶에 가장 고귀한 가치로 존중해 드리면, 기적은 주님과의 교제에서 얻어지는 자연스러운 결과라는 사실이다. 우리는 모든 놀라운 기적들을 자연스럽게 체험할 수 있게 된다. 그는 능력으로 충만하시며 우리를 지극히 사랑하시기 때문에 우리를 위한 아름다운 역사를 베풀어주시지 않고는 못 견디신다. 문제는 우리가 전적으로 그의 말씀에 순복하느냐 하는데 있다.

우리는 몇 달 동안 세마우 섬에서 열심히 사역한 적이 있다. 그것은 치열한 영적 전쟁이었다. 왜냐하면 그곳은 무당들의 거점지였기 때문이었다. 그 섬에는 악마적인 힘이 말로 다 표현하기 어려울 정도로 강하게 역사하고 있었다. 무당은 마을의 누군가가 밉게 보이면 악령들에게 기도하여 그 사람이 병이 들게 만들어 버렸다. 또 이교도 제사장은 지독하게 미운 원수들에게는 악령들에게 기도하므로 그 집에 벼락이 떨어져 죽게도 만들었다. 악령의 세력들이 이교도 제사장이 비는 말대로 일하니 기가 막힐 노릇이었다.

그러나 하나님을 찬양할지니, 주님은 악마를 이기시는 넉넉한 능력이 있으심을 나타내셨고, 뿐만 아니라 우리의 사역을 진정으로 축복하셨다. 2백 명 이상의 사람이 주님께 돌아왔던 것이다. 그리고 사악한 무당들 중에 적어도 10명이 진심으로 회개하고 예수님을 믿게 되었다. 또 무당들이 소지하고 있던 푸닥거리 물건들이나 주물(呪物)을 태우는 불꽃도 굉장한 것이었다.

주님은 많은 사람들을 치료하시느라 바쁘셨다. 선천성 맹인으로 태어난 어린아이가 고침을 받았다. 그리고 마치 임산부처럼 부풀어 오른 다리를 가진 남자들도 치유를 받았다. 주님이 고친 사람들은 너무 많아 다 열거할 수도 없다.

그러나 솔직히 말해서 우리 팀원들은 너무나 지쳐서 쓰러질 정도였다. 팀원 중 두 사람은 밤낮을 무릅쓰고 과로했기 때문에 환자가 다되어 있었다.

주님이 이럴 때 우리를 어떻게 다루셨는지 상상이 가는가? 그는 참으로 놀라우신 분이셨다. 그분은 우리를 일만 하는 말처럼 취급하지 않으셨다. 오히려 우리가 그를 섬기는 기쁨을 누리기를 원하셨다. 그날 밤, 집회가 끝나고 우리가 마지막 사람을 위해 신유의 기도를 드린 후 모든 사람이 집으로 돌아갔다. 그때 주님은 우리에게 교회 밖으로 나가 풀밭에 앉으라고 말씀하셨다.

그 날 밤 달은 하늘 높이 빛을 드리우고 있었다. 달은 마치 왕좌에 우아하게 앉은 왕비처럼 보였고 주위에서 가물거리는 구름은 긴 예복처럼 달을 둘러 감싸고 있었다. 달을 향해 눈길을 주고 있는 야자, 코코넛나무들 위로 달빛이 비치고 있었다. 내가 그 광경을 지켜보고 있는 동안 달은 섬세하게 늘어뜨려져 대나무 잎사귀들 위로 수정 같은 은빛을 쏟아내고 있어서 마치 진주 줄을 달아맨 것이 반짝거리는 것처럼 보였다.

온 세상이 신비로운 요정의 세계가 되어버린 듯하였다. 나는 그 아름다움에 넋을 잃었다.

"내 충성스러운 아들아."

주님의 음성이 들렸다.

"오늘은 내가 너희를 기쁘게 해주려고 한다. 너희가 열심히 그리고 성실하게 나를 섬기는데 대한 보상이란다. 너희에게 달을 화면으로 하여 특별한 영화를 보여주겠다."
(예수님은 우리 각자에게 환상을 보여주시려는 것이었다. 더욱 놀라운 일은 우리 세 사람 모두에게 동시에 똑같은 광경을 보여주셨다는 것이다.)

처음에는 아무것도 보이지 않았다. 그러나 잠시 후, 주님은 우리에게 멋진 하늘의 영화를 감상할 기회를 허락해 주셨다.

"와!"

그것은 이전까지 한번도 본 적이 없는 그런 광경이었다. 화면에는 예쁜 초록색 언덕들과 그 사이마다 굽이쳐 흐르는 푸른 시내가 배경으로 나타났다. 그리고 주위에 멋있는 거목들이 한아름 들어서, 잎이 무성한 가지들이 하늘을 향해 뻗쳐 있는 것이다.

바로 그곳의 큰 바위 위에 예수님이 목자의 옷을 입고 앉아 계셨다. 그의 발 주위에는 수 없이 많은 어린 양떼들이 있었고 양들은 평화롭게 풀을 뜯거나 자거나 뛰어다니며 놀고 있었다. 갑자기 예수님이 일어나서 걷기 시작하셨다. 모든 양들이 그 뒤를 따랐다. 양떼는 목자를 따라 언덕 너머로 사라졌다.

곧이어 주님은 우리에게 두 번째 장면을 보여주셨다. 그것은 말로 표현하기에는 너무나 귀한 것들이었다. 우리는 홀로 길을 잃은 어린 양을 보았는데 그 양은 풀 위에 누워 울고 있었다. 그 때 목자가 나타났다. 그리고는 그의 크고 힘센 팔로 그 양을 가슴에 꼭 껴안아 주셨다.

그 어린 양은 불안해서 떨던 울음을 잠시 지속했는데, 이때 목자는 그 양을 토닥거려 주면서 귀에 대고 무어라 속삭이는가 하면 곱슬거리는 양털을 안쓰럽게 쓰다듬어 주셨다. 곧 그 양은 몸을 한번 뒤척이

더니 목자의 팔에 꼭 안긴 채로 이내 잠들어 버렸다.

오! 여러분이 어린 양을 내려다보시는 예수님의 얼굴을 한번 보았다면! 그의 얼굴은 너무나 온유하고 긍휼로 가득하며 친절한 웃음으로 빛나고 있었다. 그는 잃은 양을 찾은 것이 마치 가장 값진 보석을 찾아낸 듯 그렇게 행복해 보이셨다.

주님을 바라보는 시간이 길어질수록 그의 얼굴은 더욱 아름답게 나에게 다가왔다. 무엇보다 나를 매료시키는 것은 그의 아름다운 눈빛이었다. 그 눈에는 사랑이 가득 차있기 때문에 흡사, 사랑의 샘이 솟아 넘치듯이 보였다. 내가 그 눈빛을 더 깊이 주시할 때는 주님의 마음의 창을 투명하게 꿰뚫어 보는 것처럼 느껴졌다. 그것은 놀랍고 감탄할만한 것이어서 숨이 막힐 것 같은 장면이었다.

그의 마음은 무한히 큰 정원에 향기로운 웃음과 기쁨의 햇살이 쏟아져 가득 찬 것 같았다. 예수님의 마음의 정원에는 예쁜 꽃과 나무들로 가득 차 있었다. 그것들은 순결하고 고귀한 사랑의 샘물을 매일 공급받는다. 그것들은 살아 있는 자체만으로도 전율이 느껴지는 듯이 떨었고 예수님께 온전히 속한 사실을 표현하듯이 기쁨으로 반짝였다.

내게 보여주신 그 장면은 너무도 황홀한 것이어서 영원히, 그리고 또 영원히 그곳에서 살고 싶은 갈망이 간절히 끓어올랐다.

환상이 끝났을 때, 우리는 풀밭에 앉아 주님의 임재하심에 도취되었다. 내 심장은 너무나 놀랐기 때문에 동작을 멈춘 듯 벅차 올랐다.

예수님이 나를 지극히 사랑하심을 생각해 보라. 그가 잃어버린 어린 양 위에 쏟으신 사랑보다 훨씬 큰 사랑을 내게 부으시지 않는가! 주님이 나를 그 위대한 사랑의 가슴으로 데려와 영원토록 그와 함께 살게 하시려고 죄에서 구해 주신 은혜를 생각해 보라!

진정한 주님의 사랑을 맛본 놀라움과 전율은 다른 어떤 기적과도 비교할 수 없고 표현할 수 없을 정도로 귀한 것이었다. 나의 주님, 그분이 그토록 놀라우신 분이기에 나는 사실 그 기적들에 대해서는 까맣게 잊고 있었다. 여러분도 마치가지일 것이다.

2
예수님이 주시는 사랑의 선물들

여러분께 한 가지 질문을 하려고 한다. 여러분은 하나님 아버지께서 당신을 얼마나 사랑하시는가를 절실히 깨닫고 사는가? 다름 아닌, 바로 당신이 개인적으로 말이다. 하나님의 놀라운 사랑으로 충만한 마음은 당신이 안고 있는 모든 문제에 대해 깊은 관심을 갖고 계신다.

그 문제가 크든 작든 상관이 없다. 그것들은 모두 우리 주님께 중요하다. 사실 주님은 당신이 그 문제들에 대해 심려하고 있는 것보다도 더욱 잘 알고 계신 것이다. 주님은 당신의 문제들을 처음부터 알고 계셨다. 그러나 그분이 그 문제들을 아주 멋지게 해결하실 수 있도록 당신이 그 문제 뭉치들을 주님께 드려서 완전히 의탁할 때까지 그분은 기다리시고 또 기다리신다.

주님은 그가 우리를 진정으로 사랑하시며 우리 삶의 모든 일에 대해 도와주고 싶어하심을 증명하시려고 적극적으로 개입하시기도 한다.

1973년에 일어난 일이었다. 티모르 지방에 쥐 떼가 폭발적으로 늘어난 때가 있었다. 정말 끔찍한 사태였다. 쥐들이 온 동네에 퍼져서 떼를 이루며 모든 곡식을 다 먹어 치웠기 때문에 마을의 농부들은 불쌍하게도 기아에 허덕이게 되었다.

그러던 어느 날 한 농부가 그의 조그만 야자나무 헛간 앞에 있는 옥수수 밭에서 잡초를 뽑고 있었다. 티모르 사람들은 우기(雨期) 동안 앞뜰에 옥수수를 심는 것이 보통이다. 그러면 옥수수는 금방 크게 자라 집을 덮어버려, 멀리서 보면 마치 집들이 엉글어 흔들리는 옥수수 모자를 뒤집어쓰고 있는 듯이 보인다.

농부가 계속 옥수수 밭에서 자신의 일을 열심히 하는 중에 이상한 일이 일어났다. 갑자기 쥐 한 마리가 구멍 밖으로 주둥이를 삐끗 내미는 것이었다. 그 쥐를 본 농부는 재빨리 막대기를 들어 쥐의 머리를 세게 내리쳤다. 그런데 이어서 또 다른 두 마리의 쥐가 어디선가 튀어 나왔다. 그 농부는 한 마리를 잡아 머리를 내리쳤으나 다른 한 마리는 어찌나 빠른지 곧 달아나 버렸다.

그런데 농부가 영문도 몰라 하는 사이에 어디선가 수백 마리의 쥐떼들이 쏟아져 나와 마당 안에 들끓게 되었다. 아마 달아난 쥐가 쥐 소굴로 들어가 친구 쥐가 살해당했노라고 광고라도 했던 모양이었다. 쥐들은 미친 듯이 날뛰면서 그 농부가 보는 앞에서 순식간에 모든 것들을 갉아먹기 시작했다. 곧 그의 옥수수 밭은 쥐들이 갉아먹고 남은 쓰레기들로 엉망진창이 되었다.

가련한 농부는 울상이 되고, 쥐의 머리를 치면 칠수록 어디서 나오는지 모르게 쥐들은 더욱 많아졌다. 만일 여러분의 집 마당이 온통 들끓는 쥐로 덮여 있다면, 당신은 어떤 기분이겠는가? 징그럽고 보기 흉한 쥐들이 당신의 소산을 온통 도둑질한다면 말이다.

더군다나 쥐들은 거기서 멈춘 것이 아니었다. 밭의 모든 것을 깡그리 먹어 치운 쥐떼들은 이어서 집안으로 몰려들었다. 농부는 아내에게 불을 피워 연기로 쥐들을 쫓아버리자고 소리쳤다. 그것은 조상 때부터 전래되어온 마을 사람들이 쥐를 쫓는 방식이었다.

그러나 이번에는 이 방식도 소용이 없었다. 쥐들은 벽을 타고 기어 올라 서까래 위까지 올라가서 법석을 떨었다. 쥐들은 서까래 위에 한쪽으로 쭈그리고 앉아서, 마치 말썽꾸러기 소년들처럼 농부 부부를 향해 눈을 깜박이면서 연기 냄새가 좋다는 듯이 약을 올렸다.

마침내 소리지르다 지친 그 농부와 아내는 너무나 절박한 상황에서 무릎을 꿇게 되었다(나는 처음부터 그랬으면 좋았으리라 생각한다).

"오, 예수님. 우리를 도와주십시오! 주님, 꼭 도와주셔야만 되겠습니다! 뭔가 빨리 해주세요."

그 부부는 결사적으로 주님께 매달렸다.

그 후 그들이 눈을 떴을 때 무슨 일이 일어났는지 상상할 수 있겠는가! 정말 희한한 광경이 벌어졌다. 쥐들이 한 마리씩, 또 한 마리씩, 꼬리에 꼬리를 물고 벽을 타고 내려와 앞문으로 나가버리는 것이 아닌가! 쥐들은 한 무더기가 되어 농부의 집 주위에 있는 돌담을 타고 달아났다. 그리고 쥐들은 다시 돌아오지 않았다.

자, 이런 예는 우리 주 예수님이 우리 문제에 개입하시는 매우 전형적인 예이다. 우리가 그로 하여금 우리가 안고 있는 문제들 안에 개입하시도록 초청만 한다면, 그는 언제든지 우리를 도와주시고 싶어하시는 것이다. 우리가 하나님을 초청하면 그는 곧 우리를 대신하여 모든 놀라운 능력과 창조적인 지혜를 동원하셔서 도와주신다. 그는 하늘에서 그의 전능하신 팔을 뻗치실 것이고, 그러면 곧 당신이 상상치도 못할 완벽하고 놀라운 해결책이 마련된다.

그럼에도 불구하고 우리는 가끔 너무나 어리석다. 우리의 골칫거리들을 예수님께 넘겨 드리지 않고 걱정에 눌려서 끙끙거리기 일쑤이니 말이다. 우리는 마땅히 주님의 도움을 받아야 할 상태가 되어도, 마치 하나님이 나의 골칫거리 때문에 신경쇠약에 걸리실지 모른다고 착각하며 행동한다.

형제들이여! 우리가 걱정으로 골치를 썩힌다는 것은 실제로 주님을 욕되게 한다는 사실을 알고 있는가? 그것은 마치 "주 예수님, 죄송합니다만 당신은 내 문제를 책임지실 만큼의 능력이 없으세요. 제 문제 때문에 고민하시다가 병이 나실까 걱정이 됩니다. 차라리 저 혼자 해결책을 찾아보겠어요"라고 아뢰는 것과 똑같다.

우리는 이런 식으로 주님의 마음을 아프게 하면서도 그 사실을 모르고 있다. 그러나 우리 주님은 오래 참으시며 온유한 마음으로 우리를 보신다. 우리를 보고 화를 벌컥 내시는 경우가 없다. 그분은 우리가 문제 거리를 안고 씨름하다가 지쳐서 결국 주님이 이 문제를 도맡아 주셔야 하겠다는 자각이 생길 때까지 기다리시고 또 기다리시는 것이다. 주님은 우리가 걱정하는 것이 얼마나 어리석은 것인가를 깨닫게 하는 지혜로운 방법들을 알고 계신다.

내가 큰 트럭의 뒷좌석에 앉아 있었던 적이 있었다. 그때 나는 우리 섬의 수도인 해안 도시 쿠팡으로부터 고향집이 있는 소우로 돌아가는 중이었다. 나와 함께 뒷좌석에 타고 있던 남자들은 가득 쌓여 있는 화물들 때문에 비좁게 붙어 앉을 수밖에 없었다. 화물들은 쌀자루, 큰 곡식 가마니, 짐짝들이었고 밑바닥에 돼지와 닭까지도 실려 있었다.

그 돼지와 닭들은 모두 승객들 발 밑에 바짝 끼어 있어서 지독한 냄새를 풍겼다. 그렇지만 이 트럭은 우리가 아는 가장 멋진 교통편이었다. 왜냐하면 티모르를 벗어나려면 도보 외에는 이 트럭이 유일한 수

송 수단이었기 때문이다. 그 트럭이 우리에게 캐딜락 승용차 못지 않은 것이었다. 우리들은 그 화물 더미 위에 꼭 끼어 앉아 서로 장난치고 웃으며 농담을 주고받았다. 유쾌한 시간이었다. 인도네시아에서는 뭔가 우스운 일이 터질 때마다, 크게 웃어대는 것보다 신나는 일이란 없다.

트럭이 작은 마을인 '캠프롱 타운'에 도착했다. 한 순박한 티모르 농부가 올라탔다. 그는 한마디로 구경거리였다. 한쪽 어깨에는 15kg쯤 되어 보이는 곡식 자루를 둘러메고 다른 어깨에는 물을 가득 채운 큰 대나무 물동이를 올려놓고 균형을 맞추느라 애쓰는 모습이었다(대부분의 마을 사람들은 양동이가 없어서 그런 식으로 식수를 길어 나르는 것이 보통이었다. 물이 넘치지 않도록 대나무 물통 꼭대기에는 뚜껑을 해둔다).

그런데 이 농부는 그 물통 밧줄로 엮어 놓은 옥수수 여섯 자루를 더 얹어 놓았다. 아마 그는 옥수수를 파파야 잎사귀와 끓여 점심으로 먹을 모양이었다.

우리가 탄 트럭은 그 농부를 태우고 계속 달렸다. 차가 울퉁불퉁한 돌길을 지나느라 차안의 모든 짐들이 덜컹거리며 흔들리는 동안, 나는 뒤에서 누군가 숨을 헐떡이는 소리를 들었다. 나는 누군가 알아보려고 뒤를 돌아보았다. 무슨 일인지 상상할 수 있겠는가? 바로 불쌍한 그 농부가 무거운 짐을 진 채로 땀에 흠뻑 젖어 있었다.

"아니, 이런 세상에! 지금 뭘 하고 계신 거예요!"

나는 기가 막혀 소리쳤다.

"아저씨, 그 짐들 내려놓으세요."

그 늙은 농부는 흙 묻은 자신의 맨발을 내려다보더니 큰 엄지발톱을 꿈틀 움직였다. 그리고는 무안해서 얼굴을 붉혔다. 갈색 얼굴이 빨개

지니까 맵고 붉은 고추 같은 색깔이 되었다. 그런 얼굴빛을 하고 그는 나에게 아주 조용히 속삭였다(아마 옆 사람들이 알아듣지 못하게 하기 위해서 일 것이다).

"저, 당신도 짐작하겠지만 저는 돈이 많지 않아요. 겨우 차 태워준 몸값만 지불할 수 있어요. 제 호주머니에 단 1루피아도 없어서 이 트럭이 짐을 실어다 주는 운임은 지불할 수 없어요. 그래서 무거워도 이렇게 지고 있는 겁니다."

"뭐라구요?"

나는 내 귀가 의심스러웠다. 너무나 놀래서 트럭 밖으로 떨어질 뻔하였다.

"아니, 그것도 몰라요? 트럭이 당신을 실어다 주면 짐은 자동적으로 실어 주는 거예요. 빨리 짐 내려놓고 쉬세요!"

그러자 트럭에 타고 있던 다른 사람들이 배꼽을 쥐고 웃어댔다. 사실은 순식간에 모든 사람이 짐 더미 위를 데굴데굴 구르며 깔깔대고 웃었기 때문에 차 밖으로 튀어 나갈 지경이었다. 우리들이 소우에 도착했을 때에는 다른 모든 사람들보다 그 농부가 가장 크게 웃어댔다.

그는 트럭이 자신의 짐을 자동적으로 운송해 준다는 사실을 알고 짐에서 해방되어 편한 자세로 여행을 즐기게 되었던 것이다.

이 농부가 미련한 사람인가? 그러나 사실은 우리 자신이 이 농부처럼 미련하게 행동할 때가 얼마나 많은지 모른다. 하나님은 이 우주 만물을 계획하시고 창조하실 정도로 위대하신 분이며, 그가 온 우주의 만물을 질서 있게 궤도를 따라 움직이도록 만든 완벽하신 분이다. 그는 또한 우리의 조그만 문제거리들을 도맡아 해결해 주시는 것이 조금도 어렵지 않다.

그런데 우리는 왜 늘 걱정거리에 눌리는가? 그 이유는, 이처럼 놀라우신 하나님이 어떤 분인가를 모르기 때문이다. 우리가 문제에 부딪혀 괴로워할 때마다 하나님께서 함께 마음 아파하신다는 사실을 깨닫기만 한다면! 우리의 슬픔까지도 기꺼이 나누어지고 싶어하실 정도로 자애로운 주님을 깨닫기만 한다면! 우리들은 진정으로 걱정에 눌리지 않으리라.

성경은, 주님은 우리의 모든 문제와 시련을 함께 겪으시며 슬픔의 자리에도 동참하심을 기록하고 있다.

"그들의 모든 환난에 동참하사 자기 앞의 사자로 그들을 구원하시며 그 사랑과 그 긍휼로 그들을 구속하시고 옛적 모든 날에 그들을 드시며 안으셨으나"(사63:9).

실제로 그분은 우리가 이 땅에서 겪는 고통을 경험하셨다. 바로 우리와 똑같은 슬픔과 좌절, 실망 그리고 당혹한 경험까지도 있었다. 그는 우리와 똑같이 느끼고 사셨던 것이다.

그러나 무엇보다도 가장 놀라운 것은 그분의 구원의 능력과 힘이 바로 우리 가까이에 계시다는 사실이다. 주님의 사랑으로 가득 찬 아버지로서의 마음은 우리가 그의 사랑 안에 숨겨져 안전하고 행복하게 거할 수 있게 되기를 갈망하신다. 진정으로 그를 신뢰하고 그의 품에 확실히 거할 때 그분은 우리에게 한없는 은혜를 주실 수 있는 것이다.

사랑하는 형제들이여! 아주 간단하면서도 종종 놓치기가 일쑤인 이 열쇠를 잊지 말자. 주님께 우리 모든 문제를 말씀드려 완전히 맡긴 후에는 긴장을 풀고 쉬면서 그가 하시는 역사만 바라보라. 그에게는 모든 문제 거리들을 혼자의 힘으로 해결해 주시기에 충분한 능력이 있다. 주님께 온전히 의탁만 한다면 그분은 우리의 구하는 것이나 생각하는 것에 넘치도록 능히 이루어 주신다(엡 3:20).

자, 이제는 그 다음으로 이야기 할 것이 있다. 나는 하나님의 사랑은 단순히 우리의 문제를 해결해 주시는 차원보다 한 걸음 더 깊이 들어 간다고 믿는다. 그는 하늘과 땅의 모든 축복들을 소나기처럼 퍼부어 주고 싶어 하신다. 물론 그는 우리의 필요를 채워 주시기 원한다. 성경은 이것에 관해 여러번 반복하여 언급하고 있다.

"그러므로 내가 너희에게 이르노니 목숨을 위하여 무엇을 먹을까 무엇을 마실까 몸을 위하여 무엇을 입을까 염려하지 말라 목숨이 음식보다 중하지 아니하며 몸이 의복보다 중하지 아니하냐 공중의 새를 보라 …… 그러므로 염려하여 이르기를 무엇을 먹을까 무엇을 마실까 무엇을 입을까 하지 말라 이는 다 이방인들이 구하는 것이라 너희 천부께서 이 모든 것이 너희에게 있어야 할 줄을 아시느니라"(마 6:25-32).

"이 모든 것은 세상 백성들이 구하는 것이라 너희 아버지께서 이런 것이 너희에게 있어야 될 줄을 아시느니라 오직 너희는 그의 나라를 구하라 그리하면 이런 것을 너희에게 더하시리라 적은 무리여 무서워 말라 너희 아버지께서 그 나라를 너희에게 주시기를 기뻐하시느니라"(눅 12:30-32).

"나의 하나님이 그리스도 예수 안에서 영광 가운데 그 풍성한 대로 너희 모든 쓸 것을 채우시리라"(빌 4:19).

그러나, 그뿐만 아니라 그분은 우리의 소원도 만족시켜 주시기를 원하신다. 우리가 행복하고 풍성한 삶을 누리는 데 필요한 모든 것을(일일이 구하지 않았던 것까지도) 넘치도록 채워 주신다. 때로 우리는 하나님이 축복을 주시는 일에 있어 구두쇠일지도 모른다는 미련한 생각을 갖고 있다. 그래서 필요한 것마다 다 구하지 못하고, 정당하게 꼭 필요한 이유가 있다고 생각되는 것만을 주님께 달라고 한다.

그것은 어리석은 일이다. 주님을 찬양할지니, 그분은 우리가 행복해

하는 것을 기뻐하신다. 하나님은 우리가 우리의 욕구들을 채워 주시도록 그에게 아뢸 때는 언제나 기뻐하신다. 그는 우리가 아뢰는 항목을 줄까 말까 하며 요모조모 따지고 달아보시는 째째한 분이 아니다. 무엇이라도 우리의 유익을 위해서라면 꼭 주시고야마는 것이다.

이런 교훈은 이전에 있었던 한 가지 일을 기억나게 한다. 한번은 주님이 우리에게 비행기를 탈 수 있는 멋진 기회를 주셨다. 이때 나는 누님과 매형과 함께 숨바 섬에서 7개월 동안 복음을 전하고 있었다. 그 당시는 전도팀들이 예수님을 증거하기 위해 티모르 섬을 떠나기 시작하던 1967년 경이었다. 우리가 그곳에서 열심히 전도하던 일을 마치고 집으로 돌아갈 무렵이었다.

"핀과 후랜쯔야!"

주님이 누나와 매형을 부르셨다.

"10월 15일 월요일에 너희는 숨바 섬을 떠나라. 멜은 한 주일 후에나 집에 돌아갈 것이다. 너희가 매우 충성스럽게 사역했기 때문에 비행기편으로 돌아갈 수 있도록 내가 마련해 놓았다."

할렐루야! 우리는 정말 흥분할 수밖에 없었다. 이것은 하나님이 주시는 특별 대접이었다. 우리는 올 때처럼 코를 찌를 듯한 냄새가 풍기는 보트를 타고 집으로 돌아가야 한다고 생각하고 있었다. 우리는 비행기 티켓을 살 단 1루피아의 돈도 갖지 않았지만 굉장한 부자가 된 기분이었다.

10월 14일 밤, 한 남자가 찾아와 우리 세 사람이 비행기 티켓을 살 수 있는 충분한 돈을 주었다. 우리는 갑자기 부자가 된 것이었다. 우리는 왕 중의 왕이신 하나님의 창고를 열 수 있는 열쇠가 있었던 셈이다. 또 우리에게 헌금한 남자의 일화도 재미있다.

그는 공무원으로 수년간 근무했었는데 자주 야근을 하게 되었다. 그러나 정부는 여분으로 일한 시간에 대한 보수를 미루고 주지 않고 있었다. 내 생각에는 주님이 정부 관료들의 마음을 움직이신 것이 틀림없다. 왜냐하면 우리가 떠나기 바로 전 날에, 비로소 그 남자에게 그 보수를 지불해 주었기 때문이다. 그 남자는 주님께 드리는 십일조를 우리에게 준 것이었고, 바로 그것이 우리가 꼭 필요한 만큼의 돈이었다. 주님은 여러 해 동안 그 돈에 대해 주도권을 잡고 계셨다고 믿는다. 가난한 정부 관료들은 지불해 주고 싶었어도 돈이 없었다. 우리가 그곳에 갔을 때 비로소 주님은 재정을 풀어 주신 것이었다.

우리는 기쁘고 행복한 마음으로 월요일 아침 일찍 공항에 도착했다. 그러나 바로 마지막 순간에 돈을 받았기 때문에 비행기표 예약을 해 놓지 못하고 있었다. 하지만 조금도 걱정하지 않았다. 나는 자신감을 갖고 매표원에게 다가가서 물었다.

"저, 오늘 쿠팡으로 가는 비행기표 두 장만 주시겠습니까?"

"미안합니다."

그는 정중한 목소리로 대답했다.

"모든 예약표가 매진되었습니다."

"혹시 표를 사놓고 비행장에 나타나지 않는 특별한 경우가 생긴 다면요?"

"그럴 경우엔 …… 보시다시피 육군 장교 세 사람이 타기로 대기하고 있습니다."

매표원은 목소리를 높여서 더 엄숙하게 답변했다.

"그래도 만일 좌석 둘이 빈다면 저희가 타도될까요?"

"안돼요!"

(그는 너무 크게 대답했기 때문에 엄숙하게 지켜온 품위가 떨어지기 시작하는 것 같았다.)

"저기 앉아 있는 회교도 세 사람 안보여요? 메카로 성지 순례를 떠나는 사람들입니다. 저 사람들이 다음 순서예요."

"그래도 우연히 좌석이 남는다면요?"

내가 외고집 노새처럼 우기고 있었다는 것을 잘 안다. 그러나 주님이 비행기를 태워 주시겠다고 약속하셨는데 어김이 있을 리가 없었다. 그러자 판매원은 내가 미워 죽겠다는 표정이었다. 그는 속으로 이렇게 욕하고 있었을 것이다. '입 닥치고 여기서 나가! 빌어먹을!' 아니나 다를까 그는 이렇게 말했다.

"신사양반, 잘 들으시오. 그래도 남는 좌석이 생길지라도 당신에겐 팔지 않겠소. 창 너머로 좀 내다보시오. 큰 석유통들이 보이지요? 쿠팡 사람들은 당신보다도 저 석유가 훨씬 필요할 겁니다. 더 이상 말 붙이지 말아요!"

떠날 비행기가 거기에 왔을 때는 비행기 하중이 꼭 세 사람을 더 태울 수 있을 만큼이었다. 세 육군 장교가 빨리 올라탔다. 그리고 기다리고 있던 회교도들은 화가 나서 집으로 가버렸다. 그 판매원은 승리자의 미소를 띠고 나를 쳐다보았다.

"신사 양반, 잘 보셨어요? 내가 당신 탈 자리는 없다고 일러뒀지요?"

그러나 나는 그가 나를 실망시키도록 내버려 둘 수 없었다.

"저, 미안합니다. 그러나 그건 사실이 아니에요. 예수님은 제가 섬기는 주님입니다. 당신이 뭐라고 하든 주님이 우리 가운데 두 사람이 비행기를 탈 것이라고 말씀하셨어요. 주님이 이 비행기에 태워 주실 것이 틀림없어요!"

그러나 화가 난 판매원은 마치 여덟 살 먹은 개구쟁이 아들에게 매라도 맞아야 정신을 차리겠냐는 식으로 나를 노려보는데 온갖 열을

예수님이 주시는 사랑의 선물들 | 49

뿜어내고 있었다.

몇 분 후, 비행기가 출발하기 직전, 마지막으로 비행기 하중을 확인하던 기술직공이 그 판매원을 쳐다보며 "이거 미안하게 됐습니다. 제가 실수를 했어요. 아직 한 사람은 넉넉히 더 탈 수 있겠는데요."라고 말했다. 급기야 판매원은 대기실 쪽으로 고개를 삐끗 내밀고 불렀다.

"아까 그 회교도들 아직도 여기 있나요?"

"아뇨, 한 시간 전에 집으로 돌아갔는데요."

그 딱한 판매원은 기가 죽어 소리를 낮추고 난처한 표정으로 이렇게 투덜거렸다.

"그럼, 당신들 중 한 사람이 타시죠."

그래서 나의 누님이 짐 가방을 모두 들고 저울대 위에 올라섰다. 그러자 아까 그 기술직공이 다시 말했다.

"아이고, 또 실수를 했어요. 아직도 한 사람 더 탈 수 있겠습니다."

딱하고도 불쌍한 판매원은 잘 익어 터진 붉은 파파야 열매가 온통 까만 씨를 쏟아내듯, 금방 욕이라도 터뜨릴 것처럼 얼굴이 빨개졌다. 그러나 그런 변이 일어나기 전에 나의 누님 부부는 재빨리 비행기에 올라탔다. 와! 어떤 때는 주님이 우리를 기쁘게 해주시려고 아슬아슬한 순간을 연출해 내신다.

그는 우리의 삶이 부요하고 풍성하기를 원하신다. 가까운 친구들과 막역하게, 화목하고도 친근하게 사귀기를 원하시며, 건강하고, 우리의 재능을 사용하는 일에 있어서 창조적인 방법을 동원하여 풍성한 삶을 누리기를 원하신다. 또한 그는 우리에게 좋은 옷을 입히고, 좋은 양식과 그 밖의 필요한 것들을 멋지게 공급해 주기를 원하시는 것이다.

그러나 이 모든 것보다도 그는 우리의 삶 자체가 풍성하며 그의 사랑과 임재하심의 귀한 보물들로 넘쳐나기를 원하신다. 이것이 바로 열쇠이다. 우리가 전적으로 주 예수님 그분께만 몰두하여 붙들려 있다면, 그가 공급해주신 생활의 필요품들로 인해 주님으로부터 눈을 돌려 한눈을 팔지 않을 것이다.

그 대신 우리 주님이 얼마나 엄청나게 놀라우신 분인가를 깨닫도록 만들어 줄 것이다. 바로 그것이 시편 기자가 "주님을 기뻐하라"고 기록한 이유이다. "그를 기뻐하는 자에게는 심령의 소원을 만족시켜 주시기 때문이다"(시 37:4).

바로 지금, 성경 말씀의 잔치 자리에 앉아 주님과 시간을 보내기를 권한다(당신이 말씀의 양식을 먹는 동안, 하나님의 아름다운 약속에 당신을 푹 잠기도록 하라. 그리고 심령 깊숙이 꿰뚫도록 하라. 하나님의 말씀이 당신의 삶을 변화시키고 당신을 강건하게 지탱해 주도록 하라).

입맛을 돋우기 위해 시편 81편 10절부터 열어 보도록 하자. "나는 …… 여호와 네 하나님이니 네 입을 넓게 열라 내가 채우리라 …… 네게 모든 축복을 주리라!" 이 구절은 나에게 적합하다는 생각이 든다. 왜냐하면 사람들이 나한테 입이 크게 생겼다고 하기 때문이다. 이 말씀이 의미하는 것은, 내 주 예수님께는 아무리 구하고 또 구해도 지나치지 않다는 뜻이다.

그리고 시편 34:8-10을 보라. "너희는 여호와의 선하심을 맛보아 알지어다 그에게 피하는 자는 복이 있도다 너희 성도들아 여호와를 경외하라 저를 경외하는 자에게는 부족함이 없도다 젊은 사자는 궁핍하여 주릴지라도 여호와를 찾는 자는 모든 좋은 것에 부족함이 없으리로다."

하나님은 이토록 우리에게 귀한 분이 아닌가? 그를 사랑하며 경배하고 싶을 뿐이다.

자, 이제는 그야말로 멋진 후식(dessert)으로 가보자. 시편 68편 19절을 열어 보라. "날마다 우리 짐을 지시는 주 곧 우리의 구원이신 하나님을 찬송할지로다." 와! 그가 우리 짐을 지시고 대신 유익함으로 채워 주신다는 뜻이 아닌가? 그가 우리를 놀리시려고 유익의 일부를 조금씩 떼어 주시는 것이 아니다. 감당할 수 없을 만큼의 넘치는 유익으로 채워 주신다. 그가 우리에게 어떤 유익을 주시느냐고? 유익이 되는 것은 무엇이나 아끼지 않으신다. 우리로 행복하고 강건하며 그의 풍성한 삶으로 채워질 수 있는 방법이 있다면 무엇이든지 말이다.

그러면 얼마나 자주 이러한 유익들을 주시는가? 하루도 빠짐없이, 매일매일 그렇게 하신다. 날마다, 해가 나든 비가 오든, 우리가 잠에서 깨자마자 위경련으로 고생하는 날이든 아니면 너무나 건강해서 활기차게 열 그루의 나무라도 기어오를 수 있는 기분 좋은 날이든, 아내가 낳은 귀여운 아기 때문에 흥분에 찬 날이든 아니면 가장 친한 친구의 죽음으로 슬픔에 잠기는 날이든 상관없이 말이다.

그렇다! 매일매일, 어떤 날이든간에 사랑하는 하나님 아버지께서는 문젯거리들을 우리에게 유익 되게 하시려고 삶의 기쁨과 그 문젯거리들을 다 사용하신다. 그러므로 친구들이여, 주님이 우리에게 주시기를 원하시는 이 모든 아름다운 것들을 받을 수 있도록 우리의 가슴을, 마음을 넓게 활짝 열자.

그의 사랑에 대한 의심이나 두려움 때문에 그를 제한하지 말도록 하자. 내가 한 가지 확실히 아는 것이 있다. 그것은 우리 주 예수님은 우리가 상상할 수 있는 정도보다 훨씬 더 관대하시고 좋은 것을 아끼지 않고 주신다는 사실이다.

우리가 그에게 베풀 기회를 드리기만 한다면, 그가 어떻게 하시는지 아는가? 그가 하늘에 있는 축복의 수문을 여시고 모든 축복의 항목들마다 한꺼번에 홍수처럼 보내 주시는 것이다. 그리고는 하늘에서 쏟아지는 축복의 비로 우리를 흠뻑 젖게 하실 것이다. 이윽고 그 축복은 우리가 받을 수 있는 그릇의 가장자리를 가득가득 채우고 나서 넘쳐나게 되는 것이다. 우리가 언제든지 소원하던 그런 식으로 말이다. 그것이 바로 풍성한 삶이다.

〈베드로와 기적적인 고기잡이〉 이야기를 기억하는가? 내가 갖고 있는 성경 이야기 전집에는 그렇게 제목이 붙어 있다.

딱하게도 어부 베드로는 밤새도록 열심히 그물을 던졌었다. 그러나 한 마리의 물고기도 잡지 못했다. 물고기가 단 한 마리도 얼씬거리지 않았던 것이다. 불쌍한 베드로, 그는 실망하여 어깨가 축 처지고, 아직도 땀방울이 그의 적갈색 수염 위로 뚝뚝 떨어지는 채 갈릴리 해변가에 앉아 있었다.

그물은 그의 굳은살 배긴 억센 손에서 내팽개쳐진 지가 오래였다. 그 그물은 엉키고 누덕누덕 해진 채로 모래 위에 던져져 있었다. 베드로는 아마 "오, 무슨 소용이 있나? 차라리 집어치우고 무교병 빵 굽는 직업으로 바꿔야겠어. 그러면 적어도 입에 풀칠은 하잖아"하면서 이를 악물고 중얼거렸을 것이다. 그런데, 바로 거기에 누가 걸어오고 계신 줄 아는가? 언젠가 많이 듣던 생동감 있는 걸음소리가 들렸다. 전에 어디선가 그 얼굴 위로 확 피어나는 미소를 본 적이 있었을 것이다. 오! 그는 나사렛에서 새로 오신 선생님이었다.

"베드로, 그간 잘 지냈느냐! 내게 호의를 좀 베풀어주겠느냐? 조금 있으면 사람들이 이리로 몰려들고, 또 다른 날처럼 여전히 내게 한꺼번에 밀어닥칠 거야. 내가 설교하는 동안 배 한 척이 꼭 필요한데 네

것을 빌려 써도 되겠느냐? 그리고 될 수 있다면 저만큼 물 가운데로 저어다 주겠느냐?"

베드로는 일어나서 그의 욱신욱신 쑤시는 어깨를 쭉 폈다.

"물론입니다 선생님. 뭐든지 말씀하시는 대로 하겠습니다."

아마도 그가 물 속을 이리저리 헤치고 들어갈 때는 지난밤처럼 세상이 침울하지는 않았을 것이다. 모든 것이 점점 밝아져갔다. 한 시간 후에 베드로가 배 위에 넋을 잃고 앉아 있을 때, 그의 비참한 심정은 햇살에 사라지는 아침 안개처럼 깨끗이 걷히고 가뿐한 마음이 되었다. 베드로는 태어나서 처음으로 그와 같은 설교를 들은 것이다. '도대체 이 선생님은 무엇을 가르치고 계신 걸까? 하나님이 우리에게 그토록 멋있는 분이라니? 하나님이 우리를 돌보시며 도와주고 싶어하신다고? 어쩌면, 내가 그런 하나님을 가까이 안다면 얼마나 좋을까? …… 야! 어떻게 이 사람은 하나님에 대해 이토록 많이 알고 있을까? 마치 하나님과 가장 친한 친구처럼 이야기하고 있으니 말이다. 그런데 도대체 이 사람은 누구일까? 어디서 온 사람일까? 그에게 말을 좀 붙여봤으면 좋을 텐데……."

"베드로야!"

"허?!"

갖가지 생각에 깊이 빠져 있던 베드로는 주님이 부르시는 소리에 깜짝 놀랐다.

예수님은 놀란 베드로를 향해 웃어 보이셨다.

베드로는 얼굴이 빨갛게 달아올라 정신을 못 차리고, 부는 바람에 머리카락이 온통 하늘로 흩날려 올라간 채 우스운 꼴을 하고 있었다.

"베드로야, 내게 또 한번 호의를 베풀어 주겠느냐? 나와 함께 고기를 잡으러 바다로 나가도 괜찮겠느냐? 네가 지난밤에 한 마리도 못 낚았다는 것을 다 안다."

베드로는 또 한번 깜짝 놀랐다. '아니! 그가 어떻게 그걸 알았을까?"
"한번 더 그물을 내려봐! 하나님께서 네가 그물에 가득 차게 고기를 잡을 수 있도록 도와주신다는 것을 약속한다. 그분이 너를 돌보고 계신 줄을 너도 알지? 베드로!"

베드로는 어쩔 줄을 몰랐다. 이 밝은 대낮에 그물을 치면 허탕친다는 사실은 어린애라도 안다. 그러나 ……. '하나님이 나를 돌보신다고? 나를? 나 바요나 시몬을? 와! 그는 무엇이든 확실히 다 알고 계신 것이 틀림없어. 그런데 도대체 이 사람은 누구일까? 궁금해서 견디지 못하겠네. 아! 그가 메시아일지도 몰라. 그런데 만일 아니라면 ……? 그러나 적어도 그럴 가능성이 있어 ……!'

"저 예수님, 한 가지만 말씀드리겠습니다. 만일 당신이 시키신 것이 아니라면 저는 저기 '가다레네스(Gadarenes)에 내쫓아버릴 멍청한 놈'이라는 소리를 했을 겁니다. 그러나 솔직히 말씀드려서 당신은 다른 사람과는 뭔가 달라요. 어쨌든 한번 해보죠."

예수님이 베드로를 보시며 웃었을 때 눈가에 부드러운 미소가 번졌다. 그리고 나서 25분쯤 후에 어떤 일이 일어났는지 여러분이 볼 수만 있다면! 팔딱팔딱 뛰는 많은 고기 때문에 베드로는 빨강과 노란 줄이 번갈아 쳐진 그의 옷을 이미 오래 전에 벗어 던졌다. 그 옷은 구석 어딘가에, 잡아 쌓아놓은 반짝거리는 물고기더미 아래 깔렸을 것이다. 그리고 그 그물은 얼마나 무거웠는지! 찢어질 정도가 되었던 것이다.

"어, 이런 세상에! 저런, 안드레! 야고보와 요한을 불러 와! 도울 사람들을 불러 오라구! 도울 사람이 많이 필요하다구!"

이렇듯 외치다가 갑자기 베드로는 조용히 멈춰 섰다. '주님이 내가 그물에 가득 차게 고기를 잡을 수 있도록 도와 주실 것이라고 말씀하

셨지. 그분이 그렇게 말씀하시는 것을 직접 들었어. 그의 말이 맞다!'
"예수님!"

베드로는 더 이상 자제할 수가 없었다. 자신에게서 한 달 동안이나 생선 비린내가 풀풀 난다 하더라도 상관없었다. 그는 잡아 올린 고기 더미 위에 그의 얼굴을 파묻고, 바로 거기, 예수님 앞에 넙죽 엎드렸다.

"오! 주 예수님! 저는 당신이 누구신지 이제 압니다. 당신은 메시아임이 틀림없어요. 당신이 바로 나의 하나님, 나를 돌보아 주시는 분입니다. 오, 예수님! 당신은 진정으로 굉장하신 분이군요. 오, 예수님! 당신은 진정으로 굉장하신 분이군요. 저는, 저는 더 이상 …… 견딜 수가 없어요!"

베드로는 심하게 울먹이기 시작했다. 억제할 수가 없었다. 그는 가끔 지나치게 감정적으로 행동하곤 하는 사람이었다. 또한 가끔, 그는 야고보와 안드레를 무색하게 만들곤 했다. 그러나 이번에도 그는 어쩔 수가 없었다.

내 친구들이여! 여러분도 놀라운 하나님, 그분을 대변해 뵈옵게 된다면, 그리고 그가 얼마나 깊이 우리를 돌보아 주고 계신가를 안다면 그처럼 감격할 수밖에 없을 것이다. 하나님이 하시는 일이 큰 손으로 넘치도록 풍성하게 채워 주시는 관대하심을 증명하기에 충분하지 않은가? 그물이 찢어질 정도로 산더미같이 생선을 배에 채워 주시는 그 큰 마음을 말이다.

나는 주 예수님이 우리를 위해 행하시는 모든 놀라운 은혜들을 '예수님이 주시는 사랑의 선물들'이라고 부르고 싶다. 여러분도 잘 아는 것처럼 하나님께서는 우리의 문제들을 풀어주신다. 온갖 좋은 축복들로 우리의 필요를 만족시켜 주어야만 될 어쩔 수 없는 이유가 있어서 그러시는 것이 아니다. 그것들은 단지 '사랑의 표시'로서 덤으로 부어 주시는 선물들인 것이다. 그는 우리에게 주시기를 기뻐하신다.

언젠가 여기 소우에 사는 가까운 친구들 중에 한 자매가, 주님이 한번 그녀에게 베풀어주신 선물에 대한 간증을 들려준 적이 있다(사실은 한 번이라는 말은 내가 하지 말았어야 타당할 것이다. 왜냐하면 부흥이 시작된 이후로 주님은 우리에게 수없이 여러 번 이러한 사랑의 선물들을, 그야말로 수백 번이나 반복하여 베풀어 주셨기 때문이다. 그러나 지금 그 이야기들을 다 할 수는 없어서 한 가지만 소개하기로 한다).

1971년 1월의 어느 날, 세차게 휘몰아치는 폭풍우가 하늘에 들끓고 있었다. 내가 잘 아는 '울리' 자매(실제 그녀의 이름은 '줄리아나'인데 우리는 이런 식으로 별명을 붙여주기를 좋아한다)와 네 명의 다른 친구인 '탄타 틴', '팍 아타우파', '맘마 마나오' 그리고 '맘마 툴리우'는 소우에서 10마일 떨어진 작은 노에라쿠 마을에 있었다.

내가 더 이상 이야기를 진전시키기 전에 한 가지 빠뜨린 게 있다. 인도네시아에는 이런 풍습이 있다. 특별히 소우에서는, 우리는 모두 한 가족처럼 느끼고 대한다. 그래서 우리들은 사람들의 이름을 탄타(아줌마), 팍 (아빠), 부(큰 형님) 또는 서스(큰 누님) 혹은 아딕(작은 형님) 등으로 붙여주는 것이다. 당신도 소우를 방문하면 얼마 안 있어 곧 이런 이름이 붙여질 것이다.

그러나 울리 자매가 보기에는 그 거대한 먹구름은 좀처럼 가라앉을 것 같지가 않았다. 그런데 옆에 함께 있는 형제들은 곧 나가야만 했고 그들이 나서면 곧 하늘은 수십 톤이나 굵은 빗방울을 쏟아버릴 기세였다. 울리 자매는 그렇게 되기를 원치 않았다.

"오! 주 예수님, 부디 저희들을 도와주시옵소서!"

그녀는 간절히 부르짖었다(자, 이제부터 흥분된 이야기가 나온다). 주님은 즉시 그녀의 마음속에 말씀하셨다.

"네 머리 위에 있는 하늘을 보라!"

그녀가 올려다보니 바로 일분 전만 해도 성난 폭풍 구름이 으르렁 거리던 하늘에 흰옷을 입은 크고 아름다운 천사가 나타난 것이었다. 그리고 그의 손에는 무엇이 쥐어져 있었는지 아는가? 칼이 아니라 우산을 잡고 이렇게 말했다.

"자, 너희 양팔을 하늘을 향해 머리 위로 올려라!"

천사가 계속 말하길 "그리고 계속 그렇게 하고 걸어라. 너희가 팔을 위로하고 걷는 한 비가 한 방울도 너희들 위로는 떨어지지 않을 것이야"라고 했다.

그때쯤 주변의 산들과 나무들은 세찬 빗물에 적셔지고 있었다. 그러나 길을 나선 울리 자매와 함께 있던 사람들은 주님이 말씀해 주신대로 조금도 비를 맞지 않았다. 천사를 본 사람은 울리 자매 한 사람뿐이었으나 비를 맞은 사람은 한 사람도 없었다. 사실은 그들의 주위로 삼백 걸음 반경의 둥그런 땅이 마른 채로 있었다. 그들이 움직일 때에는 그 마른 원형의 땅이 함께 앞으로 움직였던 것이다.

그런데 딱하게도 울리는 팔이 피곤해지기 시작했다. 그녀가 좀 쉬려고 팔을 잠깐 내리는 사이에는, 언제나 하늘의 우산이 찢어져 새는 것처럼 빗물이 그들 위로 튀었다. 그래서 그녀는 재빨리 아픈 팔을 다시 쳐들었다(마치 출애굽기 17장의 모세와 아말렉 군대의 이야기를 연상케 한다. 그러나 울리에게는 딱하게도 모세의 팔을 양쪽에서 치켜올려 지탱시켜 주었던 아론과 훌 같은 조력자가 없었던 것이다). 그럼에도 불구하고 그들은 하나님의 자비와 그 달콤한 은총을 찬양하면서 소우까지 10마일이나 걸었다. 그리고 마침내 가장 가까이에 있는 '툰

리우스'의 부모가 사는 집에 도착하였다. 모든 사람이 재빠르게 문안으로 들어섰다. 그러면서 동시에, 하나님이 하늘의 큰 우산을 접어서 하늘의 옷장에 넣어 버리시고 문을 꽝 닫아버리신 모양이었다. 왜냐하면 비가 하늘에서 억수같이 쏟아지기 시작했기 때문이다. 그들이 방금 전까지 서 있던 그 땅을 흠뻑 적시면서 ……마치 우기가 마지막으로 기세를 부리듯이 말이다. 울리와 함께 한 사람들이 그것을 보고는 뺨 위로 눈물을 흘렸다. 감사의 눈물, 하나님께서 그들을 폭풍우 속에서 지켜 주실 만큼 자애로우심에 대한 놀라움의 눈물을!

예수님이 우리에게 주시는 선물들에 대해 한 가지만 더 이야기하기로 한다. 당신의 삶에서도 직접 이런 은혜들을 체험할 수 있도록 많은 예들을 들어 두는 것이 유익하다고 생각하기 때문이다. 주님은 매일 작은 일들을 통해서도 아름답게 역사하신다. 그런데 우리는 너무나 자주 장님처럼 무디어지기 때문에 알아차리지 못할 때가 많은 것이다. 우리가 예수님의 손으로부터 사랑의 특별 표시로 공급된 그런 축복들을 깨닫지 못한다면, 하나님이 우리에게 주시고 싶어 하시는 그런 기쁨들을 놓치고 말게 된다.

이 이야기는 나의 처남이 이끄는 전도팀이 수심 9m나 되는 깊은 강을 걸어서 건넌 사건 후의 일이다. 『급하고 강한 바람처럼』을 읽으신 분이라면 누구나 이 기적의 이야기를 기억할 것이다. 팀원들이 서둘러서 급히 그 강을 건너 홍수가 밀어 내리치기 전에 마른 땅으로 걸어갔던 이유는, 주님이 바로 지금 이야기하려는 그 마을로 가능한 한 빨리 가야 한다고 말씀하셨기 때문이었다. 마을 이름은 '비재사한'이었다(이렇게 티모르 사람들은 마을 이름을 재미있게 붙인다).

한참을 걸은 후 그 팀이 그 마을에 도착했을 때는 몹시 배가 고프고 지쳐 있었다. 그러나 나쁜 소식이 그들을 기다리고 있었다. 그 마을이

기근 중에 있다는 것이었다. 그들을 머물도록 허락한 목사님 댁에도 양식이 다 떨어져 있었다. 그러므로 목사님은 팀들을 그나마 양식이 조금이라도 남아 있는 다른 집으로 보내고 싶어하셨다.

삼일 동안 계속되는 전도 집회를 아무것도 먹이지 않고 맡길 것을 생각하니 당황할 수밖에 없었다. 그러나 내 처남은 태연히 있었다. 설사 팀원들이 모두 굶어 죽게 된다 하더라도 주님께 순종하여 그 목사님 댁에 머물 작정이었다. 그런데 그때도 우리 주 예수님은 하늘 보좌에서 그들을 보고 계셨다. 팀원들이 어떤 대가를 지불하더라도 그를 경외하며 인도하심을 의지하면서 순종하는 것을 보시고는 흡족해 하신 것이 틀림없었다. 그들은 순종함으로 주님께로 향한 그들의 사랑을 증명해 보인 것이다. 누군가 말한 것처럼 "주님은 누구에게도 빚을 지신 적이 없다." 그래서 주님은 그들이 태어나서 한번도 경험해 보지 못한 깜짝 놀랄 축복을 통해서 그의 사랑과 자비를 쏟으시기로 결심하신 것이다.

첫번 집회가 끝나고 집에 돌아왔을 때 그들은 몹시 배가 고파 있었다. 그런데 주님은 나의 처남에게 팀원들 모두와 목사님과 그의 온 가족을 소집하여 기도회를 열라고 분부하셨다. 그리고 나의 처남이 기도 모임을 인도했을 때 놀라운 일이 일어났다. 주님께서는 앉아 있는 우리 모두에게 똑같은 환상을 보여주신 것이었다. 아름다운 몇 명의 천사들이 하늘로부터 탁자로 날아와 내려앉았다. 그리고는 눈처럼 하얀 테이블보를 깔았다. 티모르 사람들은 전에 한번도 그렇게 예쁜 테이블보를 본 적이 없었다.

그리고는 천사들이 다음에 무슨 일을 했는지 아는가? 접시들과 스푼들을 가지런히 배열해 놓더니 각 사람의 접시 옆에 아름다운 장미꽃 한 송이씩을 놓는 것이었다. 주님은 그들을 위해 그토록 멋진 식탁을 차려 주시기를 원하셨던 것이다. 그리고나서 음식이 연이어 나왔다. 쌀밥, 돼지고기, 닭고기, 야채 요리 그리고 차까지 곁들여서 …….

모든 것이 준비되자, 환상을 본 사람들은 그 식탁에 둘러앉아 차려진 음식들을 먹기 시작했던 것이다. 오! 얼마나 아름다운 하늘 잔치인가? 하늘의 요리사들이 그 잔치를 위해 별미를 준비한 것이다.

얼마나 맛이 있었던지 그들 중에는 실제로 크게 입맛을 다시는 사람들도 있었다. 마침내 모든 사람이 먹고 배부른 후에 나의 처남은 '아멘'으로 기도를 끝맺었다(그는 내내 큰 소리로 기도하고 있었다).

모든 사람들이 놀란 눈빛으로 서로를 쳐다보았다. 그들은 더 이상 배고프지 않았다. 사실은 너무나 배가 불러서 움직이지도 못할 지경이었다.

주님은 전도 집회가 다 마치는 날까지 매 식사 때마다 이와 같은 환상을 보여주셨다. 하늘의 음식은 풍부한 비타민들과 영양이 많은 단백질 성분의 것이었음이 틀림없다. 왜냐하면 그들은 기쁘게 주님을 섬길 넉넉한 에너지를 얻을 수 있었기 때문이다.

자, 왜 예수님이 그와 같은 달콤한 친절을 베풀어 주셨을까? 내가 믿기로는 우리로 하여금 그에게로 가까이 이끌어서 그의 사랑에 흠뻑 잠겨 목욕을 시켜 주시려는 이유라고 생각한다.

그는 우리가 그와 가까이, 바로 그의 심장과 가까이서 살아갈 때만 삶의 만족을 느낄 수 있다는 것을 아신다. 그럴 때만이 우리는, 주님이 우리가 경험하도록 계획하신 기쁨과 행복을 누릴 수 있는 것이다.

3
단순한 믿음

내가 전도팀과 함께 일을 시작한 첫 번째 주 동안의 일이다. 나는 얼굴에 영감 있는 표정을 띠고 모인 회중들 앞에 서있게 되었다. 나는 아주 거룩한 순간으로 느껴졌다. 왜냐하면 곧이어 환자를 위해 기도해 주는 순서가 있었기 때문이었다. 그때 한 사람을 만나게 되었다.

"오! 저런 세상에! 불쌍한 사람 같으니라구!"

나는 곧 구토증을 느끼고 토해낼 것처럼 비위가 상했다. 그의 두 다리는 깡말라 붙은 채로 비틀어져서 몸통에 덜렁 붙어 있었다. 그것도 똑바로 달린 것이 아니라 보기 흉하게 위로 굽어 마치 새끼처럼 비틀어져 보였다.

물론 그는 걸을 수 없었다. 그는 그 흉하게 생긴 다리를 방석 위에 추켜 올려 놓고 땅 위로 털썩털썩 치면서 다녀야 했다. 그 불쌍한 사람은 코코넛 껍데기 반쪽을 갖고 있었고 양손에 신발처럼 뭔가를 끼워서 길가에 흩어진 날카로운 돌들에 찔리지 않도록 하고 있었다. 그러나 어차피 상처투성이인 데다가 피 흐르는 종창이 번져 있었기 때문에 다리를 보호하려는 생각은 포기한 모양이었다.

이 불쌍한 남자는 기도 받는 환자들 옆에 서서 자기의 차례를 기다리고 있었다. 바로 그때, 나는 거룩하게 느끼던 감정이 그를 위해 기도하고 싶은 생각과 함께 사라져 버렸다.

이 환자의 치료는 말도 안 되는 불가능한 경우라는 생각이 들어서였다. 그래서 나는 쉬운 쪽을 택했다. 우선 숨을 제대로 쉬지 못하고 있는 한 부인을 위해서 기도했다. 그리고 나서 위통으로 고생하는 사람을 위해서 기도했다. 주님은 이들을 깨끗이 고쳐 주셨다.

그러면서 나는 곁눈으로 그 흉하게 생긴 남자를 자꾸 쳐다보고 있었다. 팀들 중 내가 아닌 '다른 사람이 서둘러서 그를 위해 기도해 줄 수 있었으면 좋겠는데' 라고 생각하고 있었다.

그 이후로도 네 사람을 위해서 기도했다. 그리고는 마침내, 나는 그를 위해 기도할 수밖에 없었다. 바로 그 남자가 마지막으로 줄에 선 사람이었는데 일곱 명의 다른 팀원들은 모두 분주히 하던 일을 계속하고 있었기 때문이다(아마 그들은 내가 생각했던 것과 똑같이 느끼고 있었는지도 모른다). 어쨌든 예수님이 나를 코너로 몰아붙이셨기 때문에, 나는 그를 위해 기도하게 되었다.

나는 그 앉은뱅이 남자에게 다가가면서 마음속으로 부르짖고 또 울부짖었다.

"오, 주님 도와주셔야만 합니다. 예수님. 어쩌자고 이런 일을 저에게 맡기셨습니까! 잠깐만 저를 좀 다른 데로 보내 주셨으면 좋겠는데요!"

나는 내 손을 그 남자 위에 얹었다. 그리고는 기도할 말을 잊었다. 빨리 뭔가 생각해 내려고 애썼다. 마침내 베드로가 했던 식을 흉내내기로 했다. 크고도 떨리는 목소리로 기도하기 시작했다.

"은과 금은 내게 없거니와 내게 있는 것으로 네게 주노니 곧 나사렛 예수 그리스도의 이름으로 걸으라"(행 3:6).

물론 여기까지는 좋았다.

그런데 예수님이 내 귀에 대고 이렇게 속삭이는 것이다.

"그의 손을 잡아 일으켜라. 내가 그를 고쳐 주기 원한다."

저런, 나는 뻣뻣하게 얼어붙었다. 예수님이 그 말씀만 하지 않으셨다면, 아마 나는 그의 등을 두드리며 이렇게 내뱉었을 것이다.

"저, 형제님! 아마 점차적으로 치료될 것입니다."

그리고 나가버렸을 것이다. 그런데 나는 지금 궁지에 몰리게 된 것이다. 주님은 내가 믿음을 증명해 보이도록 만드셨다. 그러나 이번에는 너무나 떨려서 조금도 내 자신이 더 지탱할 수 없을 것만 같았다.

나는 숨을 크게 들이마시고 그의 깡마른 손을 덥석 잡았다. 그리고는 홱 잡아끌었다. 그때 그의 다리는 움찔하면서 천천히 움직이기 시작했다. 오! 그는 내 흔들리는 믿음만큼, 아니 심하게 온몸을 떨고 있었다. 어느새 그는 혼자서 몇 발자국을 내딛는 것이었다. 그리고는 주님을 찬양할지니, 그가 복도를 통해 문밖으로 걸어 나갈 수 있게 된 것이 아닌가! 할렐루야!

그는 집에 돌아가 굶주린 말처럼 먹어댔음이 틀림없다. 왜냐하면 며칠만 지나면 그의 다리에 정상적인 다리처럼 살이 붙을 것이기 때문이다. 나는 중요한 교훈을 배웠다. 그것은 결코 주님의 능력을 제한하지 말아야 한다는 것이었다! 왜냐하면 그에게는 무슨 일이나 능치 못하심이 없기 때문이다. 주님이 내게 뭔가 하라고 명령하셨을 때, 우리는 주저함 없이 그분에게 협조해 드려야만 할 것이다.

내가 여러분에게 지금 무엇에 대해 말하려고 하는지 아는가? 제목에서 읽었기 때문에 짐작하셨을 것이다.

"단순한 믿음!"

성경은 그것이 왜 중요한가를 명백히 가르치고 있다. 주님은 혈루병으로 앓은 여인에게 말씀하셨다.

"딸아, 네 믿음이 너를 낫게 하였도다"(눅 8:48).

그리고 뒤에 따라오면서 고쳐 주시기를 애걸하는 두 장님에게는 이렇게 말씀하셨다.

"너희 믿음대로 될지어다"(마 9:29).

예수님이 말씀하신 뜻은 무엇인가? 믿음은 주님의 능력이 들어올 수 있게 하는 마음의 문과도 같다. 만일 그 문이 조금만 비끔히 열려 있으면 그의 능력이 그만큼 밖에는 흘러 들어올 수 없는 것이다. 우리가 진정으로 주님을 신뢰하고 그의 모든 약속들이 그대로 성취될 것을 확신하는 가운데 마음의 문을 활짝 열기만 한다면, 하나님은 그가 원하셨던 대로 자유롭게 역사하실 수 있게 되는 것이다.

그러나 안타깝게도 우리에게 믿음이 전혀 없으면 주님이 우리를 아무리 도와주기를 원하셔도 일하실 수가 없다. 왜 그런지 아는가? 바로 주님이 신사이시기 때문이다. 그는 우리 마음의 벽들을 억지로 허물어 버리시지는 않는다. 만일 우리의 마음 문이 꼭 닫혀 있다면 주님은 그 문을 부셔 버리면서까지 우리 삶에 관여하시는 분은 아니기 때문이다. 그는 우리의 존엄성과 자유의지를 존중하신다.

나는 신약성경을 읽어 내려가면서 "예수님이 이 땅에 계시는 동안 얼마나 여러 번 안타까우셨을까" 하는 생각이 들었다. 마치 그가 제자들에게 이렇게 말씀하시는 것이 들리는 듯하다. "왜 너희들은 언제나 나를 믿지 못하고 있느냐? 왜 내 능력을 의심하느냐? 내게는 무슨 상황이든지 온전히 하기에 능치 못함이 없는 줄을 알지 못하느냐"(마

14:31;16:8, 막 4:40, 눅 9:41).

우리가 믿음이 없을 때 왜 그의 마음이 상하는지 아는가? 믿음이 없다는 이야기는 우리가 그를 전심으로 사랑하고 있지 않던가 아니면 그가 약속들을 이룰 수 있음을 믿지 않고 있는 것이다. 그렇지 않으면 믿음이 없을 수가 없지 않겠는가.

그런데 성경에는 하나님이 찾고 계시던 그런 믿음의 소유자에 관한 기대가 있다. 예수님의 마음을 충분히 흔들고도 남을 그런 단순한 믿음을 가진, 엄청난 축복의 결과를 불러일으킬 그런 단순한 믿음을 가진 사람이 있었다. 그는 군대의 백부장 이었던 '가이우스' 였다. 가이우스는 그의 침대 끝에 놓인 가죽 벤치에 앉아 뭔가 쓸려고 책상으로 손을 뻗쳤다. 그렇다. 지금 무슨 일을 해야 하는지 그는 잘 알고 있었다. 지금 그를 도와줄 수 있는 오로지 한 사람이 있었다.

그래서 그는 그에게 서둘러서 이 모든 일을 써 보내기로 결심한 것이다. 벌써 이런 지가 몇 밤이 흘렀다. 가이우스의 빨간 군복은 더럽게 구겨졌으며, 그는 거의 눈을 뜰 수가 없었다. 그의 딱 벌어진 넓은 어깨는 과로로 축 쳐져 있었다.

자신이 항상 형제보다도 아꼈던 사랑하는 '마르쿠스' 가 병들어 누워 신음하고 있었던 것이다. 가끔 마르쿠스는 그가 앓아 누워 있는 병상에서 뒤틀려 신음하거나 발로 차거나 고통으로 눈동자를 굴리거나 했다. 로마의 정부 기관에서 나왔다는 어떤 의사도 그를 도울 수는 없었다. 마르쿠스는 그 몹쓸 열병으로 조금도 도움을 받지 못하고 죽어가고 있었다.

가이우스는 이제 시간이 얼마 남지 않았다는 것을 알았다. 그는 급히 결심을 행동으로 옮겨야 했다. 그러나 그가 깃촉으로 만든 펜과 쓸 양피지 가죽을 손에 잡을 때마다 머리 속에 맴도는 이런 상상들을 떨쳐버릴 수가 없었다.

그의 마음은 오래 전 로마에서 지냈던 날들로 달려갔다. 그가 아주 어렸을 때 엄마가 '비아베로니카'에 있는 큰 신전으로 그를 데려가곤 했다. 그것은 엄마가 섬기던 목성, 달, 화성의 여신들에게 일주일에 세번씩 고기 제물을 바치기 위함이었다. 그는 그 바보 같은 우상들이 도와줄 수 있다거나 살아서 뭔가 할 수 있다고 믿어본 적이 없다.

청년이 되어 그는 군인이 되기를 결심했다. 그리고 그는 근실하게 일했기 때문에 여러 번 승진을 거듭했다. 가이우스는 군대 생활을 아주 즐겁게 여겼다. 그러나 그의 그러한 성공도 언제나 마음 한 구석에서 느끼던 공허감을 제거하지는 못했다.

그는 어디엔가 참 하나님이, 진정한 사랑으로 가득 차 있는 하나님이 우주 어디엔가 있으리라고 믿고 있었다. 그러나 지금 하나님을 어떻게 찾아낼 수 있단 말인가? 어떻게 그를 개인적으로 만날 수 있단 말인가? 이런 물음이 밤낮으로 가이우스를 사로잡고 있었다.

바로 일년 전, 작은 '릴린지' 지방에 전근 와서 백부장으로 근무하게 되면서부터 비로소 그는 해답의 실마리를 찾아내기 시작했다. 그는 유대인들의 종교에 매료되었다. 유대인들은 그가 언제나 꿈꾸던 그런 하나님, 우주의 전능한 창조주이시며 완벽하게 의롭고 거룩한 그런 하나님, 사악한 로마의 우상과는 반대인 그런 하나님께 속한다고 주장하고 있었다. 그리고 그들은 가장 사랑하는 아버지로서 그의 자녀의 필요들을 깊이 돌보아 주시는 그런 하나님으로 확신하였다.

사실 유대인들은 광적인 면이 있었다. 자기들은 하나님의 선택받은 자들로서 하나님은 자기네들에게만 관심이 있으시다고 늘 우기는 것이었다. 그러나 가이우스는 그렇게 믿지 않았다. 그가 그의 온 삶을 통해 하나님을 찾지 않았던가? 그리고 그도 유대인들과 마찬가지로

단순한 믿음 | 67

하나님의 사랑과 능력이 필요하지 않은가? 가이우스는 이 한 가지에 대해서는 마음이 놓였다. 그는 마침내 참 하나님이 누구신가를 발견한 것이다.

그러나 어쩐지 그의 마음속에 있던 갈증과 공허감은 아직도 여전히 남아 있었다. 하나님이 아직도 그의 친밀한 개인적인 친구가 아니라면 무슨 소용이 있는가? 가이우스는 하나님을 직접 경험하기를 원했다. 하나님이 직접 자신을 계시해 주시기 전에는 그는 만족할 수가 없었던 것이다.

그의 마음에서 오랫동안 맴돌았던 문제가 가라앉은 후에, 그는 마침내 유대인들이 갈구하고 있던 그것을 자기도 갈망하고 있다는 것을 깨달았다. 그는 메시아를 고대하고 있었던 것이다. 그의 백성들과 함께 거하러 오신다는, 하나님이 보내신 자를 말이다.

그러던 어느 날, 갑자기 모든 것이 바뀌었다! 가이우스의 삶은 생기를 찾게 된 것이다. 기쁨의 전율이 그의 온몸을 진동시켰다. 고통스러웠던 그 공허감은 사라졌다. 그 대신에 심중 깊은 곳에서부터 형용할 수 없이 아름답게 빛나는 흥분감이 솟구쳤다. 그가 표현할 수 있다면, 자신이 변화되었다는 확실한 사실이었다. 진정한 삶이 바로 거기서 팔을 벌리고 그를 기다리고 있었던 것이다.

그 일이 일어났던 날 아침이었다. 그 날 그는 마침 휴일이어서 무엇 때문에 사람들이 그렇게 많이 몰려 들었는가를 보려고 호숫가를 천천히 걸어 내려가고 있었다. 그것이 가이우스가 그분을 만난 처음이었다. 그가 온 생애를 통해 찾고 있던 바로 그분을 말이다. 그분이 여기 이 땅에 오셨다니! 오, 놀랍고도 놀라워라. 메시야가 여기에 계시다니! 가이우스는 그분을 쉽게 알아볼 수 있었다. 조금도 의심이 없었다. 이 나사렛 예수는 결코 평범한 사람이 아니라 하나님인 것이다.

왜? 바로 하나님의 형상이 그의 인격 전체를 통해 나타나 있기 때문이었다.

그리고 그가 베푸는 치료의 기적들은 가이우스에게 필요한 확신을 채워 주기에 충분했다.

지금, 그가 책상 앞에 앉아 있을 때 얼굴 위로 천천히 미소가 번졌다. 누가 보든지 그의 상황은 절박한 것임에 틀림없었다. 그가 가장 아끼던 종이 갑자기 이틀 전부터 몹쓸 열병에 걸려 고통으로 죽어가고 있으니 ……가이우스가 예수를 만나지 않았다면, 분명히 비통에 잠겼을 것이다. 그러나 지금은 조금도 두려울 것이 없었.

그의 놀라우신 능력으로 자기의 백성을 사랑하시며 고쳐 주시고 구해 주시는 것이 바로 하나님의 자연스러운 성품이 아니겠는가?

꾸물거릴 시간이 없었다. 서둘러서 가죽 종이 위에 메시지를 적은 후, 두루마리로 만 다음 인장으로 봉하였다. 그는 그의 손뼉을 한번 크게 쳤다. 그러자 곧 군인 한 사람이 문 앞에 나타났다.

"자, 여기 있네!"

가이우스가 명령했다.

"이 두루마리를 호숫가에 있는 어부의 집으로 갖다 주게나. 그리고 나사렛 예수의 손에 확실히 전달되는지도 꼭 확인하게! 자, 어서 서둘러!"

그 군인은 삼십분만에 도착하여 군중 속을 뚫고 들어가 예수님 앞에까지 다가섰다. 예수님은 조심스럽게 그 두루마리를 열었다.

제가 가장 존경하는 선생님인 예수님께!
열병으로 죽어 가는 내 사랑하는 종 마르쿠스를 고쳐 주시기를 진심으로 부탁드립니다.

아무도 그를 도와줄 수 없다는 것을 잘 압니다. 당신밖에는 말입니다. 왜냐하면 당신은 하나님이시기 때문입니다. 제 집까지 오심을 감당치 못하겠습니다. 당신이 계신 곳에서 그를 고쳐 주실 수 있는 권위가 있으심을 압니다. 단지 말씀만 하옵소서. 그러면 제 종이 낫겠나이다. 당신의 긍휼과 언제나 도와주시는 자비하심에 감사드립니다.

당신을 깊이 존경하는
백부장 가이우스 텔티우스로부터

예수님은 고개를 드셨다. 그의 입가에는 빛나는 미소가 번졌고, 그의 눈에는 영광으로 반짝이는 빛이 불꽃 튀었다. 그가 말씀하실 때는 기쁨으로 목소리가 떨렸다.
"내가 이만한 믿음을 가진 자를 여태껏 만나보지 못했다. 택함 받은 이스라엘 중에서도 말이야!"
물론 두말할 필요도 없이 가이우스는 요청한 것을 받았다. 바로 그 순간에 완전히 고침을 받은 것이다. 그렇다. 예수님은 그가 하나님의 아들이라는 사실을, 의심의 구름을 넘어 증명해 보이신 것이다.
그렇듯 가이우스는 단순한 믿음을 가졌다. 그렇다면 우리도 그럴 수 있어야 하지 않겠는가? 어떻게 하면 우리 주님께 기쁨이 되고 또 놀라운 결과를 가져오게 하는 그런 믿음을 소유할 수 있을까? 우선 그런 믿음을 실천에 옮겨 연습하기 전에, 단순한 믿음이란 무엇을 의미하는지부터 알아야겠다.
수년간 내게 유익이 되어준 이 정의를 소개하려고 한다. 단순한 믿음이란, 바로 예수님을 아는 데서부터 나오는 자연스러운 결과인 것이다. 어떤 상황에서 무엇을 원하시는지 그의 뜻을 알도록 충분히 그와 가까이 사귀고, 또 우리에게 그가 일하실 수 있도록 하라고 시키시는 명령에 대해 단순히 그대로 순종하여 행하는 것으로부터 나오는 자연스러운 결과이다.

가이우스가 어떻게 바르게 행동했는지 주의하여 읽었는가? 그를 성경에 기록한 하나님을 찬양할지니, 그는 우리에게 모범으로 보여주는 완벽한 실험적인 예와도 같은 것이다. 그렇다면 영적인 현미경을 통해 가이우스에게서 무엇을 배울 수 있는지 자세히 관찰해 보자.

첫째로, 가이우스는 진정으로 예수님이 누구이신지를 알았다. 예수님이 바로 하나님의 아들이라는 사실을 안 것이다.

만일 그가 하나님이라면, 마르쿠스를 고쳐 주실만한 능력도 있으심을 아는 것쯤은 쉽게 파악할 수 있는 일이 아닌가(우리에게도 마찬가지이다). 그에게 엄청나게 놀라운 능력이 있으심을 깨닫는 데 시간이 걸릴 필요가 없다. 그는 우리가 요청하는 것을 능력으로 응답해 주시고, 상상하지 못했던 방법으로 능력을 베풀어 주시는 것이다.

그 외에도 가이우스가 예수님에 관해 또 아는 것이 있었다.

예수님은 능력이 있으실 뿐만 아니라 마르쿠스를 고쳐 주실 충만한 사랑이 있다는 사실도 잘 알고 있었다. 그는 예수님의 가슴속에서 풍기는 부드러운 사랑과 인자하심을 느낄 수 있었다.

그는 예수님의 말씀 속에서도 그분의 긍휼과 부드럽고 따뜻한 인자함을 읽을 수 있었다.

"너를 사랑한다. 가이우스! 내가 너를 돌보아 주마! 너의 필요를 채워 주고 네 소원을 만족케 해주기를 원한다!"

그렇다. 가이우스는 예수님이 그를 사랑하시며, 그의 요청을 들어주시는 것이 또한 주님 마음속의 깊은 소원이기도 하다는 사실을 알

앉다.

오! 친구여. 오늘날 당신과 나는 이 사실을 알 필요가 있지 않은가! 주 예수님이 우리 각자를 개인적으로 돌보신다는 것을 깨닫는 일이 얼마나 중요한가! 잠깐 한 1분 동안만 당신이 이 세상에 살고 있는 단 한 사람이라고 가정해 보라. 그리고 하나님이 가까이 돌보고 계신 그 한 사람이라고 생각해 보라. 하루종일 그는 당신을 향해 사랑에 넘치는 부드러운 눈길을 주고 계시며, 당신의 소원을 흡족하게 만족시켜 주시려고 계획하고 계신 것을 생각해 보라.

하나님이 성경에 말씀하신 그 모든 약속들은 당신을 위해 기록된 것이며, 그리고 당신은 주 예수님의 자랑이요 기쁨이다. 그가 당신을 긍휼과 권능이 충만한 사랑으로 돌보시기 때문에 세상의 아무것도 그가 당신을 위해 행하시는 일을 방해하지 못할 것이다.

내 친구여! 이것이 정확한 표현이다. 이것은 과장이 아니다. 하나님이 당신을 이런 식으로 사랑하시는 것이다.

그는 그렇게 위대하시며 한없는 권능이 있으셔서, 마치 당신이 세상에 단 한 사람으로 존재하는 것처럼 사랑하실 수 있고 또 그렇게 하시는 분이다. 그의 놀라운 사랑은 그만큼이나 개인적이다. 주님을 찬양하라! 이 사실이 항상 마음속에서 떠나지 않고 맴돌도록 하라.

오! 하나님이 나를 돕기를 원하신다. 이렇게 늙고 평범한 작은 남자를 말이다! 하나님이 벌써 얼마나 많은 다른 사람들에게 능력을 주셨던 간에 그는 그의 능력을 내게도 부어 주시기를 원하신다. 나는 하나님의 능력과 사랑이 하늘에 온종일 비축되고만 있어서 녹슬도록 내버려두지 않을 테다. 하나님께 구하여 그 능력이 내게 임하고 역사하도록 해야겠다.

바로 가이우스는 이런 태도를 취했다. 그리고 그 때문에 단순한 믿음의 두 번째 단계를 잘 실천할 수 있었던 것이다(만일, 벌써 앞에서 내린 단순한 믿음에 관한 정의를 잊어버렸다면 기억나도록 다시 언급하겠다. 단순한 믿음의 두 번째 단계는 예수님이 그 특별한 상황에서 무엇을 원하는가를 알도록 그분과 사귀어 충분히 가까이 있는 것을 말한다).

가이우스는 다음의 사실들을 합하여 믿음으로써 많은 이득을 얻었다. 즉, 하나님은 마르쿠스를 고쳐 주실 넉넉한 능력이 있으시고, 하나님은 그를 고쳐 주실 넘치는 사랑과 돌보는 마음을 갖고 계신다는 것이었다. 따라서 그는 하나님이 반드시 그를 고쳐 주시기를 원한다는 결론을 얻었다. 하나님이 그를 고쳐 주시기 원한다는 것을 진작부터 알고 있었다. 왜냐하면 하나님이 그를 치료하시리라는 사실이 그에게는 상식이었기 때문이다. 가이우스에게는 예수님이 그의 특별한 상황에 오셔서 도우시기를 원하실 뿐 아니라, 그렇게 하시리라는 것은 분명한 사실이었다.

이것이 단순한 믿음의 놀라운 비밀의 전부이다. 하나님이 무엇을 행하시리라는 것을 미리 아는 것이 말이다. 이것이 믿음을 그토록 단순하게 만드는 것이다. 그러나 나는 당신에게 지금 호기심을 좀 더 일으키려고 한다. 단순한 믿음의 두 번째 단계에 대해서는 지금 여러분에게 더 이상 설명하지는 않겠다(앞으로 몇 가지 더 설명해야 할 것이 있더라도). 대신, 세 번째 단계로 가도록 하자. 그가 역사를 일으키도록 돕기 위해 우리에게 시키시는 일은 무엇이든지 단순히 행하는 것이다.

원한다면, 이 부분은 '단순한 순종'이라고 부를 수 있겠다(적어도 나는 그렇게 부른다). 주님이 당신의 문제를 바로잡아 주실 것을 알았다면, 주님은 곧 그를 위해 우선 무엇인가 순종하도록 말씀하실 것이다.

당신은 그의 능력이 자유롭게 역사하시기 전에 그에게 전적으로 순종해야 하는 것이다.

'마르쿠스'가 치료를 받을 수 있기 전에 '가이우스'는 예수님에게 편지로 도움을 청해야 된다는 것을 알았다. 내가 이 장의 처음 부분에서 말씀드린 앉은뱅이 이야기를 기억하는가? 나는 그가 발로 일어서도록 확 잡아 일으킴으로써 단순한 순종을 실천해야 했다. 만일 내가 주님께 순종하지 않았더라면, 아, 불쌍한 그 남자는 아직까지도 방석에 앉은 채 그 흉하게 생긴 다리로 땅 위를 털썩털썩 치면서 딱하게 기어다녀야 했을 것이다.

주님께 도움을 요청해야만 될 때가 있을 것이다(그러나 지금 무슨 문제가 있다면, 이 페이지를 읽고 있는 바로 지금 주님께로 가져와 도움을 청하고 단순한 믿음을 실천하기를 권한다). 아픈 몸을 고쳐 달라고 주님께 기도하면, 어쩌면 주님은 당신이 다니고 있는 교회의 아무개 주일학교 선생님을 전화로 불러 당신을 위해 기도하도록 하라고 시키실지도 모른다. 그대로 순종하면 주님이 당신을 치료해 주실 것이다.

그런 경우엔 단순히 주님이 시키시는 대로 하라. 전화로 그 선생님을 부르라. 그런 후에는 주님이 약속하신 대로 당신을 치료해 주실 것이다. 만일 집을 가출하고 마약 중독에 빠져 헤매고 있는 당신의 딸을 구원해 주십사하고 주님께 기도한다면, 주님은 먼저 당신의 행동으로 그 아이의 마음을 상하게 하여 분을 돋군 일에 대해 사과하라고 하실지 모른다. 그리고 나서는 주님이 구해 주시기 전에 우선 그 딸 아이와 함께 오랜 시간 동안 앉아서(설교하지 말고) 문제에 대해 다 들어준 후 함께 생각해 봄으로써 진정한 친구가 될 필요가 있다고 말씀하실지 모른다.

나의 친구여, 주님이 이와 같은 일들을 시키신다면 지체하지 말고 그대로 순종하라! 한걸음 한걸음씩 주님이 당신에게 시키시는 일들을 따라 그대로 단순하게 순종하라. 그리고 나면 곧 아름다운 기적의 결과가 보상으로 주어질 것이다.

하나님의 능력과 사랑 안에서 → 단순한 믿음
하나님이 명령하신 대로 → 단순한 순종
엄청난 기적

자, 그러면 이제 앞에서 설명하려다가 빠뜨린 부분으로 돌아가자. 기억하는가? 단순한 믿음의 두번째 단계에 대해 더 보충할 것이 있었다. 진실로 중요한 점이다. 즉 미리 하나님이 무엇을 행하실 것인가를 아는 일이다. 그가 행하시기 전에 앞서서 말이다.

그러면 다시 한번 우리의 실험실로 돌아가서 현미경으로 가이우스를 관찰하기로 하자. 우리는 이미 그가 예수님이 무슨 일을 하실지를 알았다는 것을 주시했다. 그는 예수님이 그의 종을 고쳐 주시리라는 것을 확실히 알았던 것이다.

그러나 현명한 가이우스는 그 차원에서만 머물지 않았다. 그는 실제로 예수님이 어떻게 그리고 언제 마르쿠스를 고쳐주실 것인가도 알았던 것이다. 마태복음 8:5 13과 누가복음7:1-10을 자세히 읽어보라. 그러면 예수님이 어떻게(단지 말씀만 하심으로써), 그리고 언제(즉시) 도와주셨는가를 발견하게 될 것이다.

바로 그가 기대한 그대로 응답을 받았다.

이것은 단순한 믿음의 진정한 의미이다. 그것은 항상 100퍼센트의 결과를 가져온다. 이제 가이우스가 하나님의 정확한 뜻을 추측 정도로만 안 것이 아니었다는 것을 주시하였는가?

그는 또한, 그의 믿음을 쥐어짜 낼 필요도 없었다. 그에게는 주님을 전적으로 신뢰하는 일이 조금도 어렵지 않았다. 주님이 행해 주실 것을 미리부터 긍정적으로 믿고 있었던 것이다.

가이우스가 살아 있던 당시에 성경이 있었더라면 그가 밑줄을 쳐놓고 뜻깊은 구절로 즐겨 읽었을 것이 분명한, 진정으로 멋진 성경 말씀이 있다. 그것은 "우리가 어떤 특정한 문제에 관하여 하나님의 온전하신 뜻을 알기만 한다면, 우리는 그 문제를 이미 우리가 안 그대로 즉 하나님이 원하시는 방법대로 풀어 주실 것을 구할 것이며, 그리고 나서는 그가 그대로 행하실 것에 대해 긍정적인 믿음을 가질 수 있는 것이다"(이것을 〈멜 태리의 성경번역〉이라고 부르고 싶다면, 만의 하나 나를 신뢰할 수 없다고 느끼는 경우엔 당신의 성경을 열어 요한1서 5장 14절, 15절을 읽어 보라).

"그를 향하여 우리의 가진 바 담대한 것이 이것이니 그의 뜻대로 무엇을 구하면 들으심이라 우리가 무엇이든지 구하는 바를 들으시는 줄을 안즉 우리가 그에게 구한 그것을 얻은 줄을 또한 아느니라."

여기에 단순한 믿음의 묘한 면이 있다고 하겠다. 주님을 너무나 가까이서 잘 알기 때문에 그가 정확히 언제, 어떻게 기적을 베풀기 원하시는가를 말할 수 있게 되는 것 말이다.

나의 친구여, 당신에게 죽는 한이 있더라도 정직하게 말씀드리고자 한다. 여기에는 지금 길이 없다. 우리가 그의 마음을 선명히 읽어 내릴 수 있도록 예수님을 그렇게 가까이 알게 되는 데는 지름길이 없다. 우리가 주님을 정확히 알 수 있는 단 한 가지 길이 있다면, 그것은 매 순간을 그의 임재하심 가운데 살므로 그와 함께 수 없이 많은 시간들을 보내야만 하는 것이다. 우리는 그가 그의 심중의 비밀들을 말씀하실 때 언제나 들을 준비가 되어 있어야 하는 것이다. 하늘로 통하는 하나님과 나 사이의 전화선은 언제나 선명하게 통화할 수 있도록 되어 있어야 하는 것이다. 우리의 귀는 우리 마음에 세밀하게 들려주시는 그의 속삭이는 음성에 다이얼을 맞추어 놓고 있어야 한다.

한 가지 꼭 기억해야 할 것은, 하나님은 엄위하신 분이라는 것이다. 그를 감독하거나 조절하려고 시도하지 말아야 한다. 그는 무한한 지혜를 가졌으며 우리에게 무엇이 유익한지도 훨씬 더 잘 아신다. 우리는 그가 언제 또는 어떻게 기적을 베푸셨으면 좋겠다는, 반짝하는(물론 인간적인 생각으로) 아이디어를 낼지도 모른다. 그러나 형제여! 우리는 하나님을 조정하려고 하거나, 좋다고 생각해 낸 인간적인 생각을 그가 하시리라고 '믿음으로 선포하는 따위의 일'은 하지 말아야 한다. 그렇지 않으면 골칫덩이의 결과를 낳을 것이 틀림없기 때문이다.

가끔 하나님이 혹 나만큼 머리가 잘 돌아가지 않으시는 것은 아닌가 하고 생각할지 모른다. 현란한 기적들을 베푸실 황금 같은 기회들을 왜 놓치고 계실까하고 의문을 가질지 모른다. 그러나 주님을 찬양할지니, 주님은 우리보다 훨씬 더 깊은 지혜를 갖고 계신다.

아마 우리 자신이 하나님이라면 병원에 누워 있는 환자들마다 죄다 병석에서 일으켜 주고 싶어 할지 모른다(그러나 주님은 그들의 영혼이 우선 하나님과 화목된 관계를 맺는 것이 시급하다는 사실을 아신다). 또는 한 두 사람이 아닌 여러 죽은 사람들을 한꺼번에 살려 일으켜서 초능력을 과시하려고 했을지도 모른다(그러나 하나님은 극적인 기적에만 흥분한 채로 매달려 급급하게 되기 쉬운 인간들의 마음을 잘 아신다. 그것은 주님이 가장 원하시지 않는 일들 중 하나인 것이다).

내가 확실히 말할 수 있는 것이 한 가지 있다. 부흥이 시작된 이후로 우리는 하나님을 속임으로써 그의 일을 방해하지 말아야 한다는 교훈을 배워야 했다. 우리 자신을 스스로 똑똑하다고 생각하고 하나님께 우리가 가진 의견대로 해주십사 하고 요구하지 말아야 한다는 뜻이다. 주님이 우리에게, 그가 원하시는 방법을 말씀하신 것이 아니라면 그가 무슨 일을 하시리라고 생각하는 것은 믿음에서 벗어나는 일이며 결코 그런 과오를 범해서도 안되겠다.

그렇지 않다면 모든 일은 엉망진창이 되어버리고 만다. 예를 들어, 주님이 말씀 하시지도 않았는데 우리 팀이 회교도인들을 전도하려는 불붙는 마음 때문에 30피트나 되는 강을 믿음으로 막 건너가려고 했었다면 강둑에서 구경하고 있는 그들 앞에서 모든 팀원이 한꺼번에 물에 빠져 가라앉아 죽고 말았을 것이다.

내 친구 중 한 명은 하나님이 자기의 죽은 친구를 살려 주실 것이라고 믿음으로 선포하는 실수를 저질렀다. 그 일에 관해, 하나님의 의견이 어떠신지 여쭈어 보기 위해 잠시 멈추지도 않고 말이다. 그래서 사람들은 그 기가 막힌 믿음의 광고에 대해 극도로 흥분하게 되었다. 그들은 하나님이 기적을 베푸신다면 그의 이름에 많은 영광을 돌리게 될 뿐만 아니라 그 지역에 부흥이 다시 시작될 것이라며 계속 기도하기 시작했다.

그러나 우리는 하나님께서 자신을 방어하실 필요가 없으시다는 사실을 알아야 한다. 그는 굳이 자신이 하나님임을 과시하여 증명해 보이시기 위해 기적을 행하실 필요가 없는 것이다. 하나님은 그 죽은 자를 살리지 않으셨다. 왜냐하면 하나님보다는 기적 그 자체가 영광을 받을 줄 미리 아셨기 때문이다.

어쩌면 하나님은 내 친구가 그 영광을 도적질할 것을 미리 아셨기 때문인지도 모른다. 그들은 그 모든 명예를 예수님의 발 앞에 놓아 둘 만큼의 순수하고 강한 동기를 갖고 있지 않았던 것이다. 만일 누군가 그에게 다가와서 "어머나, 세상에! 당신은 정말 신령하군요! 말해 주세요! 당신의 그 위대한 믿음의 비밀이 도대체 뭔가요"하고 물으면 그들은 금새 그런 아첨의 말들이 자기들의 머리 위로는 돌아올지언정 영적으로는 썩어지게 만드는 것이다.

한번은 내가 큰 실수를 저지른 적이 있다.

하나님의 뜻과 내 자신이 똑똑한 생각이라고 갖고 있던 아이디어가 온통 뒤섞여 혼동되어 있었던 것이다. 내 자신이 간구하는 고집에 지나치게 집착되어서 하나님을 귀찮게 하지 않겠다는 미련한 생각을 품었다.

내가 어린 소년일 때 강가에서 수영을 하고 있었다. 티모르에 사는 애들이라면 누구나 강에 내려가 수영을 하며 소리 지르고 장난치면서 사방에 물장구치는 놀이를 즐겨한다. 옷을 홀딱 벗고는 눈 덮인 산에서 내려오는 물 속에 뛰어 들어갔다. 글쎄 얼마만큼 그 물이 깨끗했는지에 대해서는 장담을 못하지만, 어쨌든 우리는 물 속에서 뒹굴고 소리 지르며 시간 가는 줄 모르고 재미있게 놀았던 것이다.

그런데 그 날은 내가 좀 심하게 물장난을 쳤다. 귀속으로 물이 들어간 것이었다. 그야 뭐 큰 문제가 아니니까 내버려 두려고 했었는데, 아주 심한 염증이 생겼다. 그 후로는 수년 동안이나 그 아픈 귀가 자주 나를 고통으로 괴롭혀서, 나는 거의 반미치광이처럼 될 지경이었다. 매일 악취 나는 누런 고름이 흘러 나왔다.

1965년 어느 날, 소우의 큰 교회 안에서 부흥이 일어난 바로 직후에, 나는 특별 집회가 있어서 가게 되었다. '나홀' 이라는 한 남자가, 사람들이 병이 낫기를 위해 기도해 주고 있었다. 그런 일이 우리에게는 생소한 지식이었지만, 적어도 성경과 그 남자가 말하고 있는 것이 진실이라는 것을 믿었다. 하나님은 오늘날에도 치유하는 능력을 베푸시며, 우리가 단지 믿음만 있으면 그에게 구할 때 응답해 주신다는 것이었다.

그렇다! '이 말씀은 곧 나를 위한 것이야' 하고 나는 생각하였다. 더 이상 기다릴 수가 없으니까 '오늘 아예 끝장내도록 하자'고 마음을 먹었다. 이 모임에 오게 된 것이 얼마나 다행인지! 그 남자가 고침 받기 원하는 사람이 있는가를 물었을 때 나도 다른 사람들처럼 손을 번쩍 들었다.

그리고 나는 내 자신에게 말했다.

"좋아요. 예수님! 부디 서둘러 주십시오. 제발 지금 고쳐 주셨으면 합니다. 오, 주님 서두르세요. 아시다시피 더 기다릴 수가 없어요. 자, 지금 내가 믿음이 생겼으니까 이번에는 당신이 하셔야만 합니다."

내 주위의 기도하던 모든 사람들이 즉각 치유를 받았다. 그들은 기쁨이 충만하였다. 그러나 내게는 아무 일도 생기지 않았다. 나는 눈곱만큼의 믿음을 갈비뼈에 쑤셔 넣고서 역사는 크게 일어나기를 기다리고 있는 것이었다. 그러나 아직도 내겐 아무 일도 일어나지 않았다. 도대체 무엇이 잘못된 것일까? 뭔가 분명히 노선에서 걸린 것이 있는데, 이 이야기를 너무 깊게 끌지 않고 이야기 하려고 한다.

그날 밤, 여느 때처럼 귀에 강한 통증을 느끼며 집으로 돌아왔다. 여전히 머리에 못을 박아대는 것 같은 아픔이 온몸에 스며들었다.

아마 '주님이 오늘은 영 나를 고치실 기분이 아니신가 보다' 라고 생각하였다. 그리고 '내일은 달라지겠지 ……' 하고 기대했다. 그러나 그 다음 날도 또 그 다음날도 내게는 아무런 일도 일어나지 않았다.

그 후로도 몇 달이 지나도록 나는 기다리고만 있었다. 나는 예수님의 팔소매를 잡아끌며 도대체 무엇이 문제냐고 자주 여쭈어 보곤 했다. 마침내 주님으로부터 기도 응답으로 귀를 치유 받기까지 2년이나 걸렸다는 사실을 아는가?

그러나, 그러는 동안 나는 참으로 가치 있는 교훈을 배웠다. 나는 치유 받기 위해 기도하는 일을 멈추고, 우선 그분을 영접하는 법을 배워야 했던 것이다. 귀가 고침 받는 것이 필요하기에 앞서 내게 주 예수님이 무엇과도 비교할 수 없이 필요한 분이라는 진리를 배워야 했다. 나의 친구들이여! 이것은 주님이 우리가 간절히 원하던 기도에 대해 응답하시지 않을 때, 우리 자신이나 우리의 소원에 집착하던 눈을 떼어 오로지 그분께만 초점을 맞추라는 좋은 표시인 것이다. 다음에 그의 음성을 더 세밀하게 들을 수 있도록 친밀하게 가까이 다가가야 한다.

앞에서 내가 경험한 실패를 여러분께 털어놓았다. 그러나 이번에는 단순한 믿음이 실제로 역사했던 경우들을 소개하려고 한다.

우리가 주님이 어떤 일을 행하시기 전에 앞서서, 그가 무엇을 행하실 것인가를 알고, 그리고 정확히 그들이 안 그대로 역사가 일어나는 경우, 즉 진정하고 단순한 믿음이 언제든지 100퍼센트로 정확한 결과들을 가져오는 것을 볼 때마다 나는 전율을 느낀다.

앞장에서 언급한 적이 있는 율리 자매를 기억하는가? 여러분이 한번쯤 그녀를 만날 기회가 있다면 좋겠다. 그녀는 그야말로 상냥하고 귀한 자매이다. 부흥이 시작된 후로 줄곧, 주님은 그녀를 엄청나게 놀라운 방법으로 사용하셨다. 아마 그녀가 마치 어린애처럼 순종을 잘하며 주님을 신뢰하기 때문일 것이다. 한번은 그녀가 이런 이야기를 들려주었다.

1971년, 조우 출신의 '네네 마리아'라고 불리우는 한 노인이 매우 심하게 앓고 있었다. 그녀의 친구들은 아주 놀랬다. 그들은 '살지토'라는 한 남자에게 소식을 전하여 와서 그녀를 위해 기도해 주기를 부탁했다. 그런데 그가 나보고 함께 가서 자기를 도와달라고 했다.

우리가 네네 마리아의 집에 도착했을 즈음에 그녀는 이미 죽어 있었다. 여섯 시간 전에 사망했기 때문에 온몸이 차고 뻣뻣하게 굳어 있었다. 그러나 우리가 문에 발을 들여놓자마자 즉시로 성령의 능력이 내게 강하게 임하심을 느꼈기 때문에 주님이 반드시 놀라운 기적을 보여 주시리라는 것을 알았다. 주님은 내게, 바로 그 죽은 여자에게 달려가서 머리에 내 손을 얹고 기도하기 시작하라고 말씀하셨다.

살지토와 내가 기도를 시작한지 얼마 안돼서 주님은 내게 한 아름다운 환상을 보여주셨다. 나는 하나님 보좌 앞 하늘을 보았던 것이다. 주위에는 온통 아름다운 천사들이 있었고 그 보좌 위에는 주 예수 그리스도께서 좌정하고 계셨다. 영광과 사랑이 충만한 채로.

그리고 주님이 내게 말씀하셨다.

"네네 마리아야, 너는 땅으로 다시 내려가 보아야 한다."

천사들이 그녀를 일으켜 세웠다. 그리고 그들은 강한 날개를 저으며 아래로 아래로 내려오기 시작했다.

"오, 주님! 주님을 찬양합니다"라고 내가 말했을 때 방안에 있던 모든 사람들은 "예수님이 그녀를 돌려 보내셨다"라고 탄성을 질렀다.

우리가 무슨 일이 일어나고 있는지 모르는 사이에, 갑자기 마리아는 침대 위에 똑바로 앉았다. 그리고는 살지토의 무릎을 움켜잡았다. 그는 너무도 놀라서 반쯤 죽을 만큼 겁을 먹은 것이었다.

그녀는 잠시 우리를 보고 미소를 지으며 앉았는데, 그녀의 얼굴은 광채로 빛이 났다. 그리고 나서는 침대 바깥으로 나오더니 그 집의 뒤쪽에 있는 화장실로 걸어가는 것이었다.

그녀가 돌아왔을 때, 그녀는 우리에게 놀라운 이야기를 들려주었다. 그녀는 하늘에서 견고한 금으로 된 크고 아름다운 집들을 보았다고 말했다. 그것들은 그녀가 티모르에서 가장 아름답다고 여긴 집들과 비교가 안되며, 예수님과 몇 시간 동안 대화를 나누었으나 그것은 몇 분밖에 안 되는 순식간으로 느껴졌다고 했다.

예수님은 뒤로 끌리는 하얀 옷을 입고 계셨는데, 나에게 이렇게 말씀하셨어요.
"네 이름이 뭐지?"
"마리아입니다."
"그러면 몇 살이냐?"
"몰라요. 기억 못하는데요."
그러자 예수님은 어떤 큰 책을 여시더니 안을 살펴보셨어요. 그리고 나서 말씀 하셨어요.
"그래, 마리아, 너의 이름이 내 생명 책에 기록되어 있다. 그리고 네가 70살이라고 여기 적혀 있어."
잠시 후 주님은 내게 땅으로 돌아갈 때라고 말씀하셨어요. 그리고는 하늘 문 옆에 서있던 두 안내원을 시켜서 데려가도록 명하셨어요. 그녀와 천사들이 함께 땅까지 내려온 겁니다. 그래서 지금, 여기 있게 된 것입니다.

이 이야기를 들은 방안의 모든 사람들은 하나님을 경배하며 찬양했다. 우리 모두는 주님께 기쁜 감사의 노래들을 불러 영광드리기 시작했다. 그러나 네네 마리아가 죽었다가 살아난 것보다 더 놀랠 일이 있었다. 우리가 기도하는 동안, 주님의 임재하심을 강하게 느꼈기 때문이다. 그리고 생명의 주님이신 바로 그분이 우리 가운데 계시기 때문에, 그가 장차 약속하신 대로 우리를 부활시켜 주시리라는 확신을 갖게 되었다.

나의 친구들이여! 여러분도 아는 것처럼 우리의 영화로운 주 예수님이 우리와 함께 계실 때는 기적들이 자연스러운 일처럼 일어나는 것이다.

1973년 7월 어느 날 밤, 내 친구 탄타에테가 침대에서 잠을 자고 있었다. 그녀는 우리가 알로르 섬에서 열고 있던 청년부 성경캠프 동안 대단히 열심히 일했다. 그런데 그녀가 아주 이상하고 무서운 꿈을 꾸게 되었다. 그녀는 미치광이 여자가 자기에게 달려들어 공격하려고 하는 꿈을 꾸었다. 그 여자의 얼굴은 광란에 들떠서 야생 동물처럼 사나웠다. 그 여자의 눈은 툭 튀어나왔고 혀는 원숭이처럼 바깥으로 쭉 빠져 있었다.

그러나 거의 즉각적으로 탄타에테는 꿈속에서 찬송을 부르기 시작했다.

"예수 이름으로, 예수 이름으로, 승리를 얻겠네"(이 찬송은 부흥이 시작된 이후로 여러 사람이 즐겨 부르는 노래였다). 그녀는 꿈속에서 노래를 계속하다가 곧 깨어 자신이 큰 소리로 노래를 부르고 있다는 것을 발견했다.

"오, 주님!"

그녀는 기도하기 시작했다.

"찬양을 드립니다. 주님, 제가 따를 수 있도록 함께 계셨군요. 그리고 주님, 제게 승리를 주셨습니다. 그걸, 내 마음으로 강하게 느낄 수 있어요. 오, 주님! 악한 영을 물리쳐 주시는 강한 힘이 있는 것을 찬양합니다."

이틀 후에 그 캠프의 책임자는 탄타에테에게 팀을 이끌고 와타투구 마을로 가보라고 일러 주었다. 그 마을에는 귀신들려서 주님의 도우심이 필요한 한 여자가 살고 있었는데 캠프에서 지내던 청년들은 그녀를 위해 기도하기를 원했다.

그 여자의 집에 가까이 갔을 때 그들은 모두 무릎을 꿇고 어떻게 해야 할지를 가르쳐 달라고 주님께 기도했다. 그때 그들은 꽥 질러대는 괴성을 들었다. 어디선가 멀지 않은 곳에서 더러운 욕설과 함께 광기로 발작을 일으키며 울부짖는 소리가 들렸다. 팀원들은 바로 그 여자가 주님이 도와주기를 원하시는 여자라는 것을 알아차렸다.

그 여자는 팀을 보지 못했지만, 그녀를 괴롭히고 있던 악령들은 팀이 자기들을 내쫓아 버리려고 오고 있다는 것을 알았던 것이다.

그래서 악령들은 전쟁을 한바탕 벌이기 전에는 그 여자에게서 떠나가지 않기로 결심했던 것이다. 그리고 악령들은 그 여자를 더욱 괴롭혀 자기들의 온전한 종으로 삼으려 했다.

이처럼 악화된 상태를 발견한 팀원들은 상황이 나쁘다는 이유로 낙망하며 집으로 돌아가는 대신 일심으로 주님을 경배하기 시작했다.

"주님, 당신을 찬양 합니다. 주님은 바로 여기에 무한하신 능력으로 우리와 함께 계셔서, 주의 이름으로 사탄과 지옥의 능력은 물러가리라"

그들은 찬송을 부르면서 승리의 확신에 대한 흥분을 느낄 수 있었다. 한편으로는 주 예수님이 어떤 일을 하실지 기대되어 가슴이 부풀었다.

그때 주님은 탄타에테에게 요한 1서 4:4를 보라고 하셨다.

"자녀들아 너희는 하나님께 속하였고 또 저희를 이기었나니 이는 너희 안에 계신 이가 세상에 있는 이보다 크심이라."

"하나님이 우리에게 이 말씀을 주셨어요!"

그녀가 다른 팀원들에게 말했다.

"주 예수 그리스도는 여기, 우리와 함께 계십니다. 우리는 악령과의 전투에서 이기고 말거예요. 그의 승리는 바로 우리의 것입니다. 여러분! 모두 가봅시다."

한걸음에 달려간 그들 앞에 그 귀신들린 여자가 앞뜰에서 짐승처럼 으르렁거리고 있었다. 그 여인의 아들들은 나무 널판 위에 그녀를 무릎꿇게 묶은 후 다리 위에 또 다른 무거운 널판을 올려놓아서 꼭 샌드위치처럼 만들어 놓고 있었다. 그리고는 그녀가 움직이지 못하도록 널판 양쪽에 튼튼한 못을 박아 놓았다. 혹시라도 풀려나면 그 여자는 그야말로 위험한 존재였기 때문이었다.

갑자기, 누가 특별히 시작한 것도 아닌데 그 팀원들은 손뼉을 치면서 찬송을 부르고 있었다.

"예수 이름으로!"

그때 그 여자는 그들이 다가와 하는 행동을 보았다. 그리고는 주변에 깔려 있던 날카로운 돌들을 집어들고 사자처럼 으르렁거렸다. "너희들 이리와! 이것들을 죄다 던져버릴 테다." 팀원들은 겁을 먹는 대신 그녀에게로 다가섰다. 그녀가 사납고 난폭해질수록 더욱 힘차게 찬송을 불렀다. 1미터 정도로 가까이 다가갔을 때, 그들은 여전히 찬양하자 그녀는 내던지려던 날카로운 돌들을 땅에 떨어뜨렸다. 그리고 고개를 푹 떨구더니 조용해졌다.

그런 후에 부드럽고 조용한 목소리로 탄타에테가 그녀에게 말하기 시작했다.

"우리는 주 예수 그리스도를 섬기는 사람들로서 예수 이름으로 선포한다. 그가 당신을 깊이 사랑한다."

"오, 아니야!"

악령들은 견딜 수가 없는지 다시 으르렁거리기 시작했다.

"오, 아니야! 오, 아니야! 그는 사랑하지 않아!"

탄타에테 : 예수 이름으로 명한다. 당신의 이름을 말해!

악 령 : 내 이름은 릴리아나 셀시리아이다.

탄타에테 : 오, 릴리아나 셀시리아! 예수님이 당신을 깊이 사랑하신다.

악 령 : 아니야! 난 그걸 아주 싫어해. 나한테 그러지마.

그때 팀원들 중의 한 명이 살짝 귀뜸을 해주었다. "오, 탄타에테, 실수하셨어요. 그건 저 귀신의 이름이라구요. 이 여인의 진짜 이름은 수산나예요."

탄타에테 : 그래? 그러면 내가 예수 이름으로 묻겠다. '릴리아나 셀시리아' 가 누구야?

악 령 : 나는 세상을 여기저기 돌아다니고 있지. 난 미국 출신이야. 난 오스트레일리아에서 왔어. 난 아라비아에서 홍콩으로 그리고 일본을 거쳐왔다.

탄타에테 : 예수 이름으로 명한다. 너희들 모두 몇이냐?
(탄타에테는 예수 이름으로 명령하면 악령들이 대답을 할 수밖에 없다는 것을 잘 알고 있었다. 왜냐하면 예수님은 가장 높으신 권위를 가지신 주님이기 때문이다.)

악 령 : 넷이다. 우리는 모두 넷이고 난 티모르 출신이지.

탄타에테 : 예수 이름으로 명한다. 티모르 어디에서 살았는지 말해 봐!

악 령 : 파투레우(그곳은 칸프롱 가까이에 있는 큰 바위였다. 그곳은 악한 영들의 강한 거점지였다. 탄타에테는 부흥이 일어난 후로 기독교인들이 아마 그 악령들을 티모르 밖으로 내쫓아 버렸다는 것을 알고 있었다. 그들은 여러 나라를 돌아다니면서 쉴 곳을 찾으러 여기저기 물색하다가 알로에 사는 불쌍한 그 여인을 잡았던 것이다).

나의 친구들이여! 이 마지막 시대에 악령들의 활동이 거세다는 것을 기억하자. 그러므로 예수의 보혈로 덮여 보호를 받음으로써 사탄이 우리를 해하지 못하도록 하는 것이 중요한 것이다.

탄타에테 : 예수의 이름을 아느냐?
악 령 : 아니! 몰라! 우리는 수없이 많은 신들을 알지. 그러나 네가 말하는 그런 이름은 몰라.
탄타에테 : 예수 이름으로 명한다. 네 입을 열라. 그리고 혀를 바깥으로 내라.

그 여자가 그대로 따라 할 때, 탄타에테와 모든 팀원들은 크게 기도하기 시작했다.
"오, 주님. 이 입으로 주님의 이름을 고백하게 하옵소서."
그때 놀라운 일이 일어났다. 분명한 수산나의 목소리가 "노래 하나 하고 싶어요" 하더니 '예수 신화사야'(예수님 사랑하시네)를 부르는 것이었다.
그때 백 명도 넘는 마을 사람들이 주위에 모여들고 있었다. 그들은 모두 기쁜 합창으로 그녀와 함께 노래를 부르기 시작했다.
그 노래가 그치자마자, 탄타에테가 말했다.
"너희 악령들아, 너희가 누군지 말해 봐!"

악 령 : 원숭이야, 우리는 여러 원숭이들이 모였다.
탄타에테와 팀 : 너희 원숭이 귀신들아, 예수 이름으로 명하노니 나가라. 수산나는 예수님께 속한다. 너희에게 속하는 것이 아니야!

하나님을 찬양할지니, 그 악령은 즉시로 나갔다. 그리고 이어서 세 귀신들을 연달아 쫓아냈는데 그들은 사슴, 악어, 그리고 마지막에는 '릴리아나 셀시리아'라고 대답했다.

(이 구절을 번역하면서 크게 고민했다. 왜냐하면 원숭이, 사슴, 악어들에게는 영이 없기 때문이다. 따라서 귀신이 될 수는 더구나 있을 수 없는 일이다(참조, 창 2:7). 그래서 이 구절은 귀신들이 거짓으로 자신의 이름을 대고 나갔을 것으로 해석하는 것이 옳을 듯하다 – 역자.)

오, 그 여인이 예수님의 사랑과 권위의 능력으로 자유롭게 풀려나는 것을 보는 것은 진정으로 아름다운 장면이었다. 그녀의 얼굴은 긴장했던 근육이 풀리면서 평안한 미소를 짓기 시작했다. 그리고 그렇게 사납고 사악하게 번득이던 눈은 온순하게 바뀌기 시작했다.

그리고 나서 그녀는 목소리를 높여 그곳에 모인 백 명이 넘는 사람들과 스무 곡이나 넘게 찬송을 불렀다. 악마에게 붙들려서 저주와 욕설만 내뱉던 그녀의 목소리가 이제는 우리의 귀한 주님을 경배하고 찬송하는 강한 멜로디를 내보내게 된 것이다.

그녀가 "고통의 멍에 벗으려고 예수께로 나옵니다. 자유와 기쁨 베푸시는 주께로 옵니다"를 부를 때는 거의 울음소리였다. 강하고 안전한 예수님의 팔에 안겼다는 기쁨이 북받쳐 올랐던 것이다. 이제는 어떤 사악한 악마의 힘도 주님으로부터 그녀를 다시 빼앗아 갈 수는 없었다. 이제부터는 그녀가 주님과 손에 손을 맞잡고 그의 사랑에 잠겨 자유롭게 거닐 영광스럽고도 빛나는 길이 트인 것이다.

4
예수님과의 은밀한 사랑

산꼭대기에 있는 작은 오두막집 한 채가 밤 공기의 찬 기운에 떨고 있었다. 바람이 그 집을 감싸고 있는 외투와 같은 벽에 부딪치는가 하면, 지붕의 긴 풀짚 머리카락을 날렸다. 경비하는 천사들처럼 크게 우뚝 선 대나무들은 조용히 그 집 주위를 지키고 있었고, 대나무 잎 날개들이 부드러운 별빛을 받아 가물거렸다. 그것들은 넓다란 골짜기까지 펼쳐진 산기슭의 평화를 응시하고 있었다. 밤은 온 세상을 팔에 안고 달래어 꿈도 안 꾸는 깊은 잠으로 빠져들게 했다.

나는 그 작은 오두막집 안에서, 나무로 만든 침대 옆에서 내가 섬기는 주님께 하루의 마지막 인사를 드리려고 무릎을 꿇었다. 그때 갑자기 경고도 없이 밤의 정적이 순식간에 깨졌다. 마치 선명한 음조의 벨처럼 그분의 음성이 어둠을 뚫고 울려온 것이었다. 그 소리는 나의 귀에서 반향되었다.

"멜, 나의 아들아."

주님이 내게 말씀하셨다.

"너에게 새 이름을 주려고 한다. 이제부터는 너의 이름을 다윗이라고 불러라!"

나는 얼굴을 먼지투성이인 흙바닥에 무릎 꿇어 엎드린 채로 꼼짝 않고 있었다. 나의 작은 방은 빛나기 시작했다.

수천의 조명 라이트보다도 더 센 하늘의 빛이 풀 지붕을 뚫고 내 방에 쏟아졌다. 나는 그분이 따뜻한 사랑으로 푹 감싸는 것을 느꼈다. 나를 그의 심장에 꼭 닿도록 가까이 끌어안았다. 그곳은 완벽하게 안전한 사랑의 피난처여서 내 자신의 존재 깊이까지 여운이 남았다.

'그분은 나에게 무슨 말씀을 하려는 것일까? 왜 새 이름을 주시려고 하는 것일까?' 이해할 수가 없었다. 기다렸다. 그리고 나서는 숨막히게 조용한 가운데 부드러운 그의 음성이 내 귀에 다시 울렸다.

"나의 아들아, 네가 세상에 태어나기도 전부터 너를 나의 사람으로 택하였다. 나의 사랑을 네게 쏟고 나의 왕국의 특별한 자리를 너를 위해 마련해 놓았다. 나의 사랑 안에서 너를 그 이름으로 부른다. 다윗은 나의 마음에 합한 자였다. 그는 나를 가까이 친밀하게 사귀었기 때문에, 나의 모든 부요한 하늘의 보물들을 그에게 줄 수 있었다. 나의 인자함으로부터 나오는 모든 풍성함을 그에게 쏟아부을 수 있었다. 나는 네가 그와 같이 살기를 원한다. 가장 귀한 기업이 되기를 원한다. 내가 내 종 다윗 왕에게 약속한 것처럼, 너에게도 약속한다. 달과 별들이 하늘에 매달려 빛나는 세상 끝날까지 너를 사랑하고, 너를 보호하겠다. 그리고 네게 준 이 약속은 결코 폐함이 없으리라…."

예수님은 내가 그분께 특별한 존재라는 것을 보여주시려고 그런 극적인 방법을 선택하신 것이었다. 그러나 지금 여러분에게 말씀드리고 싶은 것은, 당신이 누구든 나처럼 그런 특별한 경험이 없었을지라도 당신은 예수님께 특별하며 귀한 존재라는 사실이다.

당신은 스스로 생각하기를 '난 아무 인물도 못되고 중요하지도 않은 사람이다' 라고 할지 모른다. 또는 '하나님은 목사님이나 교회의 장로들처럼 신령해 보이는 사람들을 돌보시느라고 너무나 바빠서 나에게까지는 신경 쓸 시간 배당이 안 돌아온다' 고 생각할지 모른다. 그러나 그것은 사실이 아니다. 가끔 우리는 형편없는 혼돈 속에서 헤맨다. 하나님의 사랑에 대해 아주 우스꽝스러운 생각을 할 때가 있다. 눈을 꼭 감고 얼굴을 찌푸리며, 마치 하늘에 앉아 있는 예수님의 얼굴이라고 생각을 한다. 예를 들면 그는 그런 뽐내는 얼굴로 스스로 어깨를 토닥거리면서 이야기한다.

"내가 저런 썩어빠진 인간들을 사랑하다니 참으로 위대하지 않은가! 저 쓸모없는 죄인들을 말이야! 하여간 내 위대한 은혜가 아니라면 모두 다 지옥 불에 빠져서 지글지글 끓을 텐데 말이야."

오, 나의 친구여. 예수님의 사랑을 그런 식으로 곡해하지 말라. 어떤 사람에게 대해 지겹게 느끼면서도 이를 악물고 억지로 사랑하는 척 하는 것은 사랑이 아니다. 만일 예수님이 나에게 그런 식으로 대하신다면 나는 마음에 상처를 받고 그와 함께 무슨 일도 하고 싶지 않을 것이다.

그러면 진정한 사랑은 무엇을 의미하는가? "하나님은 당신을 사랑하신다"라는 성경 말씀이 의미하는 것은 당신이 그의 눈에 아름답고 귀한 존재라는 뜻이다. 그분은 당신이 진정으로 그에게 가치가 있기 때문에 당신과 사귐을 갖기를 갈망하는 것이다. 당신의 귀중한 가치를 좀먹고 있는 어떤 속박이든지간에 그것으로부터 당신을 자유롭게 풀어주시기 위해서는 어떤 대가든지 기꺼이 지불할 준비를 하고 계신다.

그것이 바로 예수님이 우리를 위해 돌아가신 이유이다. 그분은 우리에게서 굉장한 잠재력을 발견하셨다. 내가 아는 어떤 이들 중에는 이렇게 말하는 사람들이 있다. "사람이란 근본적으로 나쁜 거야. 우리는 모두 무가치한 죄인들이지. 하나님이 우리를 사랑하실 하등의 이유가 없어." 그렇게 말하는 이들이 있다는 것은 슬픈 일이다.

나는 그들에게 동의할 수가 없다. 물론 사람들은 죄인이며 우리의 죄악은 추악하다. 그러나 죄악을 범하기 전 하나님이 우리를 그의 형상대로 지으셨다는 것을 기억하는가? 창조 작업을 마친 후에 하나님이 우리를 보고 뭐라고 감탄하셨는지 아는가? "하나님이 그 지으신 모든 것을 보시니 보시기에 심히 좋았더라"(창 1:31). 그렇다. 하나님에게는 당신과 내가 근본적으로 보시기에 심히 아름답게 지음 받은 것이다.

하나님이 우리를 그의 형상대로 지으셨다는 말씀은 권능 있는 선포이다. 그는 그분의 모든 영광과 아름다움을 우리의 인격을 통해 반영하도록 지으셨다. 우리는 그렇게 인간과 사귐을 갖고 함께 동행하시려는 그분의 의도를 만족시켜 드릴 존재로 지어진 것이다. 그것이 우리에게는 무한한 영예가 아닌가! 하나님은 우리를 그분 마음의 기쁨으로 삼으시기 위해 그의 온 기술과 창조적인 재능을 절정에 달하기까지 아낌없이 발휘하시어 우리를 걸작품으로 지으신 것이다. 그러므로 주님은 우리 인간의 인격 속에서 진정한 아름다움과 가치를 보시는 것이다. 우리는 그의 사랑을 받을 수 있을 만큼 가치 있는 존재이다. 이는 우리 자신이 가치 있는 일을 해서가 아니라, 단순히 하나님의 놀라우신 창조로 지으심을 받은 피조물이기 때문이다.

여러분과 나는 무엇과도 비교할 수 없이, 하나님께는 귀중한 존재이다. 바로 그 때문에 그는 우리의 죄악과 마귀가 우리를 쓰레기처럼 지옥에 쓸어 던져 넣는 것을 그냥 내버려 둘 수 없었던 것이다. 그것이 바로 그의 생명을 주시어 우리를 구속하신 이유이다.

구속받는 것이 무슨 뜻인지를 아는가? 그가 우리를 구속하실 때는 우리의 인간성을 뒤틀어 왜곡하고 있던 추악하고 숯검정보다 검은 속박에서 우리를 건져내시는 것이다. 그리고 나서는 수백만, 그야말로 수백만 달러의 가치와도 비교할 수 없는 빛나고 광채 나는 다이아몬드처럼 우리를 변형시켜 주신다. 그의 손 안에서 그의 형상을 닮도록 다시 한번 창조의 작업을 하시는 것이다. 오! 이것이, 주님이 우리를 향하여 베푸신 엄청난 사랑이 아닌가!

우리가 주님의 놀라운 구속의 은혜를 바라보는 대신 우리 자신의 추악한 껍데기에만 초점을 맞추고 있으면 결코 하나님의 사랑을 느낄 수 없게 될 것이다. 우리가 자신을 정죄하고 죄책감에서 허우적거리고만 있으면 주님의 은혜는 결코 우리를 변화시키는 역사를 일으키지 못할 것이다. 실제로 그것은 하나님의 사랑이 흘러 들어오지 못하도록 마음을 꼭 닫아버리는 것과 같다.

그렇지만 주님은 우리가 그의 사랑에 전율을 느끼며 기뻐하기를 얼마나 갈망하시는가. 주님이 세상에 계신 동안 그가 즐겨하시던 사역 중의 하나가 사람들에게 그들의 죄에 대해 스스로 정죄할 필요가 없다는 사실을 알려 주시는 것이었으리라. 그들은 주님의 사랑 안에서 용서받았을 뿐 아니라, 또한 온전하고 아름답게 된 것이다. 주님의 사랑은 그들을 해방시켜 자유롭게 풀어 주셔서, 처음 창조하실 때의 걸작품이 되게 하시는 것이다.

어느 날 아침 일찍, 예수님은 성전에서 가르치고 계셨다. 그런데 갑자기 어디선가 사나운 남자들이 폭동을 일으킬 것처럼 뜰로 몰려들었다. 그리고는 흐느끼고 있는 한 여자를 움켜잡고 끌고 오더니 흙바닥에 꽝하고 내치면서 예수님의 발 앞에 내던져 버렸다. 그들은 침을 내뱉으며 입으로 사악한 조롱의 욕지거리를 계속했다.

"하! 당신이 소위 주님이라는 사람이야? 이젠 잡았다. 자 여기. 이 몹쓸 계집을 보시오! 간음하던 현장에서 잡아왔소이다. 음탕한 짐승 같은 계집을 말이야! 당신이 뭐라고 말하는지 좀 들어 봅시다. 돌로 쳐서 죽여야 돼, 안 그렇소?"

그들 중 한 사람은 여지없이 그녀의 옆구리에 발길질을 했다. 다른 사람들은 순식간에, 성전 뜰에 흩어져 있던 날카로운 돌들을 주워서 산더미처럼 모아 놓았다. 마치 피에 굶주린 여우 떼처럼 죽여 삼킬 준비가 되어 있었다.

거기 돌더미 곁에 그 여자가 얼굴을 땅에 묻고 내팽개쳐진 채로 누워 있었다. 온몸이 격렬하게 떨리고 있었다. 얼굴에서 흘러내린 땀과 눈물과 침이 땅바닥을 적셨다.

그런데 예수는? 주님은 분노하셨다. 한마디 말씀도 않으시고 그 살인적인 사람들에게로 걸어가셨다. 그리고는 그들 앞에 기둥처럼 우뚝 서셨다. 눈에서는 불꽃이 났고, 입술은 얇고도 강한 선 같았으나 아무 말씀도 없으셨다. 다만 조용히 그들의 붉혀진 얼굴을 꿰뚫어 보셨다. 그의 시선이 조금도 흔들리지 않은 채로, 그의 눈은 타는 숯과도 같았기 때문에 그들의 가슴속 깊이 숨겨놓고 있던 비밀들을 꿰뚫어 보신 것이다.

그의 눈은 밝은 탐조등과도 같았다. 동정해 줄 여지없이 사악한 용기와 탐심으로 채워진 야망과, 그리고 더러운 생각과 욕정이 그 빛 앞에 드러났다. 그들은 어디로 숨을 곳이 없었다. 사람들은 눈길을 피할 도리가 없었다. 성전 뜰의 분위기는 긴장이 고조되어 숨막힐 지경이었다. 한 사람도 꼼짝 않고 서있었다. 그것은 바로 그들이 하늘의 법정 뜰 앞에 붙들려 온 것처럼 보였다. 그들은 대심판장이신 주님의 판결이 입에서 떨어지기를 기다리고 있는 것이었다.

그리고 전능하신 하나님의 모든 권위로 예수님이 말씀하셨다.

"너희들 중 누구든지 죄가 없는 자가 먼저 앞으로 나와서 이 여자를 돌로 쳐라."

그의 말은 귓전에 세게 울렸고, 공중에 퍼진 다음 성전 벽에 메아리쳤다. 그들이 한바탕 벌이려던 놀이는 깨어지고 말았다. 수치로 얼굴이 침울해져서 그늘로 하나씩 몰래 도망가더니 모두 다 피해버리는 것이었다. 갑자기 평화가 공중에 채워지고 모든 것이 아주 조용해졌다.

예수님은 인자하게 그 여인을 쳐다보셨다. 그날 얼마나 괴롭힘을 당했는가! 주님이 천천히 허리를 구부리시고 그녀의 머리 위에 손을 얹으실 때 그의 눈은 긍휼이 가득하였다.

그 여인이 올려다 보았다. 경이로움이 그녀의 얼굴에 생긴 주름마다 적혀 있었다. '도대체 이분은 왜 나에게 이토록 따뜻하게 미소 짓고 계시는 것일까? 나를 돌봐 주신 이분은 누구실까? 왜 나에게 이토록 인자한 손길을 주시는 것일까? 남자들은 수없이 여러 번이나 나에게 손을 대었지만 그들은 모두 나를 욕보일 뿐이었는데……'

그녀는 전에 아무에게도 이런 사랑으로 대접받은 적이 없었다. 예수님은 그녀의 어깨를 붙드시더니 조심스럽게 일으켜 세우셨다. 그리고 그의 옷자락으로 그녀의 얼굴에 얼룩진 눈물을 닦아 주셨다. 그가 이렇게 물을 때는 그의 목소리가 부드럽게 퍼졌다.

"여자여! 그들이 다 어디 있느냐? 아무도 너를 정죄하지 않지 않았느냐?"

그녀는 텅 빈 성전 뜰을 둘러보았다. 그리고는 깜짝 놀란 표정으로 변했다. 그렇다. 모든 사람이 가버렸다. 그리고 바로 이분이 도와주신 것이다. 이분이 자기를 변호해 주셨을 뿐만 아니라 더욱 감사한 것은 그녀를 고문하던 사람들을 모두 물러가게 만들어 주신 것이다.

"오, 주님!"

그녀가 울부짖었다.

"저를 정죄하는 자는 한 사람도 여기에 없습니다."

그녀는 이전에 그렇게 위엄 있으시며 아름다우신 분을 만나 보지 못했다. 전에 한번도 주님처럼 그녀에게 따뜻하고 온정 어린 사랑으로 답변해 주는 사람을 만나보지 못했다.

"내 딸아, 나도 결코 너를 정죄하지 않는다. 내가 너를 사랑하기 때문에 자유롭게 풀어 준다. 이제 돌아가서 다시는 죄를 짓지 말라."

그렇다! 예수님은 당신의 마음을 깊이 들여다 보신다. 그리고 그 아무도 발견해 내지 못하는 당신의 진정한 아름다움을 보실 줄 아는 것이다. 그분은 그냥 당신을 보시는 것만으로도 기쁨으로 전율을 느끼신다. "여호와께서 너를 기뻐하실 것이며 네 땅이 결혼한 바가 될 것임이라"(사 62:4).

주님이 당신을 향하여 그렇게 선포하시는 의미들을 아는가? 그 중의 한 가지가 바로 당신이 그분의 자랑스러운 기업이며 아름다운 보물이라는 뜻이다. 당신에게 숨겨져 있는 아름다운 가치를 다른 사람들은 당연히 여기거나 아니면 그냥 지나쳐 버릴지 모르지만 그분은 진심으로 높이 평가하실 줄 아는 것이다. 예수님은 당신을 사랑하실 뿐만 아니라, 세상에 있는 어느 누구보다도 당신을 좋아하신다.

그 외에도 예수님이 당신 위에 기쁨을 선포하시는 또 다른 뜻을 아는가? 실제로 그는 당신을 갈망하신다. 주님께는 당신과 그가 친밀한 친구로 교제하는 사귐이 매우 중요하다. 세상의 모든 사람들이 그와 가깝다고 하더라도, 그는 여전히 당신을 원하시는 것이다.

주님의 사랑은 냉담하거나 짝사랑이 아니다. 물론 그분은 당신에게 주고 싶어하시지만, 그렇게 당신에게 부어 주시기만 함으로써 당신을 무안하게 만들고 싶어하지는 않으신다. 당신에게 인간으로써의 존엄성을 주시는 것이다, 하늘에 계신 아버지와 주 예수님도 당신으로부터 또한 받기를 원하신다. 당신과 하나님과의 관계에 있어서는 하나님만큼 당신도 중요한 것이다.

당신도 기여할 바가 많은 것이다. 이 모든 관계에 있어서 놀라운 것은 당신이 반응을 보일 것인가 말 것인가의 문제가 큰 결정을 지워 준다는 사실이다.

당신이 하루 동안 조용한 목소리로 "주님을 사랑합니다"라고 속삭일 때 그분의 눈은 반짝거리기 시작하고 그의 가슴은 따뜻하고 행복한 불길로 타오를 것이다. 당신의 사랑은 진정으로 그를 기쁘시게 한다. 그러나 당신과 내가 주님께 얼마나 그분을 사랑하는지 고백하는 일을 잊어버리면 주님은 틀림없이 섭섭해 하실 것이다.

우리가 그분께 어떤 반응을 보이느냐에 따라 전능하신 하나님을 기쁘시게도 혹은 슬프시게도 만든다는 사실이 놀랍지 않은가? 난 이제 여러분과 아주 친해진 기분이다. 그래서 내가 발견한 가장 두드러진 비밀들 안으로 당신을 초대하려고 한다. 주 예수님이 우리를 창조하신 진정한 이유를 아는가? 당신의 삶에 주신 그분의 가장 차원 높은 부르심이 무엇인지 아는가? 하나님은 우리가 자신만을 위해 일하도록 창조하신 것이 아니다. 하나님께서는 우리들을 충성스러운 종으로 쓰시는 것보다 더 높은 차원으로 쓰시기 위해 계획해 놓으셨다.

여러분과 나는 창조주 하나님과 친밀하여 만족한 사랑의 관계를 위한 높은 목표를 위해 지음 받은 것이다. 우리에게 즐거움을 줄 뿐만 아니라 하나님께도 그런 기쁨을 드리는 사귐 말이다. 와! 하늘의 왕이 우리를 애인으로 부르신 것이다.

그렇다면 주님과 사람이 관계를 갖는다는 것이 무엇을 의미하는지 정확히 알아보도록 하자. 내가 믿기로는 주 예수님은 우리의 신앙생활이 그분과의 로맨스이기를 원하시는 것이다. 날이 더할수록 달콤해지며, 종국에는 하늘에서 어린양의 혼인 잔치가 베풀어질 때 그와 온전히 연합함으로써 절정에 다다를 그런 영광스러운 로맨스 말이다. 우리가 하늘에서 예수님과 하나가 될 것이라면, 여기 이 땅에서 그분과 연합하여 하나가 되기 시작하는 것이 좋지 않겠는가. 그러므로 우리의 삶을 그분과 나누고 또 주님의 삶이 우리에게 나누어지게 되도록 사귐을 시작하자. 그것이 바로, 진정으로 사랑하는 연인들이 하는 일이 아닌가.

그들은 몇 시간씩이나 대화를 나누고 데이트하면서 서로를 좀 더 알려고 힘쓰는 것이다. 그들이 서로 간에 얼마나 사랑하며 경탄하고 있는가를 발견하면 이내 그들 사이에 신뢰가 자라기 시작한다. 그들은 애인을 신뢰하기 때문에 세상의 어떤 누구와도 감히 나누지 못할 맘속의 깊은 개인적인 비밀들도 나누게 되는 것이다.

주 예수님은 우리와 그분 사이에 바로 그런 사랑이 있기를 원하신다. 비록 그가 이미 우리에 대해 모든 것을 다 알고 계신다고 할지라도 마치 우리를 처음 만나 알고 싶어하는 것처럼, 그분에게 우리의 생각이나 느낌을 당신께서 나누기를 몸소 원하시는 것이다.

그분은 우리의 가면을 벗기시고 우리의 진정한 모습을 가리우고 있는 커튼을 거두어 버리신다. 그리고 그분에게 있는 그대로의 우리 모습이 드러나게 하시는 것이다. 예수님은 우리의 있는 그대로의 모습을 사랑하신다. 그리고 우리는 그분을 신뢰하기 때문에 남이 알면 어쩌나 하고 생각했던 일까지도 두려움 없이 알려드리며 주님을 경외하게 되는 것이다.

그러나 예수님께로 향한 우리의 관계는 오고가는 두 길이라는 것을 다시 언급한다. 그는 우리가 그분께 우리의 마음을 쏟아 놓기를 원하신다. 그러나 당신은 주님이 원하시는 만큼 실컷 그의 마음을 우리에게 쏟아 놓으실 수 있도록 해드렸는가? 그분은 인격이시므로 우리가 그런 것처럼 생각과 감정을 갖고 계신다.

그도 누군가 그분을 사랑하는 사람이라면 그의 문제에 관심을 가지며, 그의 심중에 있는 비밀들을 기꺼이 듣고 간직해 두기를 갈구하시는 것이다. 주 예수님이 사랑으로 우리의 욕구를 채워 주기 원하시는 것은 당연한 사실이다. 그러나 또한 그도 누군가 그의 진실한 친구와 애인이 되어줌으로써 그의 욕구를 채워 줄 수 있기를 간절히 원하시는 것이다. 바로 여러분과 내가 그런 친구가 되어야 하지 않겠는가?

그분의 애인으로써 우리는 적극적으로 그분과의 사귐에 뛰어들어야 할 것이다. 우리가 소유한 모든 것은 예수님께 속하며, 또한 무엇이든 그가 가진 것은 우리에게 속하는 것이다. 이것이 진실로 아름답지 않은가. 그것은 바로 하얗게 빈 수표에 사인을 하고 예수님의 손에 맡기며 이렇게 말씀드리는 것과 같다. "예수님, 여기 저의 삶이 있습니다. 내게 관한한 무엇이든지, 당신이 원하시는 것이 있다면 뭐라도 좋으니까 이 수표의 빈칸에 맘대로 쓰십시오. 나는 전적으로 당신께 속하기 때문입니다."

하나님을 찬양할지니, 거래는 거기서 끝나는 것이 아니다. 우리 자신을 주 예수님께 위탁해 드리고 그 사랑의 관계에 들어갈 때는, 하늘에 있는 주님의 엄청나게 큰 은행 구좌가 우리에게 놓이게 되는 것이다. 그리고는 우리가 필요하거나 원하는 것은 무엇이든 그분의 창고에서 가져가도록 허락하시는 것이다. 왜냐하면 그도 또한 전적으로 우리에게 속한 분이기 때문이다.

자, 그렇다면 우리가 더 많은 이득을 본다고 여겨질지 모른다. 놀라운 일은, 우리가 주님께 드리는 것은 그분께는 비교할 수 없이 귀한 가치인 것이다. 그러므로 이것은 쌍방에 공평한 거래가 되는 것이다. 주고받는 사랑, 그것이 우리와 주님 사이의 관계여야 한다. 양쪽이 다 중요하다. 만약 우리가 예수님께 그를 사랑한다는 고백을 드리지 않는다면, 혹은 사귐을 갖기 위해 주님과 홀로 시간을 보내지 않는다면 주님과의 로맨스는 푹 수그러들고 결국 꺼져 버리고 말 것이다.

다른 한편으로 우리가 주님께 열렬한 사랑을 드리기만 하고 그분의 사랑을 받아들이지 않는다면, 그 또한 바르지 못한 관계인 것이다. 예수님이 우리 마음에 대고 얼마나 사랑해 주시는가를 고백하실 때는, 우리가 당신께서 정직하게 말씀하고 계신다는 진실을 믿는다고 기대하시는 것이다.

우리는 마음속으로 이런 생각을 할 필요가 없다.
'예수님! 내 속을 들여다보신단 말입니까? 당신이 절 안다면 아마 날 사랑하는 일은 불가능할 겁니다.' 그러나 그렇지 않다.

예수님은 우리의 마음이 그를 향해 활짝 열려, 우리 마음이 그의 사랑에 깊이 잠기게 되기를 원하신다. 그의 사랑은 강력하시며, 만일 우리가 기회만 드린다면 그의 사랑은 갇혀 있는 모든 두려움과 죄책감의 감옥에서 우리를 자유롭게 풀어 주실 것이다. 그리고는 그의 사랑이 큰 기쁨으로 삶에 흘러 들어와 우리는 자유롭게 되고, 주 예수님이 우리를 보시는 눈과 똑같은 눈으로 자신을 보게 되는 것이다.

기억하는가? 주 예수님이 이 땅에 사시는 동안에 언제나 아버지와 사랑의 관계를 가지셨다는 것을! 바로 여러분과 내가 오늘날 그분과 나누어야 마땅할 그런 사랑의 사귐을 말이다. 그것은 실제로 우리가 따라야 할 모범적인 방식인 것이다.

성경은 많은 말로 언급하고 있지는 않으나 분명히 알 수 있는 것은, 예수님은 밤에 제자들이 자고 있는 동안에도 그의 아버지와 마음과 마음에 와 닿는 긴긴 이야기를 드리러 자주 산에 올라 가셨다는 사실이다.

예수님은 그곳에서 오랫동안 그의 아버지와 홀로 계셨다. '무슨 얘기를 그렇게 길게 하셨을까?' 하고 나는 궁금해 하곤 한다. '두 분의 대화를 엿들을 수만 있다면 얼마나 좋을까' 하고 생각해 보는 것이다. 여러분도 그렇게 느끼지 않는가?

그렇다면 우리가, 밤에 예수님이 무화과와 올리브 숲을 지나 길이 난 작은 흙 길로 들어서서 산으로 올라가시는 발자국을 몰래 따라가 볼만하지 않은가? 이제 우리도 무성한 풀 숲 사이로 몸을 쭈그려 숨기고 몰래 두 분의 대화를 엿들어 보자. 두 분은 개의치 않을 것이다.

밤은 태양을 지우고 온 세상에 커튼을 드리웠다. 한낮의 현란한 밝은 색채는 암흑과 은빛이 예리하게 부각된 동판으로 대치되었다. 그리고 산기슭에는 온통, 마치 자연이 이런 변형에 놀라 갑자기 쉴새없이 북적거리던 활동을 제쳐놓은 듯 완전한 적막이 깔려 있었다.

그러나 달만은 아무것도 그 은빛 불꽃을 꺼버릴 수는 없었던 것이다. 그 가냘픈 달빛은 사방에 춤추며 돌아 다니다가 매끈한 올리브 나뭇잎 위에서 반짝거리더니 여기에 놓인 풀잎들을 한번 흔들어대려고 멈추었다. 그리고는 스쳐 지나가 저기에 놓인 바위 하나를 밝게 색칠해 놓았다.

저 높이 머리 위로는 무수한 별들이 서로 겨루어가며 반짝였으나, 그것들은 별처럼 보이질 않았다. 그것들은 마치 밤의 커튼에 퐁퐁 뚫어진 조그만 구멍들처럼 하늘로부터 내려오는 영광스러운 빛이 그곳을 통하여 올리브 숲 중앙에 놓인 바위에 홀로 앉아 있는 한 사람의 머리 위에 비치도록 깜빡거렸다.

예수님의 묵직한 어깨가 지금은 긴장을 풀고, 그의 손은 무릎 위에 가지런히 놓여져 쉬고 있었다. 조용한 가운데 누군가 그에게 친근한 말씀을 나누셨다.

"아들아! 나는 정말 네가 얼마나 자랑스러운지 모른다. 오늘도 말씀을 전파하러 다니느라 힘들게 일했다는 것을 안다. 네가 오늘 한 설교는 아마 적어도 세 시간은 걸렸을 것이야. 네가 언제나 그랬듯이 사람들에게 네 온 마음을 쏟아 놓는 일이 사실은 고단한 일이라는 것을 안다."

"글쎄, 설교가 끝났을 때는 등이 쑤셨어요."

"알아. 그러나 계속해서 너 자신을 사람들에게 주고 있더구나. 보니까 많은 병자들이 고침을 받았더구나. 네가 그들의 머리 위에 손을 얹을 때 너로부터 흘러나오는 인자한 부드러움을 보았다. 그리고 아들아! 나도 감동을 받았다. 그러나 네가 더욱 자랑스러운 것은 내게 그토록 아름답게 순종하여 보리떡과 생선을 놓고 기도할 때였단다. 우리는 그야말로 기막히게 어울리는 한 팀이 아니냐? 우리의 마음과 손이 사랑으로 함께 연합할 때는 능력 있게 역사하는 것을 본단다."

"예! 아버지. 무슨 뜻인지 압니다. 당신의 능력이 저를 통해 흘러 나갈 때 얼마나 감사했는지 모릅니다. 내가 그 떡을 떼는 사람들 앞에 서있을 때는 아주 유쾌하였지요. 당신의 임재하심이 제 주위에 강하게 역사하신다는 것을 느낄 수 있었어요. 갑자기 저는 계속해서 그 떡과 생선을 백만 년 동안이나 나누어줄 수 있을 만큼 완전한 안전감을 느꼈어요."

"그래, 오늘 잘했다. 그리고 너에게 진심으로 감사한다. 나를 그렇게 기쁘게 해줄 수가 있으니 말이야."

예수님이 고개를 숙이며 정중하게 인사드릴 때는 그의 얼굴도 조금 붉어져 있었다.

"아버지! 감사합니다."

작은 올리브나무들이 잎을 살랑거리더니 좀더 편하게 자리 잡으려고 자세를 바꿀 즈음, 멀리 떨어진 언덕에서는 수탉 한 마리가 '꼬끼오!' 하며 울어대는 것이었다. 예수님은 일어나시더니 조금도 쉴새없이 거니시다가 풀 속에 반쯤 숨긴 채 흩어져 있던 돌들 옆에 멈추어 서셨다.

"아버지, 아시겠지만 여기 이 땅에서 당신의 자녀들에게 당신의 진리를 가르치는 일이 그렇게 쉽지만은 않습니다. 가끔 답답할 때가 있어요."

"너를 탓하지는 않는다."

"오늘 '빌립'은 저를 실망시켰습니다. 난 그가 그래도, 그의 필요를 당신께로 가져오기만 한다면 채워짐을 받는다는 것을 이해하고 있을 줄 알았습니다. 왜냐하면 며칠 내가 그에게 오랫동안 그 교훈을 일러 줬기 때문입니다."

"그래? 아들아, 뭐든 말해 보아라."

"예, 아버지. 글쎄! 며칠 전 빌립이 뭔가 깊이 고민하고 있는 것을 보았습니다. 우리가 벳세다에서 가버나움으로 가고 있을 때 그는 고개를 떨구고 땅만 쳐다보면서 걷는 것이었어요. 다른 친구들이 말을 걸려고 하는데도 조금도 주의를 기울이지 않았어요. 나중에 왜 그런가

하고 물어보니까 그의 아내와 어린 딸들 때문에 화가 났다고 털어놓는 것이었어요. 지금은 그가 내 제자로 살고 있기 때문에, 직업을 놓은 후로 가정의 경제 사정이 어려워지고 있습니다. 그래서 지난 안식일 이후로 식구들이 먹을 빵이 없다고 내게 말했어요. 한 오일쯤부터였을 겁니다."

"그래서 하나님이 얼마나 사랑이 많으시며 긍휼이 풍성하신가를 설명해 주려고 했습니다. 하나님, 바로 당신께 가족들을 위한 빵을 기적적으로 공급해 주시도록 기도하라고 했습니다. 그리고 나서 몰래 다른 친구들이 잠자리에 들 무렵, 에즈라벤 엘리아의 집으로 걸어갔어요. 그는 킴 스트릴에서 멋있는 가게를 열고 있지요. 나는 빌립의 집 문 앞에 막 구워낸 맛있는 빵을 갖다 두라고 얘기해 줬어요. 물론 아무도 모르게 말입니다. 그들은 누가 그렇게 맛있는 빵을 갖다 두는지 모를 겁니다. 에즈라는 나와 친한 친구이기 때문에 그 일을 아주 뛸 듯이 좋아했습니다. 적어도 1년은 무료로 매일 빵을 몰래 갖다 두기로 약속했거든요. 그는 아주 멋있는 친구예요. 그렇죠?"

하나님 아버지는 예수님이 하늘을 올려다보실 때 눈에서 만족한 빛을 발하시면서 미소 지으셨다.

"하나님, 글쎄 빌립과 그의 아내가 문 앞에 빵이 놓여진 것을 보고는 너무나 흥분해서 나에게로 달려와 막 자랑하는 것이었어요. 그래서 그 빵은 당신이 베풀어주신 기도의 응답이라고 말해 주고 앞으로는 무슨 필요든 생기면 하나님을 신뢰하라고 일러줬어요."

"빌립이 이렇게 말하는 게 지금도 귀에 들리는 듯 하답니다. '네, 주님. 벌써 저에게 67번이나 그걸 반복해서 말씀해 주셨어요. 그러나 이번에는 꼭 배우겠습니다. …… 하나님을 신뢰하라고 다시는 반복하지 않으셔도 됩니다.' 그런데 오늘 오후에는 어떻게 했는지 아세요? 군중들이 먹을 빵이 필요했습니다. 저는 똑같은 상황이 스케일만 커진 것이니까 한번 물어봐도 되겠다고 생각했습니다. 내가 빌립에게 우리가 어떻게 했으면 좋겠느냐고 물었습니다. 하나님을 신뢰하라는 교훈을 잘 배웠는지 테스트해 보려고요. 그런데 뭐라고 답했는지 하나님도 들으셨어요?"

예수님은 길에 가로막혀 놓여 있던 돌 한 개를 옆으로 걷어 차버리시면서 한숨을 쉬셨다. 잠시 격조의 그림자가 그의 얼굴을 지나가더니, 곧 그것은 아주 슬픈 기색으로 바뀌었다.

그는 어깨를 움찔하더니, 그의 턱수염을 삐쭉 내밀고 나에게 이렇게 말하는 것이었습니다.

"저, 불가능해 보이는데요. 모임을 해산하고 다 보내버리는 편이 낫겠습니다. 아마 가는 길에 사람들이 여관에 들리면 먹을 것을 좀 살 수 있을 겁니다."

"오, 아버지! 가끔은 가망이 없는 것처럼 보인답니다. 어떻게 하면 당신의 사랑을 이해시켜 줄 수 있을까요?"

"아들아! 낙심말고 계속 가르치거라. 결국엔 배우게 되겠지. 그러나 네게 미리 일러둔다. 수없이 여러 번 인내해야 할 것임을 명심해라."

예수님은 빙그레 웃으셨다.

"참으라고 말씀하시는군요. 요전 날 바돌로매가 어떻게 했는지 보셨어요? 만일 그렇게 우습게 터진 일이 아니었더라면 나를 화나게 하려는 일로 느꼈을 거예요. 우리는 어시장 가까이 가버나움에 있는 바닷가를 걸어 내려갔습니다. 장사하던 사람들과 여러 바리새인들이 내 말을 들으려고 주위에 몰려 섰습니다. 그런데, 그때가 정오였기 때문에 장사는 거의 끝나가기 시작할 즈음이었고 어부들이 군중들 뒤에 모여들었어요. 바돌로매는 내 발치 가까이, 반쯤 썩은 통나무 위에 앉아 있었어요. 사실은 모든 사람이 그를 쳐다볼 수 있도록 앞에 앉았던 겁니다. 하지만 몇 가지 이유로, 그는 내 말에 귀를 기울일 수가 없었습니다. 그리고는 아주 지루한 표정을 짓는 것이었습니다. 인상을 찌푸리더니, 내가 빨리 서둘러 말을 마치지 않는다면 죽기라도 할 것처럼 눈을 굴리는 것이었습니다. 나는 그가 뭔가 힌트를 주려는 줄 알았습니다. 그런데 갑자기 두 팔을 공중으로 쭉 뻗더니 다짜고짜 하품을 해대는 것이었습니다. 어찌나 입을 크게 벌리던지 사람이 빠질 수 있을 정도였어요. 그런데 어디선가 파리 한 마리가 '윙'하고 날아오더니 바돌로매의 입 동굴 속으로 쏙 들어간 것이었습니다. 파리가 실수로 했든 아니든 간에 그의 목구멍으로 들어가고 말았지 뭡니까? 딱하게도 늙은 바돌로매는 재채기를 해대면서 그의 목을 잡고 비틀며 파리를 빼내려고 했습니다. 그러더니 질식하기 시작했어요. 누군가 소리를 질렀습니다. '등을 좀 쳐 줘봐요.' 그래서 내가 등을 좀 두들겨 주자 앉아 있던 썩은 나무가 쩍 갈라지면서 이 친구는 모래 바닥에 큰 대자로 눕지 뭡니까? 사람들은 우스워서 견딜 수가 없었던 거예요. 그들은 모두 고개를 숙이고 킥킥 웃어댔습니다. 물론 제 자신도 웃음을 터뜨렸구요. 말할 것도 없이 그렇게 설교 시간은 끝을 맺었습니다."

아버지는 껄껄 웃으셨다.

"얘, 예수야! 네가 거기 땅에서 그렇게 우스웠다면 이 하늘에서는 오죽했겠느냐, 천사들도 킬킬거리면서 웃을 지경이었단다."

예수님은 뽕나무 있는 데로 가시더니, 쪼글쪼글해진 나무껍질에 머리를 기대셨다. 한참 동안을 그렇게 조용히 생각에 깊이 잠긴 듯 골짜기에 걸쳐 있는 구름만 쳐다보고 계셨다. 마침내 그는 입을 열었다.

"아버지! 내가 땅에 내려온 이후로 겪은 참으로 귀한 경험이 무엇인지 아십니까?"

"뭐지?"

"요한을 친구로 삼게 된 일입니다. 그는 정말 괜찮은 친구예요. 그를 사랑합니다. 다른 사람들을 사랑하는 것과 조금 틀린 의미에서 말입니다."

무심코 예수님은 잔 나뭇가지에서 잎사귀를 하나 떼어 그걸 손가락으로 찢으셨다.

"요한은 나를 이해하는 것이 다른 사람들과는 달라요. 내가 누구인지 확실히 아는 거예요. 그의 마음 속에 있는 뭔가가 내게도 전달되어 옵니다. 뭐라고 꼭 집어서 설명할 수는 없지만요. 아버지!"

그가 설명한 말을 생각하고 계신 동안 잠시 침묵이 흘렀다.

"우리 사이를 깊이 하나로 꼭 묶어 주는 끈이 있는 것과도 같습니다. 어떤 때는 말이 꼭 필요하지 않습니다. 서로 마음과 마음이 잘 통하여 전달되기 때문입니다. 아버지! 아시겠지만 요한이 아니었더라면 여기서 사는 동안 지독하게 외롭다고 느꼈을지 모릅니다."

"잘 안다. 그래서 내가 너를 위해 요한을 보내지 아니하였느냐. 네가 거기서 사는 동안 가까운 친구가 필요하다는 것을 잘 알아."

"감사합니다. 물론 당신이 제게는 가장 친한 친구처럼 대해 주셨습니다. 그러나 당신 외에도 누군가 보고 느낄 수 있는 인간 친구가 꼭 필요했습니다."

"그가 오늘 오후에 어떻게 했는지 아세요? 요한이 내게로 걸어서 다가올 즈음, 사람들은 배부르게 먹었고 우리는 남은 떡 부스러기를 큰 광주리에 주워 담았습니다. 그런데 그가 그의 두 팔을 내 어깨에 두르더니, 내 눈을 또렷이 쳐다보며 이렇게 말하는 것이었습니다. '예수님! 정말 잘 하셨어요!' 그리고 그의 눈 깊은 샘에서부터 사랑이 천천히 흐르더니 결국 따뜻하게 나를 덮어버리는 것이었습니다. 저는 아무 말도 하지 않았습니다. 대신 그의 팔을 꼭 잡아준 후 다른 곳으로 걸어갔답니다."

"아들아!"

(이번에는 아버지의 목소리가 아주 조용하고 부드러웠다.)

"그게 바로 너의 사랑이 내게 의미하는 것이기도 하다. 네가 아들이라는 사실이 얼마나 좋은지 모르겠다. 그러나 너 또한 내 친구가 되는 것을 즐거워한다는 사실이 내게는 모든 것을 의미하는 것이야. 세상의 어느 누구보다도 많은 이야기를 나눌 수 있다는 것을 너도 알잖니?"

그때쯤 달은 중천에 있었고 그 그늘은 땅에 삼키워지고 있었다. 올리브나무의 예쁜 잎사귀들이 조금이라도 더 달빛을 받으려고 애쓰는 동안 만족한 한숨이 잎들을 살짝 불어 스쳤다. 신비한 고요 속에 산기슭 위로 평화가 깔리면서 하루 동안의 피곤과 긴장을 씻어 내렸다.

예수님은 마침내 기도를 시작했던 큰 바위로 가서 앉으셨다. 그리고는 손으로 턱을 괴시는 것이었다.

"나의 아들아, 너에게 말할 것이 있다. 내일은 내게 아주 특별한 날이야. 오랫동안 그 날이 오기를 기다려왔다. 네가 생명의 떡인 말씀을 전하기 전에 나의 귀한 딸 한 사람을 만나게 될 것이다. 그런데 그 여자는 아주 어려움을 겪고 있지. 남편은 4년 전 그녀가 임신해 있는 동안 죽었고, 아기가 세상에 나왔을 때는, 불행히도 그 아기는 신체 장애아였단다. 선천적으로 구개파열증인 데다가 팔 한쪽이 반 동강이로 태어났어. 엎친 데 덮친 격으로 그 불쌍한 어린 것은 태어난 이후로 줄곧 2주에 한번씩 경련을 일으키고 있단다."

"내일은 네가 그 아기를 치료해 주게 될 거야. 팔은 즉시로 자랄 것이고, 입은 정상이 될 거야. 그리고 다시는 경기 때문에 고생하게 되지 않을 것이다. 그 애기를 고쳐 주는 것보다 더 중요한 것은 네가 그 아기의 엄마의 삶을 바꿔 주게 될 것이라는 거야. 아들아! 그 여인 때문에 내 마음이 고통스러웠다. 4년 동안 내내 암흑 같은 세상에서 살아왔지. 그 여자는 매일 밤 잠 자리에 들려고 자리에 누워서는 마음을 깨뜨리면서 혼자 운단다. 그래서 나도 매일 밤 그 여자와 함께 조용히 울곤 했어. 물론 그녀는 모르겠지만, 그 여자는 뭔가 하나님한테 잘못을 저질렀기 때문에 버림을 받아 지금 천벌을 받는 거라고 생각하고 있지 뭐냐. 그러나 오! 아들아! 너도 알다시피 그 여자를 내가 사랑한다. 그 여인이 그런 식으로 사는 걸 그냥 내버려 둘 수만은 없어!"

아버지의 마음에 있던 슬픔이 아들의 눈에도 반영되었다.

"그러나 아들아, 내일은 마침내 그 여인의 삶에 뛰어들어 나의 사랑을 증명해 보이려고 한다. 내가 네게 얼마나 고마워하고 있는지, 너도 알지? 왜냐하면 네가 아니었더라면 그녀를 도와줄 사람이 없기 때문이야."

"아버지, 도와드릴 수 있게 돼서 기쁩니다."

예수님은 조용히 대답하셨다.

"저도 긴장을 풀고 아버지, 당신께만 집중하겠습니다. 그러니 능력과 지혜를 주시는 것은 아버지의 일입니다. 그리고, 내일 또 만나야 할 사람들이 있습니까?"

"베드로와 안드레의 친구인 '맛디아'라고 불리는 사람이 있어. 맛디아는 전에 그들과 고기 잡는 동료였지. 나의 성령이 오랜 동안 그의 속 사람 안에 역사 해왔다. 그는 호수 앞에서 열리는 집회에 몇 번 참석했었어. 그러나 돈을 포기해야만 한다면 널 기꺼이 따를 수 없다고 생각하고 있단다. 그러므로 내일 그를 만나거든 시키는 대로 이렇게 해라. 우선 아무 말 없이 조용히 충분한 시간 동안 그에게 시선을 준

다음 이렇게 말해라. '맛디아! 난 네가 부엌 구석 장작이 쌓여 있는 옆에 몰래 숨겨둔 금전을 알고 있다. 그러나 돈이 너를 행복하게 해준다고 믿고 있으면 어느 날엔가는 심히 낭패를 보게 될 거야. 나를 따르는 것만이 풍성한 삶에 이르게 하는 유일한 길이다.' 그러면 이런 지혜의 말씀이 그의 폐부를 칼처럼 깊이 찌르게 될 것이다."

"그러면 그가 우리를 따라올까요?"

"아니, 지금 즉시로는 아니야. 네가 죽은 후 부활하여 내게로 돌아온 후에야 비로소 그렇게 할 것이다. 지금의 너처럼 성령으로 충만하게 된 후에는 내가 그를 베드로의 집으로 보내어 진지한 이야기를 나누도록 하겠다."

긴 침묵이 다시 흘렀다. 예수님은 마치 그의 아버지의 얼굴을 찾으려는 듯 한 밤중의 벨벳 하늘을 올려다 보았다. 그가 말을 하고 있을 때도 그의 말은 찬 공기에 부딪혀서, 문장이 끝나기도 전에 잠시 얼어붙어 공중에 매달리는 것처럼 보였다.

"아버지! 내가 죽는다는 것은 도대체 어떤 경험일까요?"

아버지는 즉시로 대답하지 않으셨다. 적어도 목소리로는 말이다. 그러나 외로운 산 위로 느낄 수 있을만한 강한 하나님의 임재하심이 내려와 나무들과 바위와 광야의 꽃들을, 전에는 알지 못했던 침묵 속으로 빨아들이는 것이었다. 예수님도 그것을 느낄 수 있었다. 왜냐하면 그의 얼굴이 고통과 외로움 때문에 생긴 주름살이 달콤한 신뢰의 표현으로 이내 바뀌었기 때문이다. 그리고 그의 호흡은 깊고도 일정하게 돌아왔다. 마침내, 가장 부드럽게 아버지가 속삭이셨다.

"너는 땅 위에 살았던 어느 누구보다도 큰 고통을 맛볼 것이다. 나의 자녀 중 아무도 원하지 않을 그런 고통을 경험할 거야. 세상에 있는 그들을 내 가족 안에 불러들여 살 자리가 있도록 하기 위해 너를 잠시

버려야만 하겠다. 아들아, 내가 너를 거절하고 네가 가장 큰 고통으로 신음하는 그 순간에도 얼굴을 돌리고 내버릴 것이다. 그리고 내 아들아! 지옥의 저주도 네가 나로부터 끊어지는 고통보다는 덜할 것이다."
예수님의 이마에서는 빗물 같은 땀방울이 흘렀다. 그러나 이윽고 다시 생생한 하나님의 임재하심이 온 힘으로 그를 감싸고 무한한 고요함 속에서 그를 붙들어 주는 것이었다. 마침내 예수님은 위를 올려다보았다.

"아버지여! 기꺼이 그렇게 하겠습니다."

그 말은 마치 그의 심중 깊은 데서부터 짜여져 나오듯이 단어마다 또박또박 끊어졌다.

"그러나 나의 아들아, 십자가 위에서 너의 고통이 최고조에 달하는 순간에, 기억하라! 나도 함께, 그런 못 견딜 아픔을 똑같이 경험한다는 것을! 나의 아비 된 마음이 내 사랑하는 아들을 볼 때는 심장이 갈기갈기 찢기면서 터지기까지 고통스러울 것이라는 걸 말이야."

"그러나 아버지! 우리는 인간을 사랑합니다. 그들을 사랑하기 때문에, 기꺼이 그렇게 할 만큼 말입니다. 그리고 그들도 우리와 하나가 되기를 너무나 원하기 때문입니다 ……."

"아들아! 지금 네가 날 필요로 한다는 것을 안다. 널 나의 그림자로 덮어 내 사랑 안에 숨도록 해주마. 저기 부드러운 풀 위에 누워라. 저기 작은 흙더미 위에 머리를 두어라. 지금은 내가 너에게 힘을 불어넣어 주마. 네가 여기 높은 하늘에서 그랬던 것처럼 너의 마음에 나의 사랑을 부어 채워져서 아름답고 영화롭게 되기를 원한다."

예수님은 나를 매료시킨다. 난, 하나님이 도대체 어떻게 그토록 위대한 그분을 작은 인간의 인격과 형상으로 축소시켜 놓았는지 모르겠다. 어떻게 예수님은 이 땅에 사시는 동안 나 같은 인간처럼, 그리고도 하나님의 완전한 축소형이 되실 수 있었을까? 가끔 예수님이 팔레스타인에 사시던 날들을 상상해 보면 놀라움을 금할 수 없다. 그는 매일 해야 되는 것과 똑같은 사소한 일들도 하셔야 했던 것이다. 예를 들면 빨래를 해야 된다거나, 아마 우리 티모르 사람들이 하는 식대로 시내에서 빨았는지 모를 일이다. 아니면 앉아서 어쩌다 베인 손가락에 반창고를 붙인다거나, 혹은 제자들과 함께 요리를 하신 후에 쓰레기통을 비운다거나, 혹은 그의 발톱을 깎아야 하는 등의 사소한 일 말이다. 전능하신 하나님이 인간이 되셔서 그렇게 하셔야만 하는 것을 상상할 수 있겠는가?

내가 어린 소년이었을 때, 난 언제나 예수님이 땅에 사는 동안 어떤 모습이셨을까를 궁금해 했다. 그리고 '그의 제자들 중 한 사람이었다면 좋았을 것을' 하고 생각했다. 그러면 그가 가시는 곳마다 따라다니면서 그가 행하시는 놀라운 일들을 직접 볼 수 있었을 것이고, 또한 그가 어떤 분인가를 알았을 테니 말이다. 정직하게 말하면 '왜 하나님은(혹은 부모님이) 나를 2000년 후 이렇게 뒤늦게 태어나게 만드셨을까' 하고 생각해 보는 것이다.

그러나 지금도 예수님을 알기에 너무 늦지 않았다는 것을 안다. 내가 그를 알면 알수록 더욱 그를 발견하고 싶은 큰 갈망이 생기는 것이다. 그의 성품은 진정으로 나를 사로잡아 끌어당긴다. 세상의 누가 그토록 우람하고 강하며 또한 그와 동시에 그렇게 부드러울 수 있을까. 어떻게 엄격하면서도 동시에 부드러운 사람이 있을 수 있을까?

나도 모른다. 그러나 예수님은 바로 그런 분이시다.

잠깐 동안, 그분의 눈은 권위 있게 불타오르면서 귀신들에게(거라사) 그 불쌍한 남자로부터 떠나가라고 명령하신다. 그리고 그분은 눈 깜짝 할 사이에 해방시켜 준 그 남자에게 가장 부드러운 어조로 바꾸어 말씀하시며 앉아 계신 것이다. 몇 분이 지난 후에 예수님은 그 남자와 깊은 우정을 맺으셨기 때문에 그의 곁을 떠나기 싫어하는 그 남자에게 복음을 전파하라고 말씀하신다. 그러시는가 하면 어떤 날은 어린애들을 보고 축복해 주시기 위해 허리를 구부려 쓰다듬어 주신다.

그러나 몇 날이 지난 후에 성전 안을 걸어 다니시면서 회초리로 상인들을 쫓아내시고 상자들을 돌바닥에 내팽개쳐서 부서지도록 던져버리셨다.

참으로 예수님은 나를 매료시킨다. 그분을 더욱 친밀하게 아는 일과 나의 일상생활 속에 그분이 실재가 되도록 하는 일은 그야말로 전율을 일으키게 하는 모험이며, 지금부터 영원토록 나를 몰두시킬 만큼 충분히 위대한 도전인 것이다.

5
부르심

　예수님은 오늘 하늘에서 이 땅을 내려다 보시며 매우 슬퍼하신다. 영광의 왕이, 우리를 위해 엄청난 큰 은혜를 주신 그 귀한 분의 마음을 깨뜨려야만 하는 것을 상상할 수 있겠는가?
　왜 예수님은 그렇게 슬프셨을까? 누가 그분에게 그런 고통을 안겨 주었나? 우리가 정직하다면, 우리가 바로 그 장본인들이라는 것을 고백해야만 할 것이다. 우리가 바로 그의 마음에 깊은 상처를 낸 자들인 것이다. 우리가 어떻게 했길래 그러느냐고? 그를 무시함으로써 이다. 너무나 바빠서 그의 사랑을 즐길 틈이 없는 것이다. 그런 다음에는 죄악이 삶 속에 미끄러져 들어오는 것을 방치하는 것이다.
　그는 우리가 조금이라도 그의 죽음의 실상이 어떤 것이었는지 알기만 한다면 마음에 충격이 될, 그런 처참한 극형과 몹쓸 고통을 당하셨다. 그가 이런 모든 지옥의 고문과 고뇌를 당하셨기 때문에 우리를 악에서 해방시켜 주실 수 있었다. 그래서 그는 우리를 그에게 가까이 이끌어 주시며 그의 풍성한 삶으로 인도해 주실 수 있게 된 것이다. 하늘의 놀라운 삶이 여기 이 땅에서도 이루어질 수 있도록 말이다.

그런데 너무나 자주 우리는 그의 사랑을 당연한 것으로 여긴다. 일하는 데만 온 정신이 쏠려 있거나 방 청소, 교회 모임, 친구에게 전화하기 또는 애들 매 때리는 일 등으로만 바빠서 예수님에 관해서는 까맣게 잊어버리는 것이다. 우리는 너무나 바빠서 하루의 한 시간도 그의 임재하심 안에 쉬며 시간 보내기를 아까워한다. 우리는 성경에서 지적한 대로 첫사랑을 버린 자들과도 같다(계 2:4, 3:15-17).

하나님은 무한히 선하신 분이며 우리에게 주시고 싶은 것도 많다. 그러나 우리는 그분이 주시는 축복을 받아들이기에 너무나 게으를 때가 많다. 그분께 무엇을 여쭈어 보거나 뭔가 새 일에 대해 그의 자문 구하기를 지체할 필요가 없다. 어쩌면 우리는 스스로 파 놓은 판에 박힌 틀에서 나오게 될까봐 두려워하고 있는지도 모른다. 만일 예수님께 요청하여 우리의 삶 안에 그분이 개입해 들어오셔서, 오늘도 살아계셔서 성경에 있는 대로 기적을 일으키시는 하나님이신 것을 개인적으로 증명해 보여 달라고 하면, 모든 것은 변화되고야 말 것이기 때문이다! 우리는 스스로 하고 있던 방식에 대해 편리함을 느끼기 때문에 고집한다. 그리고 예수님뿐 아니라 그 누구라도 내가 집착하는 그것에 뛰어들어 계획을 방해하거나 깨뜨려 버리는 것이 싫은 것이다.

우리를 귀찮게 하고 있는 문제들 속에 상습적으로 빠져 있어서, 만일 예수님이 그것들을 제거해 주신다면 불안할지 모른다고 느끼기 때문인 모양이다. 그래서 "오! 저, 지난 20년간이나 늘 이래 왔었는걸 뭐"라고 얘기한다. "내가 여태까지 그렇게 오랫동안 참았다면, 아마 20년은 더 견뎌낼 수 있을 거야. 어쨌든 이 골칫덩어리가 내 손안에 들어온 걸 용납한 이상 문제와 함께 사는 법을 배워야 한다구."

그러나 더욱 안 된 일은 삶 중의 그런 죄악들을 우리는 '연약해서' 혹은 '성격 결함'이라고 부르고 있는 것이다. 우리는 스스로 말한다. "내가 완전한 사람이 될 수는 없어. 왜냐하면 난 하나님이 아니니까. 생활하다 보면 어차피 죄도 짓게 마련이고, 사는 게 다 그런 거지 뭐. 주님은 날 사랑하시니까 그 정도의 작은 실수들을 저지르는 것쯤은 용서해주실 거야"

그러나 우리의 죄악들을 예수님께서는 그냥 간과하시지 않는다. 모든 죄악들이 문제가 된다. 작은 것들까지도, 예를 들면 우리의 직업에 대해 불평한다든지 남편한테 바가지를 긁는다든지, 혹은 주님이 명령하셨는데도 스미스씨가 입원한 병원에 찾아가 보지 않는 등의 불순종들 말이다(우리가 정직하게 종이 위에 다 써 본다면 꽤 긴 죄악의 목록들이 될 것이다).

그러나 예수님은 거룩하시며 죄를 묵과하실 수 없다. 부흥 초기부터 주님은 누가 우리의 상관이 되어야 하는가를 명백히 보여주셨다. 바로 주님이셨다! 그는 우리가 우스운 사업을 벌이거나 불순종하도록 내버려두시지 않으셨다. 그가 내리신 명령이라면 우리는 빠짐없이 그리고 명백하게 수행해야만 했다. 만일 순종하지 않는다면, 즉 게을러서 지체하거나 혹은 '설마 주님이 진심으로 그런 일을 시키시는 것은 아니겠지'라고 생각하고 있다가는 벌을 면치 못한다.

하나님은 그가 우리의 위대한 아버지가 되시며 우리는 그의 어린애들이라는 것을 가르치고 싶어하신다. 우리가 거역하며 고집을 부릴 때는 어김없이 따끔하게 매를 때리시는 것이다. 그러나 우리가 용서를 빌고 죄송하다고 말씀드리면, 그는 그의 팔로 우리 목을 감싸고 안아 주시며 입을 맞추어 주신다.

이 이야기를 꺼내야겠다. 부흥이 시작된 지 두 달 반이 지난 후 내가 처음으로 팀에 가담한 날이었다. 내가 팀 리더와 팀에 속해 있던 여섯 명의 남자들에게 다가갔을 때를 기억한다. 난 굉장히 흥분해 있었다. 그리고 호기심이 나기도 했다. '도대체 주님이 우리를 위해 어떤 일을 베푸실까' 하고 궁금해 했던 것이다.

그런데 하나님은 깜짝 놀랄만한 일로 시작하셨다. 그것은 소우를 떠나 주님이 복음을 전파하러 가라고 알려 주신 마을을 향해 걷기 시작한지 몇 시간 되지 않아서였다. 주님은 놀라운 기적을 행하셨다. 난 그것을 내 갈색 눈으로 직접 보게 된 것이었다.

주님은 우리에게 저녁 일찍, 여섯시 경에 소우를 떠나라고 말씀하셨다. 그런데 우리가 사는 곳은 바로 적도 위라서, 해가 그 시각쯤에 일찍 진다. 정직하게 말하면, 하나님의 명령은 말도 안 되는 것이고 불가능한 일일뿐더러 터무니없는 어리석은 요구라고 느꼈다.

어떻게 불빛 한 점 없이 깜깜한 우거진 숲을 뚫고 산 아래로 내려가란 말인가? 더 심한 것은 주께서 우리에게 어떤 등이나 촛불조차도 가져가기를 허락지 않으셨던 것이다. 우리는 그때, 예수님이 딱하게도 흔들의자에서 미끄러져 떨어지심으로 혹시 착각하고 계신 것이 아닌가 하는 의심의 유혹을 받았다.

그러나 감사하게도 우리는 그에게 순종해야만 한다는 것을 충분히 지각하고 있었다. 주님은 자신이 무엇을 하려고 그러시는지를 확실히 알고 계셨다. 그는 행하시는 법과 생각이 우리의 그것들을 훨씬 초월하는 초능력의 하나님이다.

그가 어떻게 하셨는지 아는가? 그는 하늘로부터 곧장 빛을 보내어 우리가 걷고 있던 길 위로 보내시는 것이었다. 그 빛은 우리가 왼쪽으로 돌아야 할 곳에서는 왼쪽을 가리켰다. 그 빛이 그렇게 나아가야 할

길을 다 아는 것이 신기했다.

물론, 그 빛이 어떻게 생겼냐고 물으면 묘사하기 어려운 성질의 것이다. 그것은 하늘의 어떤 특별한 지점에서부터 시작된 것이 아니었다. 예를 들면 그것은 한 별로부터 비쳐져 내려오는 것이 아니었다. 내가 오로지 설명할 수 있는 것은 그 빛이 그냥 거기 있었다는 것 뿐이다. 아마 여러분도, 그것이 움직이는 스포트라이트 혹은 비행기의 착륙등이라고 붙여댈지 모른다(그것이 내겐 구약 이스라엘을 인도하시기 위해 쓰시던 주님의 불기둥을 연상하게 했다).

난 그날 밤 느낀 그 깊은 평안함과 안전감을 결코 잊을 수 없다. 하나님, 그분이 우리를 인도하고 계셨다. 나는 우리가 그의 힘센 손안에서 완전히 안전함을 느낄 수 있었다. 드디어 한밤중이 되어서야 그 빛은 죽은 듯이 고요하게 되었다. 그때 우리들은 잠이 쏟아졌다. 그래서 모두 길 한쪽 옆 풀밭에 뒹구르는 채로 금시로 잠이 들어버렸다.

다음날 새벽 4시쯤 되어서 주님은 우리를 깨워 일으키시고는 걷기를 시작하라고 말씀하셨다(예수님이 누군가를 잠에서 깨우시는 방법은 아주 신사적이고 사랑에 찬 손길로 다루신다 …… 그는 찢어지게 울어대는 수탉이나 고물 자명종 시계가 울리듯 사람의 신경을 건드리지 않는 것이다). 그것은 아름다운 경험이었다. 아무도 깨우려고 옆구리를 찌르거나 서로 말을 붙이는 사람도 없이, 우리 모두는 동시에 잠에서 깨어났던 것이다. 네 시간밖에 안 되는 잠을 자고 난 뒤인데도 아주 상쾌한 기분이었다.

우리는 다시 걷기 시작했다. 그러나 갑자기 일은 엉망으로 뒤틀리기 시작했다. 어젯밤처럼 아름답거나 매끄럽게 풀리는 것이 아니었다. 몇 가지 잘못된 이유 때문에, 불빛이 우리에게 어느 곳으로 나아가야 할지를 가리키지 않는 것이었다. 우리는 계속 길을 잃거나 혼동되었다. 우리가 아무리 빨리 걸으려고 해도, 우리는 결코 아무 곳에도 가고 있는 것이 아니었다. 그렇게 혼돈의 상태였다.

가는 도중 이런 변이 일어날 때까지 우리는 계속해서 서로에게 감정이 상하기 시작했으며 당황하고 두려워했다. 우리 팀의 리더인 자매님은 어찌된 영문인지. 그 길을 잘 알고 있는 사람이었는데도 갑자기 '꽝' 하더니 구덩이 속에 빠지는 것이었다. 그녀는 빠져 나오려고 발을 뒤틀었다. 그러다가 땅바닥에 어찌나 세게 나가 동그라졌던지 거의 죽을 뻔하였다. 그녀는 조금도 움직이지 않은 채로 거기 길옆에 돌처럼 차갑게 누워버리는 것이었다.

우리 모두는 겁이 덜컹 났다. 뭔가가 틀림없이 잘못된 것이었다. 주님은 더 이상 우리를 축복하시거나 인도하지 않으셨다. 마침내 우리는 가는 것을 멈추고 거기 더러운 길에 앉아서 온 힘을 기울여 기도회를 열어야 되겠다는 지혜를 얻었다.

"오, 주님!"

우리는 가장 진지하게 높인 거룩한 음성으로 기도했다.

"부디 누가 잘못해서 이런 어려움을 겪어야 하는지 보여주십시오. 그에게 더 이상 이대로 계속하지 않도록 알려 주십시오. 주님!"

그리고 주님이 이 기도를 응답하시는 데는 시간이 오래 걸리지 않았다.

(이 이야기를 시작하기 전에 꼭 했어야 하는 건데 깜빡 잊고 빠뜨린 이야기가 있다. 우리가 소우를 떠나기 전에, 주님은 우리가 어떻게 해야 하며 또 해선 안 되는 일이 무엇인가를 명백히 말씀해 주셨다. 엄격하게 금지한 조항이 있었는데, 그것은 필요 없는 짐을 조금도 갖고 가지 말라는 것이었다. 휴대하도록 허가된 물품은 하루 분의 식량과 우유 가루 한 박스 그리고 여자들을 위한 거울이었다. 남자들은 세 번

째 것에 대해 조금 불공평하다고 생각했으나, 내 생각엔 예수님이 여자들에게 더 자애로우시기 때문인 것 같다.)

어쨌든 우리가 거기 앉아서 기도하는 동안에, 주님은 내 친구 '족탄'에게 환상을 하나 보여주셨다(내 친구 족탄을 소개하겠다. 여러분은 아직 그의 얼굴을 대면해 본 적이 없겠지만, 이 책의 여러 군데에서 그는 여러분의 얼굴을 보게 될 것이다. 앞에서도 말씀드린 적이 있는 이교도 제사장이 바옵에 있는 큰 나무 옆에서 예수님을 영접할 때 그는 거기 있었다. 그리고 그 흉한 다리를 끌고 온 앉은뱅이가 고침을 받을 때도 그 자리에 있었다. 어린 시절 족탄과 나는 같은 학교에 다녔다. 그리고 오늘날까지도 우리는 격이 없이 가까운 친구이다).

그 환상에서 족탄은 자기를 제외하고는 모든 사람이 소우로 돌아가는 것을 보았다. 그는 팀원들 중에 남아서 복음을 전파하는 단 한 사람이었다. 그 환상의 의미가 무엇이었을까? 내 친구 족탄을 제외한 우리 모두가 뭔가를 잘못한 것이었다.

그리고 우리가 갖고 오지 말았어야 했을 자질구레한 것들을 잔뜩 메고 온 것이었다. 한 자매는 바늘 하나와 실을 좀 갖고 왔는데, 그것은 그냥 '만일을 대비해서'였다고 고백했다. 어떤 사람은 용돈을, 그리고 구두 한 켤레를 메고 온 사람도 있었다(나는 그 때문에 사실 속이 상했었다. 소우를 떠날 때 그가 그걸 쥐고 있는 것을 보고 가져가지 말라고 말했었다. 그가 누구였든간에……).

팀 리더를 맡은 자매는 예쁘고 큰 금색 머리핀을 올린 머릿속에 꽂고 왔는데, 예수님이 보시기엔 그것도 "안돼, 안돼"였던 것이다. 인도네시아의 여자들은 거의 똑같은 머리 스타일을 하고 다닌다. 똑바로 뒤로 내려 빗은 후 목 뒤 한 점으로 오도록 동그랗게 감아 올린다. 그러나 나는 한 가지 비밀을 발견했다. 굳이 말해 볼까? 특별히 예쁘게 보이고 싶거나 머리숱이 적은 여자들은 올린 머리가 우아하게 보이도록 하기 위해서 가짜 머리카락을 속에 집어넣는 것이다. 그리고는 여러 개의 핀으로 고정시킨다(여자들은 예쁘게 보이려고 가끔 이해할 수 없는 일을 한다).

나는 너무나 화가 났다. 죄인들로 가득한 팀이 아닌가! 왜? 어째서 하나님께 그렇게 불순종해야 하나! 나는 그들에게 어리석다고 소리를 질러대면서 분을 냈다. 그러나 마침내 주님은 내 둔한 머리를 깨우쳐 주시면서 나도 할말이 없다는 것을 알려 주셨다. 나 자신도 큰 죄인이었던 것이다.

내가 어떤 잘못을 저질렀는지 상상이 가는가? 나는 가제 붕대를 한 뭉치 담아왔는데 그것은 '그냥 만일을 대비해서 누군가 사고로 다치면'이라는 구실을 위한 것이었다. 이에 주님은 내가 예상한 사고가 일어나도록 내버려두신 것이었다. 바로 거기 팀 리더가 다쳐서 죽을 고비에 놓였으니 말이다.

이내 우리들은 추악한 죄악을 깨닫고 울부짖기 시작했다.

"오 예수님! 부디 저희를 용서해 주십시오!"

우리들은 흐느껴 울었다.

"당신께 불순종한 것을 용서해 주시기 바랍니다."

아마 여러분은 '필요해서 몇 가지 더 가져온 것이 뭐 그리 대단한 죄악인가? 그까짓 것쯤을 죄악으로 보는 것을 보니 예수님은 변덕스럽다'라고 말할지 모른다. 그러나 주님은 우리에게 그런 여분의 물품들을 휴대하지 말라고 특별히 일러 주셨다. 그것은 우리에게 단순히 순종하는 것이 얼마나 중요한 것인가를 교훈해 주시기 위함이었던 것이다. 작다고 여기는 죄악 한 가지가 우리와 그분과의 관계를 그르치고 결국 감당할 수 없는 여러 문제들을 일으켰던 것이다.

사실 그 부흥 초기의 날들은 주님이 우리 팀원들을 다루시는 특별한 훈련기간이었다. 주님은, 오늘날엔 그런 까다로운 일로 훈련시키시지는 않는다. 그러나 주님은 처음부터, 우리가 주님과 가까이 걸으며 하나의 조그마한 죄까지도 그와의 관계에 가로 놓여 있어서는 안 된다는 사실이 얼마나 중요한지를 가르치셔야 했다.

우리가 진정으로 회개한 후에 주님은 팀 리더를 고쳐 주셔서, 그녀는 다시 걸을 수 있게 되었다. 주님은 우리에게 〈페네타운〉으로 빨리 걸어갈 것과, 그곳에 주님이 지정한 한 목사님 댁에다 우리가 가져온 모든 불의한 물품들을 두라고 말씀하셨다. 그래서 우리는 다시 걷게 되었다.

그러나 여러분은 내가 이 교훈을 배운 뒤로 다시는 예수님께 불순종하지 않았다고 생각하는가? 당신이 '예'라고 대답한다면, 미안하지만 나, 멜 태리를 모르고 하는 말일 것이다.

우리가 즐겁게 한창 걷고 있는 도중에 나는 갑자기 맛있게 무르익어 터진 과실들이 주렁주렁 달린 구아바 나무를 발견한 것이다. 사실은, 주님은 우리에게 멈추어 서서 그 열매 먹는 것을 허락하지 않으셨다. 우리가 그 여행을 출발하던 날, 주님은 우리에게 도중에 어떤 과일도 따지 말라고 말씀하셨다.

"하, 하, 하!"

나는 크게 웃었다.

"예수님을 한 번 놀려 드려야겠다!"

그래서 나는 족탄의 옆구리를 찌르고 말했다.

"저기를 좀 봐."

나는 '내가 문제 거리를 일으키면 적어도 족탄이 거기 말려들겠지'라고 생각하고 있었다. 나는 족탄이 그토록 우수한 인물이어서 혼자만 매를 맞는 벌에서 제외되어 있었다는 사실이 아니꼬웠다. 그래서 난 꾀를 냈다.

"자, 족탄. 우리는 예수님께 절대적으로 순종하는 종들이지. 저 과실을 손으로 따서 먹으면 안돼. 왜냐하면 주님이 금하셨으니까 말이야. 그러니 가서 달려 있는 열매들을 이로 꽉 물자. 그리고는 말처럼 먹어 치우는 거야."

이것이 우리가 한 일이었다. 우리는 거기 서서 열매들을 죄다 깨물어 먹어서 두 그루의 구아바 나무를 열매 없는 우스꽝스런 나무처럼 남겨 놓았다. 하지만 그 모습은 바로 우리의 모습이었다. 열매 없는 무화과나무 ……. 그리고 나서 무슨 일이 우리 앞에 일어났는지 아는가? 우리는 주님께 영의 법이 아니라 의문의 법에 순종한 대표적인 예를 보여드린 것이다.

우리가 다시 걷기 시작했을 때는 곧 내 마음 안에서 뭔가가 빙글빙글 돌아가는 것을 느꼈다. 모든 것은 다시 잘못 돌아가기 시작했다. 내가 반쯤은 예상했던 대로 말이다. 우리 팀 전체는 큰 원을 그리면서 빙글빙글 돌며 헤매기 시작했다. 수 시간을 걸었으나 어디로 가는 것이 아니었다. 몇 번을 거듭해서는 처음 시작했던 똑같은 장소로 되돌아오고 마는 것이었다.

엎친 데 덮친 격으로 태양은 하루의 일과를 마쳐버렸다. 어느새 하늘은 새까맣게 되었다. 마침내 우리는 도무지 더 갈 수 없게 되었다. 왜냐하면 우리가 향하는 방향마다 뭔가 가파른 계곡으로 내려가는 것 같았기 때문이다. 그때쯤 우리는 광야에서 방황하던 이스라엘 민족이 어떤 처지였는가를 통감할 수 있게 되었다.

그래서 다시 한번 길 한가운데서 기도하기 위해 모두 앉았다. 그때 내 마음에서 뭔가 강한 느낌이 울렁거리더니 무의식중에 이런 말이 툭 튀어 나왔다.

"그래, 그래. 이번엔 내가 바로 큰 죄악이다."

족탄과 나만 범인인 것은 아니었다. 어떤 형제는 강가에서 윗도리를 빨았다. 주님이 목욕만 하라고 말씀하셨는데도.

우리는 다시 울면서 죄를 고백하고 회개하기 시작했다. 그리고는 단 2분도 안되어 예수님은 우리가 못 잊을 귀한 일을 행해 주셨다(내 친구들이여, 나는 예수님처럼 성품이 달콤한 친구를 만나본 적이 없다. 그분은 엄격하지만, 악의를 품으시는 것이 그에겐 불가능한 것이다. 우리가 주님께 잘못했다고 말씀드리고 또 진정으로 그것을 의미할 때는, 그는 즉시로 온전히 우리의 죄를 사하시고 잊으신다. 그분은 우리 죄를 기억치 않는 것이다).

칠흑처럼 어두운 밤에 우리는 풀밭에 원형을 그리고 앉아 있었다. 갑자기 바람이 불며 하늘이 열리더니 하나님의 영광이 우리 위로 쏟아지는 것이었다. 우리는 그의 빛에 목욕하였다. 그리고 우리 가운데로 예수님이 걸어 들어오셨다. 우리 팀의 몇 명과 나는 그를 직접 보았다. 나는 너무나 많은 빛에 둘러싸여 있어서 형체가 분명치 않았다.

그러나 그것이 문제될 것이 아니었다. 그분을 직접 보지 않았더라도 그의 임재하심을 너무나 강하게 느낄 수 있었던 것이다. 그토록 친밀하면서도 부드러우시고 위로로 가득 채워주시는 분! 오! 얼마나 놀라운 경험이었던가! 우리는 그의 사랑에 푹 묻혀 즐기기만 하면 되는 것이었다. 그분이 우리 주위를 따뜻하고도 아늑한 평화의 담요로 안전하게 덮고 계셔서 하늘을 맛볼 수 있는 것이 얼마나 좋았는지 모른다. 마치 이 아름다운 찬송의 가사와도 같았다. "하늘의 영광 내 맘에 넘치네!"

그리고 나서 그분이 우리에게 말씀하셨다.

"나의 귀한 자녀들아, 너희가 피곤하다는 것을 잘 안다. 그래서 너희를 쉴 만한 곳으로 인도해 주려고 한다."

그 빛은 앞으로 움직였다. 다시 한번 우리는 그 빛을 따라 산 숲의 아래 위로 따라가는 큰 기쁨을 안게 되었다. 그 빛이 멈추었을 때 그곳은 대나무 잎이 쌓인 큰 무더기였다. 예수님은 우리를 위해 폭신폭신하고 아늑한 침대를 마련해 주신 것이었다.

그것뿐이 아니었다. 다음날 아침 우리는 가볍게 지나가는 비가, 나무에서 떨어진 물방울들처럼 생긴 짙은 안개가 우리 주변을 온통 적신 것을 보았다. 그러나 우리가 자고 있던 바로 그 자리에는 메마른 자리가 사각으로 나 있었다. 우리가 잠자던 밤 동안 천사들이 내려와 그들의 아름다운 날개를 펴서 지붕을 만들어 준 것이 틀림없었다. 그래서 우리가 깨어났을 때는 신선한 기분으로 행복했다.

주 예수님께서는 우리의 상상을 초월하는 놀라운 축복을 내려 주시는 재능이 있다. 이 이야기가 바로 그것을 증명하지 않는가? 우리는 부주의와 죄악으로 그를 슬프게 했다. 조그만 죄악 하나가 너무나도 높고 두꺼운 벽을 쌓아버려서 주님의 사랑과 축복이 자유롭게 흘러 들어오지 못하도록 하는 것이다.

우리가 예수님께 속했으면, 우리도 그가 무엇을 요구하시든 순종할 책임이 있다. 왜냐하면 우리가 그분을 사랑하기 때문이다. 더 이상 우리가 우리 삶의 상관이 아니다. 대신 예수님이 주인이 되셔서 삶의 모든 영역을 놀랍게 다스려 주시는 것이다. 주님은 우리의 삶에 있어서 그분을 괴롭히는 어떤 것이나 바꾸실 권리가 있다. 그분은 우리로 하여금 교통법규를 지키게 하시거나 담배를 끊도록 하시거나, 혹은 시어머니 미워하는 죄악을 버리거나 회사의 상사에게 전도하는 일이거나, 무엇이든지 순종하게 하실 권리가 있다. 혹시 우리가 놀림거리가 되는 일이 있더라도 말이다.

  우리가 진정으로 주님을 따라가는 사람들이라면, 그는 우리가 자아에 대해 죽도록 요구하실 권리가 있다. 그것이 무슨 뜻인지 아는가? 자아라는 것은 어떤 모양이든지 우리로부터 예수님과 풍성한 삶이 분리되도록 만드는 것이다. 예를 들면, 내가 주님께 가까이 가지 못하게 방해하는 어떤 활동에 가담하였다고 하자. 그 활동은 나쁜 것이며 나는 분명히 그 일에서 등을 돌려야만 마땅하다. 그러나 만일 내가 내 마음으로부터 주님의 평화와 기쁨이 흐르지 못하도록 하는 태도를 계속 고수한다면, 그것은 주 예수님을 슬프시게 하는 것이다. 우리는 그 일에 대해 죽어야 한다. 우리가 죽어야만 하는 그 추악하고 더러운 자아라는 껍질은 주님이 처음 우리를 창조하실 때부터였고, 아름다운 걸작품을 형편없이 뒤틀어 버린다. 예수님은 우리가 절대적으로 그 더러운 껍질에서 나와 자유로워져야 한다는 것을 아신다.

  그것이 바로, 주님이 우리 삶에 가끔 어려운 환경을 허락하시는 이유이다. 지금 우리가 그분께 순복하여 우리를 변화시키도록 한다면, 우리의 태도와 반응들을 변화시켜 주시도록만 한다면 – 일이 어렵게 돌아갈 때라도 그는 우리를 해방시켜 주실 수 있고, 또 우리를 그 아름다운 형상으로 회복시켜 주실 수 있는 것이다. 그러나 우리 문제에 대해 불평 불만만 한다면, 그럴수록 더욱 우리 자신의 더러운 자아에 묶여버리고 마는 것이다. 우리에게 부딪힌 문제들은 주님이 우리를 멸하려고 하시는 것이 아니라 우리를 광채나게 하려고 쓰시는 방도들이라는 것을 기억해야겠다.

  아무것도, 그야말로 어떤 것도 주님과 가까워지는 것을 방해하도록 허락해 두어서는 안 된다. 그는 우리의 유일한 목표가 되어야만 한다. 온 힘을 다해 그를 아는 것과 할 수 있는 대로 그가 주시는 축복과 은사들을 경험하는 것이 우리의 주된 야망이어야 한다. 그렇다. 우리 삶을 움직이는 동기는 "예수님이 우리에게 전부이다"라는 것이다.

결코 이리저리 휩쓸리는 미지근한 신자가 되어서는 안되겠다. 우리는 삶의 95퍼센트를 주님께 드리고 나머지 5퍼센트는 우리 맘대로 하려는 고집을 부릴 수 없다. 예수님은 우리가 모든 것을 드리기를 요구하시는 것이다.

당신이 진정으로 예수님을 따라 살고 100퍼센트로 그의 제자가 되기를 원한다면, 대가를 지불해야만 한다는 것을 이야기 해야겠다. 당신이 틀어박혀 있던 아늑한 방식들은 급히 휘저음을 당할 것이다. 그리고는 전쟁터로 밀려나가 적 앞에 직면해 있는 자신을 발견할 것이다. 당신은 사탄을 대적하여 전력을 기울여 싸워야 하는 것이다. 주님은 일어나서 그의 군사로 과감히 싸우기를 당신에게 요구하실 것이다.

신앙생활은 험하고도 쉽지 않은 도전이다. 오로지 예수 그리스도께 진정한 위탁을 드린 자만이 – 그들의 입이나 생각으로 뿐만이 아니라 마음으로 – 도전을 만날 때 담대히 맞설 수 있게 되는 것이다.

예수님을 바라보라. 그가 이 땅에 계시는 동안에는 결코 수월한 삶이 아니었다. 만일 그에게 담대함이 없었더라면, 바리새인들은 그를 찢어서 조각내어 사해에 던져버리고 말았을 것이다. 그러나 예수님은 그것에 맞설 과감한 용기를 지니셨다. 예수님은 붉은 피가 흐르는, 내가 언제나 경탄했던 그런 용맹스러운 분이었다. 나는 갈릴리 해변, 파도가 치는 바로 옆에서 계신 그분 모습을 볼 수 있다. 폭풍은 몰아쳐서 그의 검게 그을린 얼굴 위로 머리칼을 흩날리게 하고 그의 옷자락이 넓적다리를 매몰아 때릴 때도, 그는 거대한 기둥처럼 근육이 나온 다리를 굳게 세우고 거기 모래밭에 꿋꿋이 서 있는 것이다.

그가 바리새인들 앞에서 손가락으로 가리켜 흔들면서 말씀하실 때의 그 불꽃으로 타오르는 눈을 보라.

"너희는 뱀 떼와 회칠한 무덤과도 같은 위선자들이다. 너희 모두 말이야! 스스로 속이지 말라. 하나님은 너희의 심중을 보고 계신다. 하나님을 속이려고 하지 말라!"

그의 목소리는 파도가 부딪쳐 부서지는 소리나 바닷갈매기들이 한꺼번에 울어대는 것보다 훨씬 더 크게, 마치 트럼펫처럼 물 위로 울려 퍼진다.

그렇다. 예수님은 우리의 본보기이시다. 그리고 오늘날 그는 우리에게 모든 것을 버리고 그를 따라오라고 부르고 계신다. 그는 우리가 살던 95퍼센트의 방식을 내어버릴 뿐 아니라 나머지 잠가 두고 있던 자물쇠, 몸과 몸통 모두를 그를 위해 던져버리기를 원하시는 것이다. 기꺼이 그렇게 하겠는가? 그는 다름 아닌, 우리 삶의 유일한 주님으로 왕관을 쓰시고 임하시려고 부르심을 주시는 것이다.

자, 우리는 오늘 결단을 내릴 모퉁이에 서있다. 답은 '예'이거나 '아니오' 겠지만, 어쨌든 우리는 결단을 내려야만 한다. 예수님과 함께 모든 길을 걸을 것인가? 기꺼이 십자가를 지고 그를 따를 것인가?

아마 여러분은 이렇게 생각하고 있는지 모른다. '글쎄요. 상황이 어려워지면 예수님께 가까이 있으면서 견딜 용기가 서질 않는데요. 아마 나는 결코 못 견딜 겁니다.'

부디 나의 말을 들으라. 주님은 당신이 스스로 강인해지기를 기대하시는 것이 아니다. 주님이 공급해 주신다. 사실은 우리가 무력하기 때문에 전적으로 주님을 의지해야 한다는 것을 아는 것이 중요하다. 주님이 당신을 향해 기대하시는 것은, 당신이 그분과 함께 언제나, 따르기를 결심하느냐인 것이다.

자, 지금 당신은 엄청난 도전 앞에 서있다. 여러분에게 양해를 구하고 꼭 이렇게 말씀드리고 싶다. 이 장이 끝날 즈음, 꼭 책을 덮고 예수님과 깊이 마음과 마음이 통하는 대화를 하겠는가? 지금부터 영원까지 당신 삶의 주인이 누가 될 것인가를 결정하기 전에는 결코 다른 페이지로 넘어가지 말기를 부디 부탁드린다. 주님이 명령하시는 것이 아무리 어려운 일이더라도 기꺼이 순종하겠는가?

주님을 괴롭혀 온 어떤 죄라도 주님이 알려 주시는 대로 회개하겠는가? 하나님이 원래 의도하셨던 대로 당신을 지으시도록 힘있게, 당신을 새롭게 변화시켜 주실 수 있게 온 삶을 기꺼이 맡겨 드리겠는가?

나의 친구들이여! 오늘 여러분께 도전을 드린다.

"사랑하는 주 예수님, 제가 당신께 나의 친구들을 올려 드리고 올바른 결정을 주시도록 기도합니다. 오 예수님, 그가 주 예수님께 전적으로 위탁할 수 있도록 도와주시옵소서. 그가 주님을 꼭 쥐고 놓지 않게 되기를 기도합니다. 당신의 의도로부터 멀어지게 만드는 어떤 두려움이라도 제거시켜 주시옵소서. 당신이 걷는 길을 따라갈 수 있게 용기를 주시옵소서."

그리고 나와 함께 이 기도를 드립시다.

"주 예수님, 지금 당신의 귀한 손에 나의 전 삶을 드립니다. 당신이 원하신다면 제게 무슨 일이라도 행해 주시옵소서. 부디 저의 마음을 살피시고 당신을 슬프게 해드리거나 마음을 상하게 해드리는 일이 있는지 보여주시옵소서. 오! 예수님, 제게 힘만 주신다면 기꺼이, 여태껏 살던 옛날 삶의 방식을 버리고 변화되기를 원합니다. 주님, 오늘 제가 당신께 드리는 깊은 위탁을 받아 주시옵소서."

6
성령의 바람이 불게 하라

 지금 여러분은 예수님과 함께 걷기로 결심하였는가? 그러면, 내가 확실히 아는 것은 예수께서 여러분을 대단히 자랑스럽게 생각하고 계신다는 것이다. 방금 앞장에서 여러분이 얼마나 그분을 사랑하며, 당신의 삶에 주님이 얼마나 귀한 분인가를 보여드렸다. 예수님은 당신의 진정한 위탁을 그냥 당연한 것으로 여기시지 않는다. 그는 진심으로 당신의 사랑에 감사하는 것이다.

 그러나 전에 앞서서 말씀드린 적이 있는 것처럼, 당신은 스스로의 힘으로 그 위탁한 기준에 맞추어 살려고 발버둥칠 필요가 없다. 사실은 그래서도 안 되는 것이다. 누군가 당신을 위해 …… 지금 그분을 소개하려고 한다. 나의 친구들이여! 여러분도 바로 성령을 만나게 되기를 간절히 바란다.

 "자, 성령님을 소개합니다. 이분은 저의 친구입니다. 저의 친구인 성령님은 예수님을 더욱 닮아가도록 하는 작업에 당신이 조력해 주기를 원하십니다. 그에게는 몇 가지 강렬한 면이 있기는 하지만 괜찮습니다. 당신이 견디는 데는 조금도 어렵지 않을 것입니다."

나의 경험으로 살펴봐도, 성령은 그야말로 우리를 놀랍도록 아름다운 삶으로 이끌어 주시는 재능을 지니셨다. 그는 당신이 그의 참되고 농도 짙은 풍성한 삶을 살기까지 당신을 새롭게 변화시켜 주시는 작업을 끊이지 않으실 것이다. 하나님이 우리를 위해 의도하신 삶의 계획을 따라 사는 것보다 이 세상에 더한 행복은 없다. 우리가 주 예수님을 따라 삶의 패턴을 맞추어 나갈 때는, 가능하리라고 꿈꾸어 보지도 못한 그런 만족감을 느낄 것이다.

내가 지금 당신의 마음을 읽을 수 없으므로 당신이 무슨 생각을 하고 있는지 모른다. 그러나 하나님은 단 1분도 당신을 내버려두지 않는다. 그의 놀라운 삶은 나와 세상의 다른 사람들만을 위한 것이 아니라 바로 당신을 위한 것이다. 당신의 죄악이 얼마만큼 크든지 당신의 삶이 온통 실수와 실패의 연속 역사이든, 당신은 많은 문제들로 압도되었으며 어두운 흑암으로 묶인 삶으로 괴로워하고 있는지 모른다. 그러나 조금도 실망할 필요가 없다. 왜냐하면 주 예수님이 당신의 상황 안에 들어오셔서 이 모든 문제 투성이들을 바로잡아 주시기를 원하시기 때문이다. 그는 당신의 삶이 예수님의 삶처럼 승리로 가득 차며 빛나게 되도록 넉넉히 변화시켜 주실 능력이 있다.

이 찬송은 바로 그런 내용을 말한다.

"구세주가 내 모든 문제를 해결해 주시네. 삶의 무거운 짐을 주가 맡으시리, 주께는 능치 못함이 없네. 그에게는 못하실 일이 없다네."

그것은 사실이다. 예수님께는 불가능한 일이 없는 것이다. 그는 불가능해 보이는 엉망진창의 상황에 개입하셔서 믿을 수 없으리만큼 아름답게 변형시켜 놓는 일을 즐겨하신다. 다시 말하면, 바로 그런 일이 주님이 애호하시는 취미라고나 할까.

내 말을 설명해 줄 수 있는 멋진 예화가 있다. 여러분도 이미 아시다시피, 부흥이 시작된 이후로 주님은 여러 번이나 물을 포도주로 바꾸어 주셨다. 그러나 당신은 그 기적 뒤에 있는 심오한 영적인 중요성을 감지하고 있는가? 그는 우중충한 별 볼일 없는 맹물을 사용하신다. 물론 물은 귀한 것이다. 그러나 설명을 위해 생각해 보라. 맹물이라면 얼마나 싫증나겠는가. 그는 별 흥미 없는 맹물을 갖고 가장 멋진, 맛있는 포도주로 바꾸어 놓으신 것이다.

이 특별한 경우에, 주님은 더욱 감명 줄 만한 일을 하셨다. 그는 그냥 보통 물로부터 시작하시는 것이 아니었다. 그는 소라도 마시기 싫어할 만한 냄새나고 썩은 물을 바꾸어 하늘의 상표를 붙인 멋진 포도주로 바꾸시겠다는 것이었다. 주님이 교회의 한 부인에게 그 물이 포도주로 변하도록 기도하라고 시키셨을 때, 전에 이미 물이 포도주로 변하도록 기도한 경험이 스무번 이상이나 있었던 그녀는 깜짝 놀랐다.

왜냐하면 이번 경우에는(그것은 1973년 7월의 일이었다), 주님께서 그녀에게 삼일간 금식하고 기도하라고 말씀하셨기 때문이었다. 보통 주님은 그녀가 물을 뜨러 가기 전에 그런 지시를 주시곤 하셨다.

더욱 놀랜 것은 전에 해보지 않았던 일을 시키셨기 때문이었다. 주님은 그녀에게 교회 목사님에게 가서 돈을 좀 얻은 후 큰 플라스틱 양동이를 사라고 하셨다. 그리고는 목사님 댁으로 가서 평소에 기도실로 쓰던 침실 한 곳을 깨끗이 청소하라고 하셨다. 그 방은 지저분하고 더러웠으나, 그녀는 주 예수님께 대한 사랑으로 그 방을 예쁘게 꾸미기로 결심했다. 그래서 조그만 풀 빗자루로 바닥을 쓸고 목사님 댁 정원에서 꺾어 온 꽃들을 항아리에 담아 방에 갖다 두었다. 마침내 깨끗이 정돈되었을 때, 그녀는 가장 예쁘다고 생각한 침대보를 깔아두었다(티모르 여인네들은 무명실로 수놓고 뜨개질하기를 좋아한다. 틀림없이 그 침대보는 화려하게 수놓은 꽃무늬로 화사했을 것이다).

어쨌든 모든 일을 마쳤을 때, 주님은 그녀에게 판다누스나무 옆에 있는 우물로 가서 새로 산 양동이에 물을 채우고 기도하기 위해 그 방으로 가져오라고 지시하셨다(판다누스 나무를 본 적이 있는가? 그것은 얕은 물에서 잘 자라는 특이하게 생긴 열대 나무이다. 나무뿌리가 죄다 땅 위로 나와 붙어 있어서 공중 높은 데서 겨우 균형을 맞추고 있는 것처럼 보인다. 이것을 보면 발끝만 살짝 대도 쓰러질 것 같은 기분이 들 것이다).

이 여인이(그녀의 이름은 '요하니스' 자매이다), 판다누스 나무 옆으로 갔을 때 그녀는 충격을 받지 않을 수 없었다. 왜냐하면 그 물은 오래 찌들고 더러운 물이었기 때문이다. 썩은 나무동이들과 죽은 잡초들이 둥둥 떠 있었다. 정확히 말하자면 그 물은 냄새로 코를 찔렀다.

(자, 그것이 우리 삶과도 같지 않은가. 썩고 형편없는 삶!)

"오! 주님, 혹시 큰 실수하신 것이 아니신지요. 아마 잘 모르시고 저에게 시키셨군요!"

그녀는 당황해서 이렇게 솔직히 말씀드릴 수밖에 없었다.

"주님, 이 쓰레기물을 필요로 하신 게 분명해요? 왜 저기 저쪽에 있는 맑은 샘에서 뜨라고 말씀하지 않으셨어요?"

그러자 예수님은 요하니스 자매에게 목소리를 조금 높여 말씀하셔야 했다. 물론 그는 하나님이 하시는 일을 모를 리가 없었다. 그는 전능하시며 지혜로운 하나님이 아닌가?

"딸아, 내 말을 들으라!"

주님이 그녀의 마음에 말씀하셨다.

"내가 너에게 무슨 일인가를 시킬 때는, 난 네가 그냥 순종만 하기를 기대한다. 너무나 많은 질문을 제기하지 않아도 된다. 너무 똑똑한 체하면 바보로 끝장나는 수가 있어. 보라, 나는 너를 다스리는 주님이고, 내가 원하면 무엇이나 할 수 있는 능력이 있지 않느냐?"
(바로 그것이다. 주님이 우리를 위해 기적을 베푸시기 전에, 그가 우리의 엉망진창이 된 쓰레기들을 아름다운 새 삶으로 바꾸어 주시기 전에 그는 반드시 우리의 주님이 되셔야만 하는 것이다. 우리가 순종과 기꺼이 즐겁게 순복하는 마음으로 그분을 자유롭게 일하시도록 풀어 드리기 전까지는, 그는 우리를 위한 역사를 맘대로 해주실 수 없다.)

물론 말할 것도 없이 그 문제는 주 예수님이 해결하기에 조금도 어려운 것이 아니었다. 그 더러운 물을 가지고 단맛이 나는 빨간 포도주로 바꾸어 버리시는 것이 주님께는 조금도 문제가 되지 않았다. 그 물을 양동이에 담아 뚜껑을 덮은 뒤 그 침실에 두고 며칠이 지난 후, 주님은 요하니스 자매에게 뚜껑을 열어 보라고 말씀하셨다. 그랬더니 바로 당신이 바라던 대로 맛있는 포도주로 변해 있는 것이었다. 약 800명의 사람들이 교회의 성찬식에 참가하였을 때 다니엘 목사님이 그 포도주를 사람들에게 주었다.

자, 만일 예수님이 이 몹쓸 물을 가지고 멋있는 작품을 만드셨다면 당신의 삶에 더욱 관심을 갖고 계신 그분이 그렇게 일하시는 것은 자명하지 않는가. 또한 성령님이 당신을 온전한 사랑으로 만들어 주실 수 있는 능력이 되시는 것이다.

당신이 성령님께 기회를 드리기만 한다면, 나는 그가 당신의 삶에 말로는 설명할 수 없는 놀라운 기적들을 일으키시리라는 것을 보증한다. 그는 다이나믹한 능력으로 당신이 상상치도 못했을 역사들을 성취하실 것이다. 당신은 변화된 것처럼 억지로 가장하거나 스스로 기적들을 일으키려고 애쓸 필요가 없다. 당신이 해야 하는 일은 오로지 하나님의 능력의 강한 바람이 당신의 삶을 통해 불도록 하면 되는 것이다. 그러면 갑자기 당신은 성령으로 말미암아 다른 삶으로 지어졌다는 것을 발견할 것이다. 당신이 이전에 수없이 여러 번 노력을 기울였더라도 결코 가능하지 않았을 그런 역사들을 성령님이 이제 하시는 것이다.

나는 거짓말을 상습적으로 하는 심각한 문제를 갖고 있었다. 나는 어릴 적부터 궁지에 몰리면 언제든지 거짓말을 서슴없이 해대는 사람이었다. 예를 들면, 엄마가 아끼는 암탉으로부터 몰래 계란들을 훔친 후에는 아무도 나를 찾을 수 없는 숲 속으로 도망치곤 했다. 그리고는 마른 나뭇가지들을 주워 모아 불을 붙이고, 깡통 속에 계란들을 넣고 삶는 것이다. 그러면 어떤 음식도 저리 가라 할 정도로 맛있는 삶은 계란이 되어 나왔다. 이윽고 집에 갔을 때는 엄마가 나를 기다리고 있곤 했다.

"멜, 계란들을 가져갔니?"

엄마가 묻는다.

"오늘은 암탉들이 어디에다 알을 낳았는지 모르겠구나."

"아뇨, 엄마."

(나는 천사처럼 순진한 표정을 짓는다.)

"제가 안 가져갔어요."

그리고 나서는 천연덕스럽게 뛰어나가 놀곤 했다.

또 내가 컸을 때는, 곤란을 겪지 않으려고 학교 선생님에게 거짓말을 해야만 했다. 내가 9학년 재학 중일 때의 물상 선생님이 기억난다. 그는 엄하면서도 어딘가 둔한 데가 있었기 때문에 아무도 그를 좋아하지 않았다. 그래서 우리들은 그를 격노하게 만들어 놀려 주려고 모의를 한 적이 있다. 나는 그때 쿠팡에 있는 큰 고등학교에 다니고 있었는데, 그 학교는 가파른 절벽을 뒤로하고 있었다. 그래서 우기 때가 되면 그 언덕에서 흘러내린 물들이 호우처럼 쏟아져 내려와 휩쓸고 가버리기 때문에 문을 꼭 닫고 그 앞에 작은 돌들로 댐을 쌓아두지 않으면 안되었다.

하루는 선생님이 교실 안에 들어오자마자 그 더러운 흙탕물에 푹 빠지도록, 교실에 물이 들어오도록 계획을 세웠다. 그래서 선생님이 들어오시자마자 우리는 바깥문을 재빨리 열어 제쳤다. 마침내 진흙탕물이 교실 안으로 쏟아져 들어오더니, 적어도 18인치나 될 만큼 물에 잠기는 것이었다. 물론 우리 중 아무도 젖고 싶은 사람은 없었기 때문에, 모두 책상 위로 기어올라가서 발을 젖지 않게 했다. 그러나 우리의 딱한 선생님은 바깥 홀에서부터 교실로 통하는 다른 문을 열자마자 그 더러운 흙탕물이 세게 튀면서 선생님을 휘감아 버렸다. 어찌나 물살이 센지 그는 나동그라질 뻔했다. 그날따라 선생님은 흠 없이 새하얀 셔츠와 하얀 바지를 차려 입고 있었다.

우리의 짓궂은 장난기가 끝났을 무렵엔 그의 흰옷에 온통 적갈색 흙탕물이 튀었고 무릎까지 흠뻑 물이 들어서, 마치 그가 바지를 입고 진창에 굴렀다 나온 꼴이었다.

말할 것도 없이 우리의 작전은 성공하였다. 선생님은 머리끝까지 화가 났고, 나는 그가 고함치며 이름을 불러낸 첫 번째 아이였다.

"멜! 이 지겨운 녀석아! 네가 이런 짓을 꾸몄지?"

"아뇨, 제가 안 그랬습니다."

나는 우겼다.

"전 조금도 잘못한 일이 없어요."

물론, 그것은 뻔한 거짓말이었다. 그러나 반 친구들은 나에게 충성스러웠기 때문에 항의를 하지 않았다. 왜냐하면 매를 맞지 않아도 되는 것이 썩 기뻤기 때문이었다.

그러나 그 무렵, 내 나이가 열여덟이었던가 아니면 열아홉이었을 것이다. 그때 난 괴로움에 시달리기 시작했다. 난 성경에서 거짓말하는 것은 하나님께 가증하다는 구절을 읽게 되었다. 사실 가증하다는 말이 무슨 뜻인지는 몰랐으나 아주 나쁘다는 의미라는 것은 확실히 알고 있었다. 그것이 날 두렵게 했다. 왜냐하면 나는 거짓말하는 일에 중독되어서 그칠 수가 없었기 때문이다. 그리고 얼마 후, 난 학교를 졸업했다. 그래서 누나가 비서로 근무하는 사무실에 매일 함께 가곤 했다. 티모르 사람들은 단순한 삶을 살기 때문에 열심히 돈 벌려고 절약하는 생활을 하는 사람들이 없다. 우린 온종일 친구들과 어울려 앉아서 얘기하며 시간을 보내기도 했다. 내 이야기는 언제나 히트를 쳤다. 내 얘기는 최고로 재미있는 것들이었다. 왜냐하면 진실을 좀 뜯어내거나 얘기를 덧붙여서 흥미를 자아내도록 궁리해 나온 얘깃거리였기 때문이다. 내가 했던 무슨 경험인가에 대해 뽐내고 싶을 때는, 다른 친구들을 능가하도록 그럴듯한 거짓말을 서슴없이 붙였다. 나는 어떤 때는 전혀 터무니없는 거짓말을 지어서 생전 해보지도 않은 일을 해본 적이 있는 것처럼 자랑했다. 사실은 내가 경험했던 일이 아니라 내 친구 중 하나가 했던 일을 과장해서 말이다.

인도네시아에서는 이것을 "약 파는 장사"라고 부른다. 큰 도시에서는 어떤 사람들이 길가에 앉아 집에서 만든 약을 팔려고 별 짓을 다하는 것이다. 그들의 약이 만능이라고 소리지르면서 한 스무 가지 정도의 병을 고친다고 장담하지만, 사실은 부은 편도선을 가라앉히는 정도의 효력밖에는 없는 것이다. 그래서 내 상표가 붙은 소위 '약'은 인기가 좋았다. 왜냐하면 진짜 잘 팔렸기 때문이다. 내 모든 친구들은 내 얘기에 매료되었다. 그들은 내가 굉장한 녀석이라고 생각했다.

그러나, 실상 나는 그렇지가 못했다. 나는 자신에 대해 분노가 끓어올랐다. 매일 사무실로 가면서 내 자신에게 반복하여 이렇게 말하는 것이었다. "멜, 거짓말 하지마! 멜, 거짓말 하지마! 멜, 거짓말 하지 말라구!" 그러나 효력이 없었다. 5분만 지나면 도착지에 닿아 또 다른 가상의 얘기를 꾸며댈 테니까. 난 거짓말하지 않았던 때를 차라리 기억할 수 없었다.

하루는 아주 반짝이는 아이디어를 냈다. 나는 펜을 꺼내어 내 팔에 새겨 썼다. "멜, 거짓말 하지마."

사무실로 걸어가는 길엔, 내 팔이 앞뒤로 흔들릴 때마다 내가 이젠 어떻게 해야 하는지가 내 팔에 적혀 있었다. 난 그 날만은 자신 만만했다. 하루종일 거짓말을 않고도 살 수 있을 것이다. 그러나 내 팔만 영원히 쳐다보고 있을 수만은 없었다. 잠시 내 팔이 등뒤로 돌아가 있는 동안, 나는 어느새 또 다른 거짓말을 지어내는 중이었던 것이다.

나는 낙담되었다. "멜 거짓말하지 말라고 팔에 써 놓아도 도무지 소용이 없구나."

그리고 내 자신에게 말했다.

"아마도 할 수만 있다면 네 심장에 서 놓을 필요가 있겠다."

그러나 어떻게 그럴 수 있는지를 몰랐다. 나는 마침내 생각하기를, 내가 충분히 종교적이 아니어서 그런가 하고 밤새도록 깨어 기도를 드려보기로 했다. 그리고 내 침대 옆에 무릎을 꿇었다. 그러나 이내 졸음이 쏟아졌다. 그 다음 내가 안 것은 아침이 돌아와 내가 바닥에서 뒹굴며 잤다는 것 뿐이었다.

소용이 없었다. 난 희망이 없는 케이스였다. 아무리 애써도 거짓말을 고칠 수가 없었다. 그러던 어느 날, 나는 주 예수님을 만난 것이다. 나는 성령님이 내 삶 안에 걸어 들어오시도록 초청했다. 그리고 하나님을 찬양할지니, 나는 더 이상 희망 없는 자가 아니었다.

나는 어떻게 성령님이 그 일을 처리하셨는지 모른다. 그러나 그는 내가 거짓말을 그칠 수 있도록 돕는 충분한 능력과 지혜를 갖고 계셨다. 그래서 그 다음부터는 사무실에 가서 친구들을 만나 간혹 진실이 아닌 얘기들이 떠올랐을 때라도 즉시로 성령님께서 "말하지마, 멜!" 하고 말씀해 주시는 것이었다.

성령님이 기억시켜 주시기 때문에 그 문제는 순조롭게 해결되었다. 점차로 나는 고통으로 갈등하던 짐을 벗고 편안히 쉴 수 있게 되었다. 내게 거짓말에 대한 걱정이 줄어들수록 성령님은 더욱 강력히 나를 도와주셨다. 그토록 오랫동안이나 나를 묶어 괴롭히던 문제에서 성령님은 나를 완전히 해방시켜 주신 것이다.

자, 나는 이미 여러분에게 성령님을 소개해 드렸다. 그는 당신의 삶을 변화시키는 작업을 담당하신 놀라운 능력자이다. 그러나 그가 당신을 온전하게 해주시는 작업을 착수하시기 전에 당신이 마쳐야 하는 중요한 거래가 있다. 당신은 그에게 삶을 맡겨 사인해 드려야 하는 것이다. 당신은 더 이상 당신 자신에게 속한 것이 아니다. 당신 전부는 그분에게 속한 것이다. 실제로 이 거래는, 또 하나의 멋있는 이름이 붙여질 수 있다. 당신이 원한다면 '성령으로 충만하게 됨' 이라고 부르라.

당신이 크리스찬이 되었을 때, 성령은 당신의 삶 안에 들어와 당신 안에 거하며 살기를 시작하셨다(당신이 그것을 알든 모르든 상관없이 말이다). 그러나 열 중에 한 케이스가, 당신은 그분을 집의 주인으로 모시기보다는 그냥 손님정도로 대접해 드리고 있는 것이다. 당신은 그를 거실에만 환영해 드렸다(예를 들면, 당신의 영적인 활동에 있어서 교회에 출석하거나 아침에 잠시 말씀을 묵상하는 시간 동안에만). 성령으로 충만하게 되는 것은 당신이 그분을 얼마나 많이 소유하는가와는 상관이 없는 일이다. 오히려 문제는 그분이 얼마만큼이나 당신을 가질 수 있는가에 있다. 당신 삶의 모든 영역을 그의 다스림과 보호하심 하에 두었는가? 실로 당신의 삶 전체는 그의 주관 하에 있는가?

성령님은 단지 당신 삶의 영적인 영역에만 머물러 계시기를 원하시는 것이 아니다. 다른 모든 영역들도 그에겐 중요하다. 당신의 사업 그리고 집안 일, 당신과 친구들과의 관계, 휴가 때 어떻게 시간을 보낼 것인가, 그리고 아이들은 어떻게 교육시킬 것인가 하는 이 모든 문제들에 말이다. 성령님은 이런 모든 활동에 적극적으로 활발하게 개입하기를 원하신다. 그는 당신이 누구에게 다가가서 예수님을 증거해야 하는가에 관해 관심을 가지시는 만큼 텔레비전 채널을 어디로 돌려 무슨 프로그램이 유익할 것인가를 결정하는 데도 관심이 있는 것이다. 그는 당신이 매일 성경 읽기를 즐겨 하는 것이 중요하다고 생각하시는 만큼, 당신이 파티에 참석할 때 재미있게 노는 것도 중요하므로 도와주고 싶어하시는 것이다. 그는 당신의 삶에 어떤 죄악도 남아 있지 않도록 확실히 해 주시는 것에 관여하실 뿐 아니라 월요일 아침마다 기분이 침체되는 것도 고쳐 주고 싶어하신다. 작은 일이나 큰 일이나 그분에게는 똑같이 중요하다. 성령님은 당신의 문을 있는 대로 활짝 열고 크게 벌린 그를 환영해 드리기를 요구하고 계신다.

"들어오십시오. 성령님, 내 집의 모든 방마다 당신이 오심을 환영합니다. 모든 장소마다 샅샅이 살펴주시고 검사해 주십시오. 모든 서랍들과 옷장, 침대 아래 그리고 소파 뒤에도요! 모든 곳을 보아주시기 바랍니다. 그리고 무엇이든 당신의 마음에 드시지 않는 것이 있다면 내버리시고 내가 숨기려고 했던 침침한 어두운 구석들마다 깨끗하게 해주십시오. 당신이 저의 가장 높은 주인이십니다. 그러므로 원하시는 대로 저를 다시 지어 주십시오. 당신은 세련된 분이며 저를 위해 최고의 선이 무엇인지 아시는 것을 절대적으로 신뢰합니다."

성령님이 당신을 깨끗하게 하시고 새롭게 지어 장식해 주시고 당신의 집을 달콤한 사랑과 능력의 향기로 채워 공급해 주신 후에는, 그가 당신을 아름다운 궁전으로 변형시켜 주셔서 왕의 왕이신 그분이 계시기에 합당한 자리로 만들어 주셨다는 것을 발견할 것이다. 당신은 삶에서 그분의 임재하심을 느끼기 시작할 것이다. 그렇다. 예수님은 점점 더 당신에게 실제가 되실 것이다.

나는 이것이 성령님이 갈망하시는 바이며, 또한 그의 목적이라고 믿는다. 즉 우리가 예수님을 닮도록 변화시켜 주시는 일이다. 그에게는 우리가 아름다운 주님이 하시는 법대로 빛나는 삶을 사는 것을 보는 것보다 더 기쁜 일이 없다. 그 어느 것도 우리 인격에 인쳐진 주님의 순결과 온유함과 힘을 보는 것보다 전율을 느낄 만큼 그를 기쁘게 하는 일은 없다.

그러나 성령님은 이 비밀을 알고 계신다. 그는 우리가 결코 자신을 변화시키기 위한 작은 일 한 가지도 해낼 능력이 없다는 것을 아시는 것이다. 그가 전 작업을 해주셔야만 한다. 그는 우리에게 무엇이 필요한지를 아실 뿐 아니라 그렇게 할 능력까지 지니신 유일한 분이다. 다시 말하면, 그는 우리의 배가 어디로 항해할 것인가를 결정하는 유일한 선장이 되실 뿐만 아니라 배의 돛에 불어닥쳐서 배를 전진시키는 강한 바람과도 같다.

우리가 성령님께 일단 삶의 주권을 맡겨 드리면 어떻게 그분이 당신을 변화시키는가에 대해, 좀 더 정확히 말해 주고 싶다. 내게는 이것이 참으로 매력 있는 과목이다.

성령님은 아주 지혜로운 영이시다. 그는 우리에게 가장 필요한 부분부터 온전하게 해주시기를 시작할 것이다. 그는 우리 삶에서 가장 개인적이고도 중요한 영역에 그의 재수리 작업을 시작할 것이다. 그것은 성경이 말하는 바 곧 우리의 마음이다. 우리가 성령으로 충만하게 된 이후에는, 그가 우리의 마음을 전혀 새롭게 다시 지으신다는 것을 알아야 한다.

"그러면, 무엇이 나의 마음입니까?"라고 물을 것이다. 마음에 관한 다음의 설명이 당신에게 도움이 되었으면 한다. 모든 사람의 마음은 서로 다르게 생겼다. 당신이 관심이 있어 하는 일이 내게는 조금도 주목을 끌지 못할 수도 있다. 그러므로 무엇이 당신의 최고의 관심사인가를 알기 위한 다음의 질문에 답해 주시기를 바란다. 그리고 정직히 답할 것을 필히 부탁드린다(당신은 다음의 질문들에 대해 답이 빨리 떠오르지 않을지도 모른다. 생각하려면 시간이 걸릴 것이다).

1. 당신의 가장 큰 목표와 야망은 무엇인가?
2. 무엇이 당신의 가장 깊은 필요 욕구인가?
3. 당신이 이 세상에서 무엇보다도 바라는 것은 무엇인가?
4. 깊이 생각해 볼 때, 이 세상의 삶에서 당신에게 가장 큰 만족과 행복을 가져다 주는 것은 무엇인가?

자, 그러면 당신이 마음을 어디에 두고 있는지 감을 잡았는가? 당신이 아직까지도 혼돈하고 있을지도 모른다고 생각되어서, 마음이 어디에 있는가에 관한 몇 가지 예를 들려고 한다. 당신은 모든 것이 바라는 대로 이루어지는, 즐길만한 삶을 원한다. 당신은 당신을 괴롭히거나 낙담시키는 것들로부터는 자유로워지기를 원한다. 그리고, 물론 고통 당하고 싶어하지 않는다. 왜냐하면 당신이 진정으로 원하던 것들을 얻을 수 없게 되니까 말이다. 당신의 욕구는 평화와 만족을 위한 것이다.

어쩌면 당신은 굶주렸는지도 모른다. 당신은 누군가 당신을 필요로 하며 함께 있고 싶어하고, 당신을 중요한 사람이라고 생각하기를 갈망한다. 당신에게 관심을 갖고 있는 것 같이 보이지가 않는다.

또 돈이 무엇보다도 중요한 의미를 주고 있을 수도 있다. 당신의 목표는 무엇이나 원하는 것이면 사버리는 것이다. '만일 예쁜 집과 몇 대의 멋진 자가용과 아름다운 의복들 그리고 은행에 돈이 가득하면 세상에서 가장 행복할 텐데' 하고 바라고 있는 것이다.

또 나는 삶의 주된 야망이 그들 자신을 선하게 수고하려는 사람들을 알고 있다. 그들은 완벽주의자이며 언제나 정상에 다다르려고 애쓴다. 그러나 보통, 그들이 얼마나 발버둥 치든간에 결코 그런 식으로는 목표를 성취했다고 하더라도 만족에 달하지 못하는 것이다.

어쩌면 당신은 위에서 언급한 어느 항목에도 해당되지 않을 수도 있다. 당신은 선하게 살려고 갈등하는 것에는 전혀 관심이 없을 수도 있다. 당신이 신경을 쏟고 있는 사람들은 남자 친구 혹은 여자 친구, 또는 당신의 가족들이다. 이들이 당신 삶의 가장 중요한 영역이다.

만일 여러분이 나와 같은 부류의 사람이라면(성령님이 나를 사로잡으시기 이전의 나 말이다), 당신의 가장 큰 만족은 스스로 자신의 가장 높은 상관이 되는 것으로부터 온다고 할 것이다. 당신은 과감히 스스로 결정 내리기를 즐겨하며, 그것이 무엇이든간에 하고 싶은 것은 무엇에나 뛰어들어 해보고야 마는 것이 스스로를 강자라고 느끼게 할지도 모른다.

오! 내가 한 가지 **빠뜨린** 부류가 있다. 나는 훌륭한 기독교인이 되려는데 모든 중점을 둔 여러 신자들을 알고 있다. 그들은 모임에 나가기를 좋아한다. 특별히 성령 운동 집회이면 더욱 좋아한다. 그래서 그들은 교제로부터 축복을 느낀다. 왜냐하면 그들은 크리스찬 친구들이 없이는 거의 살 수조차 없을 정도이기 때문이다. 그들은 이런 새 생활이 들어올 수 있도록 성령으로 세례 받는 것을 감사해야 한다.

나는 또 이보다 더 앞서가고 있는 신자들도 알고 있다. 그들의 삶에서 가장 중요한 것은 주님을 섬기는 일이다. 그들은 열정적으로 하나님을 향해 불이 붙여져 있다. 해야 할 일은 엄청나게 많은데 시간이 부족한 것이다. 그들의 가장 깊은 갈망과 끊임없는 기도는 하나님께 쓰임을 받는 것이다.

자, 앞에서 말한 모든 것이 모든 부류를 다 포함하지는 않을 것이다. 당신의 삶의 중심은 위의 언급한 것들로부터 전적으로 다를 수도 있을 것이다. 그러나 당신에게 무엇이 가장 중요한지 하나 골라보기를 바란다.

그러면 우리의 마음이 성령 충만을 받아들였는가를 어떻게 알 수 있는가? 부디, 이 성경 구절을 나와 함께 읽기를 바란다.

> 네 마음을 다하고
> 목숨을 다하고
> 뜻을 다하고
> 힘을 다하여
> 주 너의 하나님을 사랑하라(막 12:30)

여기에 답이 있다. 우리가 성령님이 우리 안에 충만할 수 있도록 그분께 삶을 넘겨드리면, 그는 마음과 목숨과 뜻과 힘을 다하기까지 주님을 사랑하도록 우리를 변화시켜 주신다.

"네 마음을 다하고 주 너의 하나님을 사랑하라."

오! 이것은 대명령이다! 내가 예수님을 내 온 마음으로 사랑한다면, 나는 그분을 나의 주님이 되도록 해야만 마땅할 것이다. 더 이상 내 마음대로 결정할 권한이 없다. 지금부터 나의 평생토록 그분이 내게 무엇을 요구하시든간에 즉시로 온전히 기쁘게 순종할 것이다.

또한 예수님은 나의 공급자가 되신다. 나는 더 이상 다른 사람들에게서 안전감이나 사랑의 근원을 찾으려고 하지 않을 것이다. 나를 행복하게 만들기 위해 돈이나 다른 사치를 추구하는 일을 멈출 것이다. 스스로 선하게 되기 위해서 갈등하거나 모든 것을 내 힘으로 바로잡으려고 애쓰는 일을 그칠 것이다. 만일 주 예수님이 나의 공급자이시면, 나는 주만 바라볼 것이다. 나의 필요를 채우시는 그분만을! 나의 모든 안전감은 그로부터만 온다. 환경을 의지하는 대신, 나는 나의 구원자가 필요를 공급하시고 기쁨으로 채워 주실 것을 신뢰할 것이다.

만일 예수님이 나의 공급자가 되시면 내가 굶주렸던 사랑의 욕구는 충족되고야 말 것이다. 바로 그분이 나를 어떻게 생각하는가 하는 것이다. 나는 그분이 인정해 주시고 이해해 주시는 미소가 내 마음 깊은 곳까지 스며들도록, 내 전 삶을 그의 사랑에 열어 놓을 것이다.

돈을 기대하거나 다른 사람들이 나에게 행복한 삶을 제공해 주길 바라는 대신에, 나는 수 시간을 예수님과 함께 보낼 것이다. 그냥 그와 사귀어 더욱 알며 그와의 친교를 두텁게 하면서 나와 주님과의 그 관계가 나를 만족시켜 주기 때문에, 나는 다른 어떤 것을 의지할 필요가 없다.

하나님을 더욱 찬양할 이유는, 내가 선하게 되려고 발버둥치지 않아도 된다는 것이다. 예수님이 나의 의가 되시며 그가 율법을 완성해 놓으신 분이기 때문에, 나는 두려워할 필요가 없다는 것이다. 내가 해야 하는 전부는 그분이 나를 통해 살아주시도록 하기만 하면 되는 것이다. 내가 그의 품안에서 편히 안겨 즐기는 동안 그가 모든 일을 도맡아 주실 것이다.

　온 마음을 다해 주 예수님을 사랑한다면, 그는 네게 주님과 공급자가 되는 것 이상의 의미를 가지신다. 즉 그는 또한 나의 첫사랑이 되신 것이다. 나는 다른 무엇보다도 그분과의 관계에 전심을 기울일 것이다. 그와 함께 시간을 보내는 일은 내가 가장 애호하는 고상한 취미이다. 사실, 가족이나 사랑하는 사람이나 누구보다도 그와 함께 앉기를 즐길 것이다. 예수님은 내게 있어서, 세상에서 가장 사랑을 드릴 만한 귀한 분이시다. 그는 저 멀리 하늘에 계신 모호한 영이 아니시다. 마치 내가 그렇듯이 그분은 감정을 가지셨고, 생각하시며 소원도 있으시고 또 계획하는 분이신 것이다. 나는 그의 성품에 매료되어 할 수만 있다면 그를 더욱 알기를 원한다. 사실, 예수님을 더욱 아는 것이 나의 삶의 목표이다. 그리고 또 중요한 것이 무엇인지 아는가? 나의 삶은 멋있는 기독교 활동이나 즐겨하는 집회에 참석하는 데 중점을 두는 대신 예수님 그분께만 초점을 맞추기 시작할 것이다. 세상에서의 교제나 모임을 통한 축복들을 내가 개인적으로 친밀하게 예수님을 아는 기쁨에 비교한다면, 실로 반도 안 되는 것들이다. 그래서 나는 멋있는 축복들을 추구하는 대신, 나를 축복해 주시길 원하시는 그분의 얼굴을 찾을 것이다.

　자, 이 사실은 당신을 놀라게 할지도 모른다. 그것은 바로 주님을 섬기려는 목표가 내 삶을 지배하도록 했던 것을, 이제는 그치는 것이다. 주님을 위한 다른 영적인 일도 충분치 않다. 예수님이 나의 첫 사랑이 되시려면, 그분은 내가 그분 자체로만 점령되어 있기를 요구하신다. 내가 그냥 그분 안에 거하는 기쁨에 반도 안 되는 것이다.

예수님 안에 거하는 것은 그의 사랑으로만 만족해하는 것을 의미하며, 그와의 달콤한 교제를 즐기면서 그와 시간을 보냄으로써 그의 마음에 있는 사랑의 욕구를 채워 드리는 것을 의미한다.

나의 친구여! 당신이 진정으로 예수님 안에 거하면, 그가 당신을 사용하실까 혹은 안하실까 걱정하지 않아도 된다. 그는 당연히 그렇게 하실 것이기 때문이다. 그것은 당신과 주님과의 교제에서 나오는 자연스러운 부산물이다. 당신은 주님께 사용해 달라고 굳이 조르지 않아도 된다. 그것은 자동적으로 따라오는 것이다.

그런 일은 아예 당신이 염려할 바가 아니다. 당신은 그런 일에 신경을 쓰거나 걱정하지 말아야 한다. 예수님이 그의 완전한 도를 따라 도맡으실 일이기 때문이다. 당신이 집중해야 하는 일은 예수님께 더욱 가까이 나아가도록 온 힘을 기울이는 것이다. 예수님께 온 마음을 드리는 것보다 그분을 영화롭고도 기쁘게 해드리는 일은 없다. 우리가 우리의 가장 깊은 마음을 주님이 소유하시고 다스리시도록 할 때, 우리는 그의 마음을 기쁨으로 흡족하게 하고 있는 것이다.

옥합을 깨뜨린 마리아의 이야기를 기억하는가? 그녀는 갖고 있던 가장 귀중한 것을 예수님께 드렸다. 그것은 곧 그녀가 주님을 얼마만큼 사랑하는가를 의미한다. 우리는 이러한 주님께 향한 마리아의 이야기를 살펴볼 필요가 있다.

예수님은 고단하셔서 빨간 줄과 금줄이 엇갈려 무늬 진 침대 의자에 푹 주저앉으셨다. 그리고는 발의 먼지를 털어 내고 바람으로 휘날려 헝클어진 머리를 손가락으로 가지런히 빗으시는 중이었다. 그는 지칠 대로 지쳐 있었다. 왜냐고? 아침부터 적어도 24마일을 종일 걸어다니셨기 때문이다. 에브라임 근처로부터 나있는 광야 길은 조금도 수월하지가 않았다. 돌무더기가 쌓인 주위로 길이 꺾여 있는데다가 한쪽은 가파르고 다른 한쪽은 잡초로 덩굴진 굴들이 줄을 잇고 있어서 험한 바윗길과 다름없었다. 그래서 걷는 동안 내내 주의를 기울여야 했던 것이다.

그보다 더욱 심한 고통은, 하루종일 예수님은 떨쳐버릴 수 없는 마음의 무거운 짐으로 괴로워 하셔야 했던 것이었다. 그는 지금 예루살렘으로 가고 계셨다. 그리고 그는 어떠한 어려운 시련이 거기서 그를 기다리고 있는지 알고 계셨다. 죽었던 나사로가 다시 살아난 이후로 압박은 안으로 점점 심화되어 갔다. 가끔 그는, 더 이상은 견딜 수 없다고 느껴졌다.

시종 들던 소년 하나가 청동 대야를 가지고 와서는 가볍게 그의 어깨를 쳤다.

" 선생님, 발을 좀 씻어 드릴까요?"

"아, 그래."

예수님의 피곤한 얼굴은 미소가 번져 환해졌다.

"그리고 나면 좀 피곤이 풀리겠는걸!"

차가운 물이 먼지와 땀으로 범벅이 된 발을 씻겨 내리자 예수님은 긴장을 풀기 시작했다. 손님들이 상수리나무로 조각된 문을 열고 연회가 열리는 그 방안으로 들어오면서 서로 소리를 높여 인사를 나눌 때, 그 공간은 즐거운 잡담들로 채워졌다. 종들은 부엌과 테이블 사이를 바쁘게 돌아다녔다. 그들의 맨발을 찬 바닥에 디뎌 소리내면서 돌벽에 매달린 선반 기름 등에 불이 붙여지는 동안, 종들은 커다란 은쟁반에 수북히 담은 음식을 어깨에 얹어 날랐다. 이윽고 그 방은 금빛과 아물거리는 그림자들이 즐겁게 어울려가며 춤을 추기 시작했다.

손님들 대부분은 이미 오색 무늬의 침대 의자에 기대앉아 낮은 테이블들을 둘러놓고 농담을 주고받으며 시간을 보내고 있었다. 모든 사람들이 시장했다. 지글지글 구운 양고기 냄새와 새로 신선하게 구운 옥수수 빵의 냄새가 방안 구석구석까지 배었기 때문에, 사람들은 배에서 꼬르륵 소리를 낼 수밖에 없었다.

"헤이! 나사렛."

요한이 열심당원 시몬 주위로 다가서면서 집 주인이 나사렛의 옆구리를 쿡 찌르며 말했다.

"언제 식사를 할거야? 난 배가 고파서 더 못 참겠는걸."

"나도 모른다네. 높은 분에게 물어봐, 누나가 다 책임지고 있으니까 말이야."

나사렛은 방금 부엌문을 박차고 들어온 마르다를 향해 입을 삐쭉하며 가리켰다. 마르다는 그에게로 다가서더니 요란한 소리를 내었다. 그 바람에 그녀가 나르고 있던 구운 양고기 요리가 바닥에 떨어졌다.

"와! 마르다? 이게 뭐야!"

베드로가 소리쳤다.

"꼭 도자기 장사 집에 당나귀가 말썽부리는 것 같잖아."

"조용히 못해요! 날 놀리면 오늘 저녁은 국물도 없는 줄 알라구요!"

모든 사람이 까르륵 웃었다. 웃기는 협박이 아닌가. 왜냐하면 마르다의 자랑과 기쁨은 굉장한 잔치를 차려놓는 데 있었기 때문이다. 오늘밤 그녀는 뛰어나야만 했다. 이윽고 김이 무럭무럭 나는, 요리 접시가 가득 채워진 상이 차려졌다. 그리고 축복기도가 끝났다. 베드로는 까만 올리브 세 개를 입에 넣고 우물우물 씹으면서 유다에게 생선 접시를 건네 달라고 말했다.

예수님이 콩 수프를 드시고 계시는 동안, 마태는 양고기 한 쪽을 집어들었다.

"선생님, 맛이 어때요?"

예수님이 빵 조각을 수프에 담그시는 동안 얼굴이 검게 그슬린 마르다가 곁에 서서 조마조마한 표정으로 주름살을 지으면서 물었다.

"오! 마르다? 정말 맛있구나. 이렇게 맛있는 음식은 처음이다. 넌 요리 솜씨가 대단해."

예수님은 온유하고 부드러운 기색으로 마르다를 올려다 보셨다. 마르다는 무심코 머리칼을 뒤로 넘기면서 얼굴을 붉혔다.

"에이! 이 정도를 갖고 뭘요. 사실은 저 아랫동네 '데이비드 멘 에스라'의 부인으로부터 요리법을 배워 두었어요. '선생님이 좋아하셔야 할 텐데' 하고 말예요."

"좋아하고 말고, 마르다! 여기 좀 앉아라. 너에게 말할 틈조차 없구나."

"저! 미안해요. 예수님. 지금은 시간이 없어요. 부엌에 나가서 요리를 망치지 않고 제대로 하고 있나 봐야겠어요. 주님, 미안해요. 사실은 저도 앉아서 말씀 나누고 싶지만, 나중에 하기로 하지요. 지금은 너무나 바쁘니까 말예요."

그리고는 어느새 그녀는 문밖으로 서둘러 나갔고, 그녀의 회색 옷자락이 너풀거리며 따라 나갔다. 주님은 린넨 테이블 보가 덮인 탁자 위에 팔을 괴고 웃으셨다.

"마르다, 마르다! 아직도 여전하구나. 나한테 성의껏 해주려고 언제나 바쁘기만 하지 않느냐? 날 사랑하는 것을 증명해 보일 방법을 그것밖에 모르는구나."

"저기, 주님!"

이때 가장 체구가 큰 시몬이 예수님의 주목을 끌려고 손뼉을 치며 외쳤다.

"며칠 전 말예요. 그 기적은 정말 굉장한 것이었어요. 나는 죽었던 나사로가 무덤에서 나오는 것을 보고 충격을 받았어요. 기절해서 죽는 줄 알았지 뭡니까?"

이 때 나사로가 크게 웃어 보였다.

"당신이 놀랐다면, 본인인 나는 어떻구요!"

그는 한번 껄껄 웃더니 말했다.

"예수님, 저기 생선접시 좀 건네 주십시오."

"그래, 여기 있다. 다시 살아난 기쁨이 어떻드냐?"

"굉장했어요!"

그는 자기의 접시에다 생선을 조금 덜어 놓았다.

"그리고 주님, 당신이 우리와 함께 계신 것이 얼마나 좋은지 모르겠습니다. 주님을 볼 때마다 능력이 내 온몸을 통해 다시 솟구치는 것을 느낍니다. 기적을 베풀어 주셔서 감사합니다. 삶이 이렇게 귀한 줄은 미처 몰랐어요."

예수님은 그에게 웃어 보이셨다. 그리고는 깊은 한숨을 쉬셨다. 물론 베다니로 돌아온 것은 잘한 일이다. 그를 사랑한 친구들을 다시 만나게 된 것도 기쁘고, 예수님이 이 집을 방문할 때마다 그들은 안락한 자리를 만들어 대접하려고 언제나 최선을 다한다. 여기는 예수님이 공적인 사역으로부터 긴장을 풀고 쉬어갈 수 있는 곳이었다. 예수님은 생각에 잠기셨다.

"내가 이 집에 있는 동안만은 하늘 내 아버지 집에 대한 향수를 잊을 수 있었지."

다른 사람들은 농담하고 웃느라고 의식하지 못했으나, 예수님은 무심코 그의 음식을 보고 계셨다. 하늘 집! 드디어 그가 그곳에 있게 될 날이 얼마 남지 않았다. 그는 아주, 곧 아버지의 팔 안에 다시 안기게 될 것이다. 그러나, 얼마만한 고통의 과정을 겪어야 하는가! 얼마만한 고뇌가 그를 기다리고 있는가. 다시 한번 어두운 생각이 그의 마음 표면에 떠올랐다. 며칠만 지나면 그는 견딜 수 없는 고문과 지옥을 경험하는 괴로움을 겪어야 한다.

생각만 해도 그의 이마에선 땀방울이 맺혔다. 십자가라는 불길한 그림자가 그의 마음을 사로잡았다. 고통, 흑암, 잔혹의 십자가 …….

"오! 하나님! 제가 그것을 견딜 수 있게 도와 주시옵소서!"

그는 마음으로 탄원하였다.

"아버지께서 당하시는 것처럼 기꺼이 지겠습니다."

이젠 암흑의 시간이, 그가 태어날 때부터 예비되었던 운명의 시간이 아주 가깝게 그의 곁에 다가와 있었다. 그는 가끔 숨도 못 쉴 만큼 답답한 압박감이 엄습해 오는 것을 느꼈다.

예수님은 침대 의자 위에 조용히 고개를 떨구고 엄숙한 표정으로 편치 못한 자세로 앉아 있었다. 파티의 소음이 그의 주위를 휘감고 있었으나 그는 그 자신의 세계에 정신을 몰두하고 있었다.

"주님!"

조용하고도 부드럽게 한 형체가 그의 옆에 무릎을 꿇었다. 차고 부드러운 손이 그의 욱신거리는 이마에 대어졌다. 그녀는 다름 아닌 마리아였다.

"주님!"

그녀는 고통과 슬픔으로 일그러진 얼굴을 하고 다시 한번 나지막하게 속삭였다.

"어떻게 그것을 견딜 수 있겠어요?"

그녀는 목이 메어 흐느끼더니, 이내 마음을 깨뜨리면서 우는 것이었다.

"오! 예수님, 나의 귀한 주님! 주님을 사랑합니다!"

그녀는 흐느꼈다.

"할 수만 있다면 주님과 함께 가고 싶습니다."

그녀는 거기 찬 돌 바닥에 무릎을 꿇었다. 팔에 얼굴을 파묻고 울어서, 그 떨어지는 눈물이 짙은 청색 옷자락의 소매를 적셨다. 마리아의 마음은 아스러져 갔다. 그녀의 주님이 죽임을 당할 것이기 때문이다 (십자가에 달려야 한다고 그가 말씀해 주셨다. 지난번 주님이 다녀가실 때, 그는 그 냉혹한 죽음을 설명해 주셨다. 또한 그가 얼마나 마리아를 사랑하는가도 말씀해 주셨고, 그러한 잔인한 시련을 겪어야 하는 이유는 장차 그녀를 하늘 아버지 집에 데려와 함께 살기 위함이라는 것도 알려 주셨다).

마리아는 견딜 수가 없었다. 예수님이 죽음에 관한 사실을 설명하신 이후로 줄곧 마리아는 방에서 혼자 울면서 시간을 보내고 있었다. 예수님은 곧 죽음을 당하실 터인데, 그녀가 조금도 도움이 될 수 없는 것이 안타까웠다. 마리아는 흐느낌을 자제하려고 애썼다.

"주님!"

이번엔 그녀의 목소리가 다급하였다.

"알아요, 주님! 당신의 시간이 거의 다가온 것을…… 뭔가 할 수만 있다면 주님을 얼마나 사랑하는지 보여드리고 싶었습니다. 예수님. 부디 이것을 받아주시기 바랍니다."

옷자락이 접힌 데서 그녀는 작고 하얀 돌로 된 조그만 뭔가를 꺼내었다. 바로 옥합이었다. 오랜 전 마리아가 그것을 보여 준 적이 있었다. 그것은 그녀의 다른 어떤 것과 비교할 수 없는 소중한 결혼 선물이었는데, 그녀는 '요담 벤 이삭'과 약혼했으나 결혼식 날을 얼마 앞두고 그가 갑자기 죽은 것이다.

그것은 그녀의 손에 놓여진 채로 희귀한 보석처럼 반짝반짝 아물거렸다. 그리고 그 그림자는 뚜껑의 섬세한 생명과 아름다움이 함께 진동하는 것처럼 보였다.

갑자기 마리아는 그 옥합을 깨뜨렸다. 그 정교한 옥합이 반쪽으로 갈라지면서 진액이 흘러나오더니 예수님이 세상에서 맡았던 향기 중에 가장 귀한 향내를 발하는 것이었다. 그 향내는 하늘의 정원에서 따와 만든 것과 비할 수 있으리라!

마리아가 조심스럽게 그 향유를 주님의 머리에 흘려 부어 머리칼을 적시는 것이었다. 향유의 방울방울마다 머리를 통해 수염까지 흐르더니 그의 옷자락으로 떨어져 스몄다. 마리아는 옥합에 남은 향유를 주님의 발에다 부었다. 그리고는 그 향유로 발을 씻고 입을 맞추었다. 그녀의 손으로 부드럽게 어루만지고 나서는 그녀의 굵고 검은 머리카락으로 발이 마를 때까지 닦아냈다. 이것이 그녀가 주님을 사랑한다고 표시할 수 있는 것의 전부였다.

물살이 센 강의 흐름처럼, 형용할 수 없는 깊은 기쁨이 예수님께 솟구쳤다. 그가 얼굴을 들어 감사하는 미소를 지으며 마리아의 눈물로 얼룩진 눈을 올려다볼 때, 그 기쁨은 찬란하게 그의 얼굴에서 광채를 냈다. 세상에 아무도, 이런 사랑으로 왕인 그의 머리에 높은 영예의 왕관을 씌워 준 적이 없었다. 다른 사람들도 물론 그를 사랑했다. 주님도 그걸 잘 아신다. 마르다와 나사렛도 그를 사랑했으나 그들이 생각하는 나름대로의 방식으로의 사랑이었던 것이다.

그러나 오로지 마리아만은 그의 마음을 얻어낼 비밀을 알고 있었다. 그녀는 그를 이해하는 유일한 사람이었다. 마리아는 그의 고통을 나눌 줄 알았으며 그의 고뇌를 감지하였다. 그리고 언젠가는 반드시 그녀도 그의 영광에 참여할 것을 확신했다.

그렇다. 그는 이제 준비가 되었다. 이젠 앞에 놓여 있는 모든 잔혹과 암흑을 헤치고 싸워 정복할 만큼의 힘을 얻었다. 그는 그의 사랑이 결국 승리하고야 말리라는 것을 알았다. 그는 그의 사랑하는 자를 위하여 영원토록 사라지지 않는 사랑 안에 하나가 되도록 승리해 내고야 말 것이다.

그의 아름다운 사랑 안에 우리가 하나가 되는 것, 그것이 예수님의 마음 속에 있는 갈망이다. 그리고 오! 예수님은 누군가로부터 사랑 받기를 얼마나 갈구하시는가. 누군가 삶의 모든 영역에 그를 신뢰하고 전 삶을 그와 함께 나누기를 얼마나 원하시는가. 여러분과 나도 마리아처럼 예수님을 사랑하기 원한다. 그렇지 않은가? 우리는 그분의 마음이 전율을 느낄 만큼 흡족하게 해드리기를 원한다. 그러나 어떻게 그렇게 할 수가 있을까? 우리는 이미 그에게 우리 삶에 가장 깊고도 중요한 것을 드리는 것에 대해 나누었다. 바로 우리의 마음이다. 그러나 내가 믿기로는 우리가 그와 함께 나누리라고는 꿈꾸지 않았던 평소의 사소한 일들도 그에게 드려야 한다는 것이다.

그래서, 예수님께서 당신이 설거지를 하는 순간에도 동반해 주시도록 하라. 퇴근길에 집으로 돌아오는 동안 그와 상의하며 대화하라. 소화불량이 걸렸거나 혹은 그냥 기분이 썩 좋지 않을 때라도 그에게 말하라. 당신이 전혀 기도할 기분이 아닐 때라도 정직하게 예수님께 그것을 고백하라. 그가 우리를 얼마만큼 이해하고 계신가를 발견하면 깜짝 놀랄 것이다.

한번 이런 식으로 당신 삶에 예수님을 초대하면, 예수님은 급히 서둘러 당신의 친밀한 친구가 되어 주실 것이다. 그와 함께 있는 것이, 어떤 순간에나 전혀 당황할 필요가 없다는 사실을 발견할 것이다. 왜냐고? 예수님은 당신을 사랑한다고 말씀하시며, 또 당신을 있는 그대로 사랑하시기 때문이다. 당신의 어떠한 행동이나 무슨 말을 하든지 당신을 향한 그의 사랑을 감소시키지 못한다.

그뿐 아니라, 그는 그냥 당신을 좋아하신다. 그는 당신과 여러 가지 재미있는 일에 참여하고 싶어하신다. 그러나 당신이 그럴듯한 영적인 분위기에 젖어 있을 때만 그와 이야기를 나눈다면, 어떻게 그가 그런 사귐을 가질 수 있겠는가? 당신이 집 뒤뜰에서 바쁘게 일만 하는 동안, 그는 당신의 거실에 혼자 굳은 채로 앉아 있기가 싫증나지 않겠는가?

당신이 예수님과 손을 맞잡고 매일 매일을 그리고 매 순간을 살 때 삶은 희열이 넘치는 축복이 될 수밖에 없다. 정직함은 당신의 신앙생활에 풍미를 더할 것이다. 그것은 예수님과의 관계를 실제적으로 이끌어 주는 요소이다. 당신이 예수님께 어떤 일이 일어났는가를 말씀드릴 때마다 그의 사랑과 임재하심을 온종일 느낄 것이다.

실제적인 면에서 좀 더 설명해 보도록 하겠다(비밀은 주님에게 아무 것도 감추거나 당황할 필요가 없다는 것을 기억하라).

당신의 아이들이 말썽을 부릴 때 "주님! 빌리와 톰은 어쩜 이렇게 개구쟁이들 일까요! 전 견딜 수가 없어요! 세상에 이렇게 고집 센 애들은 처음 보겠어요"라고 털어 놓으라(이것은 당신의 초점을 예수님께만 맞추도록 도움을 줄 것이다. 당신은 모든 긴장감을 빌리와 톰 탓으로만 돌릴 필요가 없다).

혹은 당신의 감정이 대단히 상할 때 이렇게 말하라.

"주님, 저의 아내는 언제나 투덜거리기만 합니다. 내가 일을 마치고 돌아올 때 얼마만큼 피로한지 모르는 모양입니다. 그녀가 조금이라도 더 다정하게 대해 줄 수 있으면 얼마나 좋을까요"(당신이 솔직히 마음을 토해 놓기 전에는, 그의 위로가 당신에게 흘러 들어갈 수 없다).

"오! 예수님."

가끔 당신은 이렇게 털어놓을 수도 있다.

"방금 전에 당신이 미워하는 행동을 했습니다. 당신께 말씀 드리기가 사실은 부끄럽습니다만, 내 아들이 고의가 아니고 어쩌다 잘못한 공이 내 이웃집 아줌마 얼굴에 맞았는데 그녀가 내 아들의 공을 쓰레기통에 쓸어 넣는 바람에 화가 났습니다. 저는 그녀에게 '몹쓸 여자'라고 욕을 했습니다. 그리고 집안으로 들어오면서 대문을 '꽝' 하고 닫았습니다. 주님, 미안합니다. 잘못했습니다."

그리고 나면 당신은 깊은 평화가 맘속에서 솟구치는 것을 느낄 것이다. 당신이 즉시로 용서받음을 알 것이고 예수님의 사랑이 당신에게 그 여자를 찾아가서 사과하도록 힘을 공급해 줄 것이다.

혹 어떤 때는 모든 것이 잘못 돌아가기만 하는 날을 맞을지도 모른다. 당신이 일터로 나갈 즈음에 진눈깨비가 내리고 있었는데, 엎친 데 덮친 격으로 가는 도중에 차바퀴에 펑크가 날 수도 있다. 그 때문에 오전 내내 당신의 상사는 보고가 늦었다고 꾸중을 해댄다. 그리고 30분 뒤에는 집에서 당신의 아내가 전화로 아기가 아스피린 여섯 알을 삼키고 난 뒤 온몸에 발진이 돋아서 병원에 가봐야겠다고 알려 주는 것이다. 이런 사사로운 일들이 생길 때마다 예수님께 속마음을 털어놓도록 하라. 당신이 분노를 느꼈을 때도 솔직히 그렇다고 그에게 털어 놓으라! 당신의 기분이 침체되기 시작했을 때도 예수님께 말씀드리는 것을 잊지 말라. 당신이 그와 함께 하루를 동행할 때, 당신은 결코 기진맥진한 채로 주저앉게 되지 않을 것이다.

그러나 나쁜 순간들만 예수님과 나눌 것이 아니라 멋진 사건들도 그에게 말하라. 예를 들어, 당신이 그가 창조하신 자연의 아름다움에 경탄할 때 이렇게 말하라.

"주님, 이 장미는 그야말로 걸작이군요! 꽃잎들이 마치 진홍색 벨벳에서 떠와 만들어진 것 같아요. 그리고 향기는 하늘의 향내와도 같습니다. 당신은 하늘의 정원에서 이 꽃을 따다가 저를 위해 여기에 옮겨 놓으셨어요."

주일날 아침 예배를 마치고 갈 때 당신의 친구가 다정하게 다가와서 손을 꼭 잡고 얼굴에 따뜻한 미소를 띄우면 예수님께 이렇게 말하라. 친구의 사랑은 마치 당신을 위한 주님의 사랑의 모형과도 같아서 예수님이 친근하게 가까이 다가와 귀한 사랑을 보여주시는 것을 느낀다고.

"예수님, 제가 오늘 오후에는 케익을 하나 만들었습니다."

당신이 뭔가 자랑스러운 일을 했을 때도 말씀드리라.

"뭐 뽐내려고 그러는 것이 아닙니다만, 둘이 먹다가 하나가 죽어도 모를 맛있는 케익이 되어 나왔어요. 뭔가 이렇게 멋진 작품이 나올 때는 내가 창조적인 사람이라고 추켜주는 기분이 들지요."

무슨 뜻인지 알겠는가? 내 주변에서 일어난 모든 일을 예수님께 말씀드리라.

그렇게 하는 것은 예수님이 당신의 모든 상황에 걸어 들어오셔서 그가 얼마나 당신을 사랑하는지 증명해 보여주실 수 있는 기회를 만들어 드리는 것이다. 온종일 당신은 주님의 은혜가 당신을 도우려 역사하고 있다는 것을 느낄 것이다. 당신이 당신의 온 삶을 주님과 나눌 때, 주님은 그의 사랑과 능력을 당신에게 나눠주실 수 있게 되는 것이다. 이렇게 사소한 사건들까지도 주님과 나누면 나눌수록 그의 임재하심은 당신에게 더욱 실재가 될 것이다. 그리고 이윽고는 당신이 어느 장소에 가든 그가 바로 가까이 함께 계심을 느낄 것이다. 당신이 하고 있는 모든 일에서 그분과의 동행을 즐길 수 있다. 이것이 신자가 누릴 수 있는 큰 기쁨이다.

"주께서 생명의 길로 내게 보이시리니 주의 앞에는 기쁨이 충만하고 주의 우편에는 영원한 즐거움이 있나이다"(시16:11).

티모르에서는 어떤 일이나 예수님께는 하찮은 것이 없다는 사실을 경험을 통해서 알았다. 우리들을 늘 괴롭히던 작은 문제거리들을 주님께 말씀드리는 법을 배웠다. 그리고 우리도 모르는 새에 그가 이미 문제를 해결해 주시는 것을 알았다.

내 친구 '아벨'은 내게 이런 이야기를 들려주었다. 마을에 기근이 들었을 때, 하루는 주님이 그에게 그곳에서 한참 떨어진 마을로 걸어가서 3일 동안 캠페인을 벌이라고 말씀하셨다(티모르의 기근이 어떤 정도인지 짐작이 가는가? 그것은 이루 말할 수 없을 정도로 비참한 비극이다. 우기 때 비가 충분히 오지 않으면, 농부들은 풍성한 수확을 거둘 수 없게 된다. 수확 전의 몇 달들, 그러니까 1월부터 3월까지는 먹을 양식이 떨어진다. 우리의 부엌 위에 있는 작은 창고는 텅텅 비고 만다. 그래서 우리는 소처럼 나뭇잎들을 먹거나 아니면 특수한 종류의 야자나무 껍질을 삶아 먹는다. 우리의 배는 언제나 고통으로 꾸룩꾸룩 거리는 것이다).

어쨌든 아벨이 그 작은 마을에 닿자마자 목사님 댁에 찾아가서, 주님이 바로 그 목사님의 작은 교회에서 집회를 시작하라고 말씀하시며 자기를 보냈노라고 말했다.

"오, 그렇게 할 수는 없어요."

목사님이 말했다.

"당신은 우리 집에 머물러야 하는데, 우리 집에 양식이 다 떨어졌어요. 단지 남은 것이라곤 식구가 한번 끓여 먹을 수 있는 정도의 마른 오우비 한 그릇 뿐이오."(오우비는 감자같이 생긴 것인데, 단맛이 좀 더 들어 있다.)

"만일 당신이 우리 집에 손님으로 머물고 싶으면 우선 여기서 이틀 걸리는 곳에 가서 음식을 얻어와야 하네."

"오! 아니에요. 걱정하지 마세요."

아벨이 대답했다.

"주님께 순종하는 일이 가장 중요하다고 생각합니다. 그리고 주님은 내게, 바로 오늘밤에 모임을 시작하라고 말씀하셨습니다."

"그러나 난 그럴 수 없네!"

목사님은 화가 나고 당황스러웠다.

"자네가 여기 있는 동안 조금도 먹을 것을 안 주면 난 형편없는 집주인이 아닌가."

(왜 그렇게 목사님이 양식이 넉넉지 않은 것에 대해 걱정했는지 아는가? 여기 티모르에서는 지나치다가 잠깐 들린 친구일지라도. 집주인은 뜨거운 차 한잔 혹은 과자나 바나나라도 뭔가 먹을 것을 내놓는 것이 중요한 예의이다. 그러니 삼일 동안 손님에게 대접을 전혀 못한다는 것은 목사님이 생각만 해도 기가 막힐 노릇이었다.)

목사님의 마음속에는 전쟁이 일어났다. 그는 예수님을 사랑함으로 물론 집회를 해야 한다는 생각이 들었다. 그러나 한편 당황할 수밖에 없는 일 아닌가. 사실은 기분이 나빴다. 그는 그냥 어쩔 줄을 몰랐다. 그러나 그는 가장 지혜로운 방법을 택했다. 바로 그의 하늘 아버지와 마음과 마음이 통하는 긴밀한 대화를 시작한 것이다. 그의 문제를 말씀드리고 난 후, 목사님은 모든 짐을 하나님의 강하고 능하신 손안에 맡겨버렸다. 그리고는 그의 마음 속에 평화가 밀물처럼 밀려왔다. 주님은 그를 돌보셨다. 그리고 그가 비참하도록 그냥 내버려 두시지 않으셨다. 그는 모든 골칫거리를 바로잡아 놓으셨다.

그날 밤 교회에서 첫 집회가 열린 후에 사람들은 너무나 배가 고파서 기절할 지경이 다 되어 목사님의 집으로 돌아왔다. 그러나 그때 주님은 그들에게 깜짝 놀랄만한 일을 하라고 말씀하셨다. 주님은 그들에게 2인 분량밖에 안 되는 조그만 오우비 그릇을 데우라고 말씀하셨다.

경탄할 일이었다! 그것으로 목사님과 그의 아내와 그들의 세 자녀, 그리고 아벨과 팀의 세 사람 모두가 그릇에 가득가득 담아 퍼서 먹게 되었다. 두 번씩이나 음식을 덜은 후 배부르게 먹었다. 그런 다음에도 그릇에 음식이 남아서 행주로 덮어두고 잠자리에 들었다. 다음날, 그들은 또 그 작은 오우비 접시로부터 실컷 배부르게 먹었다. 예수님은 그 음식을 불어나게 하셨던 것이다. 사실은 부흥이 계속되는 동안 그 그릇으로부터 하루 세끼씩 음식을 먹었다.

그 외에도 어떤 일이 있었는지 아는가(이 사실은 내게 얼마나 감명을 주는지 모른다). 예수님은 그 음식을 데우지 않고도 계속 따뜻하게 만들어 주시는 축복을 내리셨던 것이다. 그들은 데울 필요가 없었다. 아침에는 맨 처음 음식을 데웠던 때처럼 따뜻했기 때문이다. 세상에, 주님이 어떻게 그렇게 하셨는가를 내게 묻지 말라. 그의 능력을 말로 풀이하거나 설명하기에는 너무나 크기 때문이다. 하나님을 찬양할지니, 그 작은 그릇에 담긴 오우비는 집회가 다 마치기까지 결코 떨어지지 않았고, 그 후에야 목사님은 양식을 사러 20마일이나 떨어진 곳에 걸어서 다녀왔다.

예수님과 우리의 삶을 나누는 것, 크고 중요한 일이나 사소한 일이나 할 것 없이 그분께 주권을 드리는 것, 이것이 바로 성령으로 충만한 삶의 기초이다. 우리가 자신의 의지나 고집으로만 차 있는 한 성령님이 활동하실 자리가 없는 것이다. 그러나 우리가 주님께 더욱 자신을 열어 드릴수록, 그의 사랑과 능력은 더욱 흘러 들어와 채우실 수 있게 된다.

성령님은 언제나 우리를 도와주실 준비가 되어 있다. 우리가 해야 할 일은, 그분께 우리 삶의 어떤 분야가 그의 주권 하에 들어 있지 않다고 고백하는 것이다. 우리가 성령님께 바로 그 분야에 들어와 주시기를 요청하는 순간에, 그는 오셔서 주권을 잡으시고 우리를 그로 충만케 하시며 요청대로 일해 주신다. 우리는 확신할 수 있다. 왜냐하면 성경이 약속하기 때문이다. "너희가 악할지라도 좋은 것을 자식에게 줄줄 알거든 하물며 너희 천부께서 구하는 자에게 성령을 주시지 않겠느냐 하시니라"(눅 11:13). 당신이 주님께 당신을 성령으로 충만케 해달라고 구할 때, 당신은 믿음으로 그가 그렇게 하신 것을 알 수 있다.

성령님이 우리를 완전히 소유하시는 그 순간에 얼마나 아름다운 일들이 일어나기 시작하는지 아는가. 그렇게 조용히, 그렇게 신기하게, 그분은 우리가 어떤 일이 일어나는지 알지 못하는 새에 그의 일이 완성되기까지 우리를 변화시키신다. 마치 부드럽고도 잔잔한 바람처럼 성령님도 우리 마음의 깊은 곳까지 스며 역사하시는 것이다. 가까이 그리고 더욱 가까이, 우리를 주 예수님께로 이끌어 가시면서 말이다. 그는 부드러움과 사려 깊음으로, 그러면서도 형용할 수 없는 강력한 힘으로 일하신다.

우리는 보통, 성령님의 부드럽고 은은한 바람보다는 급하고 강한 바람을 좋아하는 경향이 있다. 몇 번 주님과 극적이고도 흥분된 경험을 갖는 것을, 그분과 깊고도 서서히 꾸준하게 성장하는 관계를 갖기보다 좋아한다. 우리는 주님이 굉장한 기적을 일으키는 데 우리를 사용해 주시기를 갈망한다. 그러나 그분이 그 대신, 우리를 가르치고 바로잡아 주시면서 예수님을 닮아가도록 서서히 변화시켜 주시는 일에 집중하실 때는 우리가 어려움을 느끼게 된다. 주님은 우리가 얼마나 견고한 기초가 필요한 줄을 아신다. 이 잔잔한 바람이 서서히 우리 삶에 스며들어 역사하면, 급기야는 우리가 그의 급하고도 강한 바람에 준비될 만큼 성장하게 해주는 것이다. 그러므로 예수님이 보내신 부드럽고 잔잔한 바람이 우리 삶에 불도록 하라.

1
하늘의 창고에서 쏟아진 보물들

나는 여기, 이 작은 내 집 옆의 부드러운 풀밭에 앉아 여러분에게 이 책을 쓰고 있다. 오늘 오후 내 사랑하는 티모르의 시골 경치는 한층 더 아름답다.

저기 광활한 돌밭의 평화는 메마른 채로 내버려져 있어서 마치 지독한 고독에 앓고 있는 것처럼 보이는 것이 보통이다. 그러나 지금은 그렇지 않다. 살아서 꿈틀거리며 서로를 부벼대고 있는 것이다. 낡고 우중충한 황갈색 풀들은 말끔히 벗겨지고 수천 갈래로 곱게 짠 금비단으로 옷 입혀져 있다. 마치 작은 왕처럼 풀들은 금빛 두루마리를 두른 채로 늦은 오후의 무르익은 광채에 반짝거리며 물결치고 있다. 평야의 끝 언저리마다 보기 좋은 대나무들과 코코넛나무들이 주위를 경비하며 서있다. 그들도 역시 석양을 받고 더욱 아름다운 모습을 띄운다. 그들은 한꺼번에 우아한 왕비들이 되어 그 사랑스러운 곡선들이 그림자들과 실루엣을 이루고 있다.

갸름한 잎새들과 양털처럼 보드라운 풀밭이 제각기 보석이 되어 햇빛에 반사되면서 마치 당당한 왕비들이 부채질 해대는 것처럼 내 눈을 부시게 하고 있다. 그리고 저쪽의 바나나 잎들이, 평상시에는 막 흐트러진 채로 산등성이 아래로 처져 있던 볼품없던 잎들까지도 손을 맞잡고 이 분위기를 어울리게 맞추고 있다. 그 넓게 벌어진 잎들이 전선으로 행진하는 군대가 움직이는 거대한 놋쇠 밭처럼, 그 놋쇠가 광이 나기까지 닦아 반짝반짝 윤을 냈다.

그런데 오, 나의 산들이! 나에게 가장 전율을 느끼게 하는 것은 나의 산들이었다. 그것들은 비밀처럼 매일 싸안고 있던 자줏빛 아지랑이를 떨쳐버렸다. 지금은 신비롭게 꾸던 꿈에서 걸어 나와 살아 있는 현실로 들어온 것이다. 지금 그들은 막 빛에 목욕을 했다. 마치 이것은 하늘이 창문을 활짝 열어젖히고 천상의 모든 빛을 쏟아내려 산들 위로 흐르며 삼키고 압도해서 더 이상 산이 아니라 빛나는 얼굴에 태양의 진한 영광을 반사해 내는 강한 천군 천사들처럼 보이게 했다. 그렇다. 태양은 그 밝은 영광의 정상에 올라와 있다. 아무것도 그 태양이 아름다운 황금빛 소나기를 내려 땅 위를 적시는 것을 막을 수 없다. 땅은 그것을 받으려고 마음을 활짝 열었다. 금빛이 목말랐다는 모양으로 말이다. 그리고 지금은 그 금빛 대지가 내 앞에 펼쳐져 있다. 태양의 창고로부터 보물들을 받았기 때문에 황홀하게 빛나면서. 지금 이 순간에는 하늘 그 자체가 티모르로 내려앉았다고나 해야 옳을까. 그 금빛 영광은 평범한 태양 빛 이상의 것이다. 그것은 그의 피조물 가운데 내려오셔서 살며 활동하고 함께 거하셨던 영원한 하나님의 빛이다. 나는 여기 내 주변의 빛나는 아름다움에 사로잡혀 넋을 잃고 앉아 있다. 그러나 지금은 내 마음속에 속삭이는 예수님의 부드러운 음성을

들을 수 있다.

"멜, 나의 아들아, 나의 사랑하는 자녀들에게 바로 이 땅이 주는 교훈을 따르라고 말하라. 마치 대지가 태양이 내리는 아름다운 금빛 선물들을 받듯이, 나도 내 자녀들이 마음을 활짝 열고 내가 주는 값진 보물들을 받기를 갈망한다고. 그들이 이렇게 하는 것이 얼마나 나를 사랑하는지를 증명하는 것이다."

나의 사랑하는 친구들이여! 이것은 진실이다. 물론 주님은 우리 삶의 모든 영역을 그와 나누게 되기를 원하신다. 그리고 그는 하늘 아버지와 그 영광스러운 삶을 누리고 계시며, 바로 그 삶을 우리도 누릴 수 있도록 나누어주시기를 소원하는 것이다. 당신의 매일의 삶 속에서 하늘이 쏟는 모든 축복을 경험할 수 있게 되기 전까지 그분은 만족하실 수가 없는 것이다. 주님께 아무리 우리 자신을 많이 드린다고 해도 결코 지나치지 않다. 그러나 그의 축복을 너무나 많이 받았다는 말도 있을 수 없다는 것을 아는가? 주님을 사랑하면 사랑할수록 그의 아름다운 보물들을 더욱 많이 받기를 원하게 될 것이다. 그가 우리에게 주기 원하시는 선물들의 가치를 알 때 우리는 진정으로 그분을 경외하게 된다.

당신은 이렇게 말할지 모른다.

"글쎄요, 멜 형제님! 내가 주님의 축복을 지나치게 많이 받으면 교만해지지 않을까 하는 겁이 나는데요. 내가 삶을 즐기기 시작하게 되면 혹 주님을 잊어버리고 달아나 버리게 되지 않을까요?"

그렇게 묻는 사람들에게 정직하게 말하기가 송구스러우나, 그것은 아주 우스꽝스러운 말이다. 당신이 주님의 축복을 사랑의 행위로써 받을 때, 다시 말하면 그분을 기쁘시게 해드리기 위해 그것을 받을 때, 당신은 결코 그로부터 떠나고 싶은 생각이 나지 않을 것이다. 실제로 그러한 멋진 축복들은 당신을 전보다 더욱 그에게 가까이 가도록 만들 것이다.

나는 귀여운 애완용 원숭이 한 마리를 키우고 있다. 그것은 내가 앉아 있는 곳으로부터 몇 야드 떨어진 나무에 사슬로 매인 채로 놀고 있다. 나는 그것에게 '찰스 다아윈'이라는 이름을 붙여 주었다. 그것은 아주 개구쟁이 녀석이다. 우리는 평상시에 그 원숭이를 매어 두어야 한다. 그렇지 않으면 언제, 어떤 불상사가 일어날지 모르기 때문이다. 수탉에게 몰래 가서 꼬리털을 잡아 뽑거나, 오리들을 뒤쫓아 따라다녀서 오리 떼가 놀라 두려움으로 꽥꽥거리며 뛰어 빨랫줄을 건드려서 널어놓은 빨래들을 다 더럽힐 뿐 아니라 내가 아끼는 꽃밭도 엉망으로 만들어 놓기가 일쑤이기 때문이다……(가끔은 지독하게 말을 안 들어서 매를 때려야 할 때도 있다).

그러나 자주, 내가 그것을 감시할 시간이 있을 때는 언제든지 다아윈을 자유롭게 풀어놓는다. 그것이 곧장 숲으로 뛰어가서 친구 원숭이들이나 또 다른 친구들과 합세하여 놀 수 있도록 말이다. 왜 그럴 수 있는지 아는가? 나는 그 원숭이가 내 곁을 떠나지 않으리라는 것을 잘 안다. 날 떠나면 손해가 막심하기 때문이다. 배고파서 울 때 오우비를 먹이는 주인을 잃어버리고 싶지 않은 것이다. 오우비뿐만 아니라 때에 따라서는 과자도 특식으로 주니까. 나에게서 달아나면 일주일에 한번씩 따뜻하고 아늑한 비눗물에 목욕하는 즐거움은 어림도 없고, 물론 예쁜 청색 윗도리도 못 걸치게 될 테니까. 만일 그가 달아나면, 그는 아무도 나처럼 자기를 사랑해 주고 쓰다듬어 주며 요구하는 것에 모든 주의를 기울여 줄 임자를 만나지 못할 것이다.

다아윈은 나무에 묶여 있는 녹색 밧줄보다 훨씬 강한 끈으로 내게 매여 있다. 그것은 세상에서 가장 튼튼한 띠로 매여 있는데, 그 띠는 바로 사랑과 의존의 끈이므로 나를 떠나지 않으리라는 것을 잘 안다.

　마찬가지로, 예수님과 가까이 머물면서 그가 즐길 수 있는 모든 축복을 요청할 수 있는 특권을 누리는 것이 얼마나 좋은가. 당신도 알다시피 이 모든 하늘의 축복들은 주님께는 계산할 수 없이 값진 것인데, 주님은 이것을 우리에게 무료로 주셨다. 그러나 그 값은 우리를 사시려고 갖은 고문과 견딜 수 없는 시련, 마침내는 죽음으로 치러진 것이었다. 그리고 그는 아직도 쓰라린 값을 치르고 있다.

　예수님의 귀한 보혈이 한 방울이라도 낭비되는 것을 생각할 때마다 얼마나 마음이 괴로운지 모르겠다. 내 주 예수님이 필요 이상으로 일초라도 더 고통당하시는 것을 견딜 수 없다. 그분은 내게 그의 모든 축복들을 나누어 주시려고 심지어, 기꺼이 죽기까지 하셨다. 그렇다면 적어도 내가 할 수 있는 모든 것은 내 양손을 펼쳐 마음을 활짝 열고 그 모든 축복들을 마음껏 받아들이는 것이 아닌가.

　주님이 하늘 창고에 꽉 채워 두신 축복들은 실로 놀라운 분량의 선물이라서 그것들을 말하려면 97년쯤(그것도 일초도 쉬지 않고 계속해서 말이다)이나 걸릴 것이다. 그러나 적어도 몇 가지, 여기서 더 언급하고 지나가야 할 것이 있다. 우선 내가 가장 소중히 생각하는 축복부터 시작하겠다.

　이 몇 해 동안 나의 가장 친한 친구인 그분 예수님을 알아 갈수록, 주님이 하늘로부터 내가 사는 이 방안에 걸어 들어오신 기분이다. 그는 내게 강한 힘으로 임하여 사랑으로 날 압도하시고 만다. 난 그의 임재하심을 너무나 강하게 느끼기 때문에 내 주 예수 그리스도께서 육신을 입고 바로 나와 함께 계심을 조금도 의심치 않고 알 수 있었다. 내가 가는 곳마다 예수님이 바로 거기 내 옆에 계심을 알 수 있었다. 내가 가까운 마을에 복음을 전하려고 걸어갈 때나 전도 여행길에 점심으로 밥과 야채 국을 먹을 때, 혹은 밤에 코를 골며 깊은 잠에 빠질 때나 언제든지 말이다. 그것은 굉장한 기쁨이었다.

나는 당신이 믿기 어려울 만큼의 기쁨과 평화와 달콤한 행복의 빛남 속에서 살았다. 그 기분을 설명하자면, 얼마나 안전하고 만족스러웠는지 모른다.

부디, 내 말을 믿어 주기 바란다. 내가 평생토록 바라는 것은 오로지 예수님과 가까이 사는 것이었다.

그러나 그때 어떤 일이 일어났다. 나는 그의 임재하심을 더 이상 느낄 수 없었다. 예수님이 갑자기 하늘로 사라지시면서 날 혼자 남겨 두신 것 같았기 때문에 긴장하고 당황했으며 조금은 두려웠다. 나는 정말 혼돈스러웠다. 내 주님이 더 이상 나와 함께 계시지 않는다면 신앙 생활은 전보다 반만큼도 재미가 없을 것이다.

오! 나는 우리가 소속한 그 하나님이 그렇게 자비로운 마음을 갖고 계신 것을 감사드린다. 그는 내가 어린 고아처럼 헤매며 쩔쩔매는 것을 보셨다.

"나의 사랑, 멜아!"

하루는 그가 내게 말씀하셨다.

"난 네가 느낄 수 없을 때도 너와 함께 바로 여기에 있었다. 너는 더 이상 갓난애가 아니야. 너는 성장하고 있는 중이 아니냐? 갓난애가 막 태어나면 엄마가 붙들고 뽀뽀해 주며 언제나 돌보아 주어야만 하지. 그러나 좀 자라면 엄마가 아기를 마루에 눕혀 놓거나 옆에 두기만 해도 애가 기어다니면서 잘 놀지 않니? 그렇지만 자라서 스무 살이나 되었는데도 아직까지 엄마가 아기처럼 안고 온종일 달래 주면서 얼러 주어 평안케 해준다는 것은 우스운 일이 아니냐"

"예, 주님. 이제야 깨달았습니다."

마침내 나는 대답했다.

"이제부터는 믿음으로 사는 법을 배워야 한다는 것을 짐작할 수 있습니다."

그래서 그 다음 몇 달 동안은 깨달은 바를 실천하는 기간이었다. 수없이 여러 번 내 자신에게 이렇게 설교했다.

"멜, 예수님이 바로 여기 계신 줄 전혀 느낄 수 없을 때라도 …… 멜, 감정이 하는 소리를 듣지 마라. 주님이 너와 함께 계신 것은 엄연한 사실이다. 멜, 믿음으로 사는 것은 감정이 어떻든 진실에 매달리는 것을 의미하는 것이다. 그러므로 믿음으로 사는 법을 배우고 실천하라!"

그러나 어느 날은 예수님의 임재하심이 향수병을 앓듯 그리워서 견딜 수 없었다. 믿음으로 사는 것도 좋은 일이다. 그러나 내가 주 예수님과의 사귐에서 누린 그 달콤한 기쁨과는 비교할 수가 없었다.

그날 나는 나의 팀과 '니푸카니'라는 작은 마을에 있었다. 우리는 교회 안에서 아침 기도회를 열고 있었다. 그리고 누님의 남편이 그 기도 모임을 인도하고 있었다.

그런데 갑자기 하늘 자체가 열려 터지며 내게로 내려오는 것 같았다. 영광과 순전한 사랑이 파도에 파도를 잇고 내 존재를 온통 홍수처럼 밀어 덮치는 것이었다. 나는 그 안에서 헤엄치며 잠길 수 있었다. 그리고 나의 예수님이 내 주변과 내 안에 가까이 계셔서 그 친근감을 실제로 느낄 수 있었다. 나는 그를 피부로 느낄 수 있었다. 그는 내 피부가 느낄 수 있을 정도로 나에게 손을 대셨기 때문에, 오! 나는 그만 그 아름다움에 못 이겨 터질 것만 같았다. 마치 그분이 그의 사랑의 망토를 내 몸에 입혀 감싸고 있는 것 같았다. 나는 그의 임재하심의 진한 강도에 취하였다. 적어도 10분 동안 그런 채로 있었다. 내 몸은 얼어붙은 것 같아서 움직일 수가 없었고 금방이라도 기절할 것만 같았다.

점차로, 그 압도하던 느낌은 서서히 사라져 버렸다. 그러나 바로 그 자리에서, 이 세상의 그 아무 것도 깨어버릴 수 없는 큰 확신을 강하게 갖게 되었다. 나는 개인적으로 직접 하나님의 임재하심 안으로 들어온 것이다. 그는 결코 나를 떠나시지 않으며 나 또한 그와 하나가 되는 이 거룩한 만남의 자리를 떠나지 않을 것이다.

그러나 그 경험의 가장 귀한 부분은 아직도 끝나지 않았다는 것이다. 나는 주님이 나와 함께 계시다는 그 놀라운 느낌을 잃지 않았다. 오! 지금은 훨씬 약하게 느끼지만 아직도 그 임재하심은 현실이며, 가깝고도 귀한 바로 이 순간에도 나는 예수님의 강하시면서도 부드러운 팔이 나를 두르고 계신 것을 느낄 수 있다.

물론, 나는 그가 그의 사랑 안에 나를 붙들고 계심을 믿음으로 안다. 그것을 증명할 어떤 멋진 감정도 필요치 않다. 내 마음과 영으로 아는 사실이기 때문이다. 그러나 놀라운 것은 내가 그 임재하심을 실제로 느낄 수 있다는 것이다.

당신도 지금 어디에 있든지 바로 그 자리에서 당신과 함께 하는 하나님의 임재하심을 경험할 수 있기를 진정으로 바란다. 주님은 그의 자녀들이 각기 그 특권을 누리기를 원하신다고 믿는다(엡 3:17-19). 그것이 주님이 죽으시면서까지 우리에게 주시고 싶어 하셨던 축복들 중의 하나이다. 그는 우리의 신앙생활이 메마르고 고독하게 되는 것을 원치 않으신다. 그는 우리 각자가 그의 사랑의 기쁨과 순전한 경이로움을 실제로 알기를 원하신다.

부디, 내 말을 믿어주길 바란다. 나는 특별한 경우의 예가 아니다!

주님은 내게 하셨던 것처럼 당신에게도 그분을 실감할 수 있도록 나타내시기를 원하신다. 물론 다른 방법을 쓰실 수도 있지만 말이다.

그러나 조그만 문제가 한 가지 있다. 주님의 축복은 저저 받거나 그것들을 쉽게 손안에 넣을 수 있다는 것을 의미하지는 않는다. 거의 대부분이 그것들을 얻으려면 힘을 기울여야 할 일이 있다. 우리가 진정으로 그의 임재하심 아래 살려면, 당신은 기꺼이 주님과 함께 홀로 보내는 충분한 시간을 가져야 한다. 이 방법 밖에는 어떤 지름길도 없다. 우리는 예수님과 함께 보낼 시간을 만들어야 한다(실제로 바쁘고 혼잡한 세상에서 우리의 시간은 주님께 드릴 수 있는 가장 값진 선물이다).

우리는 주님의 사랑을 느끼기 시작할 수 있도록 기꺼이, 마음을 조용하게 가라앉혀야 한다. 아침에 15분 정도의 짧은 묵상 시간을 서둘러 해치우거나 아니면 하루 중 몇 번만 지나가듯 드리는 짧은 기도만으로는 그의 임재하심을 결코 느낄 수 없다. 그의 임재하심을 느끼는 이 축복은, 우리가 기꺼이 그의 얼굴을 구하며 시간을 보내지 않는다면 주님이 우리에게 주시기 어려운 것이다.

그러나 나의 친구여! 만일 당신이 마음에 진정으로 이 세상의 무엇보다 예수님을 원하며 당신에게 그의 사랑을 계시해 주시기를 원한다면, 바로 지금 그렇게 말씀 드리라. 그에게 이 놀라운 축복을 주시기 바란다고 구하라. 그리고 당신의 마음이 그것을 받아들일 준비를 하라. 왜냐하면 그가 확실히 그 기도에 응답하실 것이기 때문이다.

예수님은 매우 실제적인 분이시다. 그는 당신의 영이 느끼는 만큼 당신의 육신도 있게 만들기를 원하셨다. 주님은 당신의 육신이 아픈 동안은 기분도 형편없을 것이며, 당신의 기분이 좋지 않은 한 그의 사랑에 전적으로 감사하기도 어렵다는 것을 아신다.

그러므로 당신이 지금 아프다면, 당신을 위한 특별 메시지가 있다. 예수님은 당신을 고쳐 주시기를 원하신다! 당신을 그토록 사랑하며 깊이 돌보아 주시는 예수님은 당신이 질병으로 괴롭힘 당하는 것을 원치 않으신다.

이제 당신으로 하여금 이 아름다운 성경 구절을 읽도록 하겠다. 이 말씀은 지금 이 순간, 당신을 향한 주님의 마음 속의 갈망이다.

"사랑하는 자여 네 영혼이 잘됨같이 네가 범사에 잘되고 강건하기를 내가 간구하노라"(요삼: 2)

당신은 주님께서 치료해 주시기를 간절히 원하고 있었는지도 모른다. 그러나 주 예수님은 당신이 소원한 것보다 몇 배나 갑절로 고쳐 주시기를 원하신다. 그는 그의 능력이 당신의 삶 속에서 자유롭게 활동하여 당신의 모든 부분을 온전하게 만들어 주시기를 갈구하고 계신 것이다.

어떤 사람들은 질병의 문제로 고통을 받는 것이 주님의 완벽한 뜻일 수도 있는 드문 경우가 있다. 그러나 그것은 육체의 약함을 통하여만 더욱 그와 가까워지고 이전보다 풍성한 삶을 경험할 수 있다고 주님께서 미리 아시는 경우일 때만이다.

만일 이것이 당신을 향한 주님의 온전한 뜻이라면, 당신의 육신의 연약함은 그의 사랑의 아름다운 증거이며 높은 영예를 돌릴만한 일일 것이다. 그러나 당신이 스스로의 질병에 대해 자신도 모르게 불평하고 있음을 발견하거나 '육체의 가시' 또는 '십자가' 등으로 생각하고 있었거나 마음 깊이 진정으로 치료받기를 원하고 있었다면, 당신이 아픈 것은 주님의 뜻이 아니라고 생각한다. 그분은 다름 아닌 당신을 치료하기를 원하시는 하나님이시다.

어쩌면 당신은 지금, 스스로에게 이렇게 말하고 있는지도 모른다.

"예수님이 나를 그렇게 간절히 고쳐 주시고 싶어 하시는데도 아직 낫지 않는 걸 보면 뭐가 잘못된 것이 아닐까? 아마 이건 내 잘못이야. 내가 믿음이 충분치 않은 탓일지 몰라."

나는 수없이 많은 환자들이 자신을 정죄하여 조각내는 것을 보아왔다. 그들은 자신이 잘못하고 있는 행동에만 너무나 신경이 곤두서 있어서 아무리 애쓰더라도 그들을 통해 치유가 일어나는 것을 어렵게 만들고 있는 것이다.

당신이 계속 마음속에 새겨 두어야 할 일은 주님이 얼마나 당신을 돌보고 계신가를 기억하는 것이다. 당신은 그분께 귀한 존재이며, 또한 그분이 당신을 고치시기 원하신다는 이 아름다운 사실을 명심하고 마음을 편히 쉬도록 하라. 당신이 주님 안에서 그냥 쉬면서 잠잠하게 될 때 그의 치유하는 능력이 당신의 몸 안으로 흘러 들어가기가 쉬워진다.

예수님이 땅에 계셨을 때, 그의 심령에는 환자들을 위한 특별한 자리를 갖고 계셨다. 그리고 그는 오늘날도 동일하신 주님이시다. 그가 누군가를 사랑하심을 보여주시려고 그들의 병든 몸을 치유해 주시는 것은, 그가 자주 쓰시는 방법 중에 하나이기도 하다. 예를 들면 1973년 어느 날, 그분은 내 친구이기도 한 '이부 마로우' 부인을 메오 마을에 보내시면서 환자들을 위해 기도하라고 하셨다. 며칠 후 그녀가 그 마을을 떠나기 전에, 주님은 그녀가 27명의 사람들을 위해서 기도해 준 모두를 치유해 주셨다.

메오는 티모르의 모든 마을들 중에 전형적인 작은 마을이다. 바로 그 중앙에는 너풀거리는 풀 지붕으로 덮인 긴 야자나무 집 두 채가 있다. 그것들이 당신에게는 마을 주변의 소나 돼지를 모아다가 길러야 마땅해 보이는 큰 헛간들처럼 보일 것이다. 그러나 실제로는 학교와 교회 건물이다.

 작은 야자나무 오두막집들은 당신이 상상하는 것처럼 그렇게 단정히 정렬되어 있지가 않다.

 그것은 마치 하나님이 그럴듯한 분위기에 젖었을 때 벼랑 위에서 갈색 자갈돌들을 한 움큼씩 뿌려 놓으신 것처럼 사방으로 여기저기 흩어져 있다. 그리고 흩어진 자갈들은 큰 암자들 사이에 자리를 잡고 홱홱 불어 날리는 긴 풀들에 삼켜져 있는 것처럼 보인다. 어디가 풀끝이고 어디에서 지붕이 시작되는지 말하기가 어렵다. 그 집의 벽들은 태양을 가려 은신처를 만들려고 들풀 끝으로 강하게 잡아매어 서로 꼭 붙게 탄탄히 심겨진 일렬의 나무들에 불과하다.

 그 오두막집들은 그 광활하고 자유로운 언덕받이에 세워진 채로 파도치는 풀들과 함께 자라고 있다. 그것들은 마치 세계가 시작되는 날 태어난 것처럼 보인다. 왜냐하면 자연이 그것들의 소유를 주장하고 있으며 멋진 기술로 이룩해 내는 산가의 아름다운 삶으로 엮어 놓았기 때문이다.

 그러나 그 산의 삶은 언제나 아름다운 것만은 아니다. 가끔은 험하고도 지루하다. 그 작은 오두막집들은 그 매력 있는 맵시에도 불구하고 단조롭기만 하다. 조금도 안락함을 주지 못한다. 축축하고 더러운 바닥에는 주위 언덕에서 찍어온 삐걱거리는 가구들로 볼품이 없다. 예를 들면, 침대라고 해야 나무 막대기 네 개를 침대 모양으로 꿰어 맞추고 그 위에 좀더 긴 나무 기둥들을 깔아 놓아 겨우 뼈대만 유지하게 해 놓은 것일 뿐이다. 그리고 두꺼운 판자들 위로 빠져 나온 야자나무 잎들이 실례라도 하는 듯 침대 위로 뻗치고 있다. 침대 머리에는 통나무 하나를 갖다 놓은 것 외에는 베개라곤 없다. 그 어두운 오두막집 장 구석에 놓인 빈약한 침대는 사람이 누울 때마다 균형을 유지하려고 온 힘을 다해 지탱하고 있다.

그리고 그 작은 야자나무 벽들은 거세게 몰아치는 바람과는 전혀 어울리지 않는다. 밤에는 센바람이 벽 틈으로 새어 들어와 여지없이 마을 사람들의 누운 몸을 칼로 휘두르듯 하고 지나가는 것이다.

그들에게는 담요가 없다. 그들의 몸을 무엇으로 덮어 가리우겠는가? 그런데다가 집 한 복판 마루에 불을 피워 놓아서 연기가 올라오면 그들을 질식시키려고 위협하는 또 다른 괴물로 변하는 것이다. 숨이 막혀 가면서도 발톱은 타지 않게 그리고 등은 얼지 않게 하려고 조심하면서 불에 바싹 몸을 갖다 댄다.

그 오두막집들 중 하나에 '스테파누스 토토'가 살고 있었다. 그에게 있어 그 집은 때묻은 감옥과도 같았다. 그는 아침에 맑은 공기를 깊이 들이마실 수 있도록 밖으로 나가볼 수 없었다. 뿐만 아니라 태양의 미소를 볼 수도, 화창한 한낮의 산들바람 소리가 연주하는 노래도 들을 수 없었다. 스테파누스는 온몸이 마비된 장애자였다.

이 불쌍한 친구는 그 낡고 더러운 침대에 온종일 누워 있어야만 했다. 그는 움직이거나 말할 수도 없었다. 다시 말하면, 그는 아무것도 스스로 할 수 없었다. 그의 아내와 어린 자식들은 그에게 먹이고 목욕시키며 우울증에 빠지지 않도록 온갖 애를 쓴다. 그러나 가장 비참한 것은 화장실에 갈 수가 없기 때문에 침대 위를 그냥 오물로 범벅을 만들어야 하는 사실이었다. 그래서 그가 침대 위에서 용변을 본 후의 그 방은 너무도 참기 힘든 악취로 가득 차는 것이다.

이렇게 비참한 사람이 세상에 또 있을까? 이 딱한 친구는 4년 동안이나 내내 그렇게 누워 있었다. 그동안 한번도 침대 밖으로 나와 본 적이 없었다. 나는 예수님이 그의 귀한 아들이 그렇게 고통당하고 있는 모습을 차마 보시고만 있을 수 없다고 생각한다. 그것이 바로 주님이 마침내 그의 충성스러운 종인 이부 마로우를 보내어 스테파누스를 위해 기도하도록 하신 이유였다.

어느 맑은 주일날 오후, 그녀는 그가 누워 있는 그 방안으로 들어갔다. 손을 이마에 얹고 간단하게 기도를 드렸다.

"사랑하는 주 예수님! 당신은 스테파누스가 이렇게 앓아눕기를 원치 않으신다는 것을 저는 압니다. 부디, 저를 고쳐 주시옵소서! 주님께 그러한 능력이 있다는 것과 스테파누스를 도와주시리라는 것을 저는 잘 알고 있습니다. 그에게 주님이 주시는 전혀 새롭고도 놀라운 삶을 주실 것을 믿고 감사드립니다. 아멘."

그러나 지혜에 뛰어나신 주 예수님은 바로 그 시각에 그를 고치시지는 않았다. 그는 스테파누스에게 긴 단잠이 먼저 필요하다는 것을 아셨다. 그래서 그날 밤 몇 달만에 처음으로 만족한 갓난아기처럼 잠을 잤다. 한밤중, 그의 온몸이 편히 쉬고 있는 동안에 하나님의 놀라우신 능력이 그의 몸을 덮고 전신 마비를 삼켜 제거해 버리셨다. 그리고 몸에 붙어 있던 모든 질병의 흔적을 말끔히 치워 주셨다. 이렇게 스테파누스는 온전하게 치유를 받은 것이다.

그래서 눈을 떴을 때는 갑자기 엄청난 일이 발생했음을 깨닫게 된 것이다. 놀라운 일이 일어났다. 그는 활기 있게 일어났다. 그리고 곧 다리를 침대 밖으로 내밀어서 흔들어 볼 용기를 얻었다. 그는 자신도 모르는 사이에 혼자서 침대 밖으로 나와 문을 향해 걷고 있었다. 그 참담한 감옥에서 영원히 자유롭게 된 것이다.

그는 온종일 집 주위를 걸어 다녔다. 그의 얼굴은 행복한 웃음을 짓느라고 크게 주름졌다. 다음 주일이 돌아왔을 때 그는 교회까지 걸어갈 만큼 충분히 강해졌으며, 가서는 그의 하나님의 사랑과 능력에 관한 놀라운 간증을 들려줄 수 있었다.

할렐루야!

8
예수님의 축복 목록표

'조 다니엘'은 아름다운 소녀이다. 그녀의 금빛 나는 갈색 눈은 소우의 거리를 뛰어다닐 때마다 즐겁게 어깨를 두드리며 함께 뛰었다. 그녀는 언제나 친구가 옆에 따라 붙는 그런 형의 여자애였다. 그녀는 웃기 좋아하고 노래하기를 즐겼으며, 그녀의 환한 성격은 다른 사람들까지도 행복하게 만들곤 했다.

그녀는 우리 목사님의 딸이다. 나는 그 애가 아주 어렸을 적부터 잘 알고 있었다. 부흥이 시작되었을 때 그녀는 단지 10살이었다. 그녀는 첫 번째로 구성된 어린이 전도팀에 섞여 전지역을 다니며 복음을 증거한 아이들 중의 일원이기도 했다. 그녀도 애들이 예수님께 불순종하여 나무에 올라가 구아바를 먹었을 때 어려움을 겪었던 바로 그 팀에 있었다. 『급하고 강한 바람처럼1』에 나오는 그 이야기를 기억하는가? 천사들이 그 애들의 옷을 집어 나무 꼭대기에 걸어 놓았기 때문에, 그들이 회개하기 전까지는 그 옷을 도로 찾을 수 없었던 그 이야기를 말이다. 조와 그녀의 팀은 또한 예수님이 우상을 섬기는 이교도 제사장을 사탄의 능력에서 구하시는 것을 보았다. 이 어린애들이 복음을 증거 하던 곳에서 예배를 마치고 난 후, 주님은 그들에게 마을의 어떤 마술사의 집으로 찾아가서 그가 다스림을 받던 모든 귀신들로부터 해방되도록 기도해 주라고 말씀하셨다.

물론 주님은 그를 해방시켜 주셨다. 그러나 그 안에 있던 귀신들이 나가면서 그의 입에서 직경이 10인치 가량이나 되는 검은 뱀 한 마리가 나오는 것이었다. 그들이 그 집안으로 다시 소집되기 위해서는 팀 리더가 한참 동안이나 고함을 쳐서 불러야 했다. 그들이 그 집에 다시 들어왔을 때는, 그 뱀은 어디론가 사라지고 없었다.

물론 그 마술사 뱃속에 진짜 뱀이 살고 있지는 않았을 것이다. 그러나 주님은 어린애들에게 사탄의 능력이 실제로 존재해 있다는 것을 가르치시려고 귀신들이 보이는 물체의 형상을 입도록 만드셨다.

지금 그는 더 이상 어린애가 아니다. 1973년 여름, 그녀는 쿠팡에 있는 친척들과 함께 살면서 그 주변의 어느 고등학교에 다니고 있었다. 어느 날 방과 후 그녀는 여자 친구 집을 방문했다. 마침 여자애들이 거기서 '자일랑쿵'을 하면서 놀고 있었다. 그것은 오우이자 널판 놀이의 인도네시아식이다. 실제로 자일랑쿵은 막대기 몇 개가 들어있는 바구니이다. 각 막대기 끝마다 끈으로 매여 있다. 그러나 그 중 한 막대기에는 분필이 다른 끈의 끝과 연결되어 매어 있다.

그 여자애들은 우선 악령들을 불러 도와달라고 했다. 그리고 나서는 바구니에 대고 모르는 것을 질문하는 것이었다.

예를 들면 " 내 잃어버린 연필이 어디에 있니?"하고 물으면 분필이 사람의 손이 닿지도 않았는데 바구니에 놓여 있는 칠판에 뛰어 올라

"너의 침대 아래"라고 답을 쓰는 것이었다. 이 모든 것은 완전히 악령들의 놀음이었다. 그러나 여자애들은 조금도 문제의식을 느끼지 않고 재미로 즐기고 있었다.

조는 밤늦게 집으로 돌아와 잠자리에 들었다. 그러나 그녀가 잠자고 있는 동안, 그녀는 사탄으로부터 징그러운 공격을 받았다. 그녀는 신음하고 떨면서 땀을 흘리기 시작했다. 그녀의 숙모와 삼촌이 즉시로 깨어 일어났다. 조의 이마에 손을 대었을 때는 열이 펄펄 끓고 있었기 때문에 그들은 조가 심한 급성 말라리아에 걸린 줄로 생각했다.

그들은 의사를 불러 말라리아 주사를 맞게 했으나 조금도 도움이 되지 않았다. 그녀는 아무 뜻도 없는 난폭한 소리를 내며 헛소리를 하였다. 아니면 두려움에 질려서 신음하다가 침대 위에 뒹굴거나 말 한마디 내지 못하고 시무룩하게 조용히 누워 있었다.

두 주 후에 다니엘 목사는 아픈 딸을 소우로 데려오기로 결심했다. 그들은 그녀를 지프차에 태워 산으로 데려왔다. 그러나 조는 구석에서 조용하게 질린 채로 몸을 웅크리고 앉아 있기만 했다.

내가 목사님댁을 방문했을 때, 그녀는 날 알아보지도 못했다. 그녀는 내가 이해할 수도 없는 통일성 없는 말을 중얼거렸다. 나는 내 눈을 믿을 수가 없었다. 바로 이 아이가 나를 저기 길거리에서부터 보고 손을 흔들며 달려와 상냥하게 인사하며 마중하던 바로 그 조인가? 나는 얼떨떨했다.

그러나 주님을 찬양할지니, 이런 문제도 예수님께서 다루지 못 할 만큼 어려운 일은 아니었다. 가장 충성스러운 팀 멤버들 중의 하나인 수산나가 목사님댁에 머물고 있었는데, 조를 위해 금식하면서 기도하기 시작했다. 이에 주님은 속히 무엇이 문제였나를 보여주셨다. 자일랑쿵 게임을 하던 날로부터 악령의 힘이 그녀의 마음을 괴롭히고 있다는 것을 알려 주셨다.

그래서 다니엘 목사님과 수산나는 귀신을 대적하고 조에게 나가라고 명령했다. 그리고 나서 그들은 그녀를 예수님의 사랑의 손에 맡겨 드리면서 그녀를 고쳐 주시고 평강이 마음 속 깊이 심어지게 해달라는 기도를 드렸다.

그리고 예수님은 그들이 기도한 그대로 응답해 주셨다. 주님은 조의 마음을 괴롭히던 복잡한 생각들과 두려움을 내쫓아 주셨다. 그 대신 조 안에 주님의 평강을 허락해 주셨다.

며칠 후 내가 조를 방문했을 때, 나는 그녀가 다시 이전처럼 밝은 얼굴로 웃으며 집 주변을 뛰어다니는 것을 보고 얼마나 기뻤는지 모른다. 예수님은 그녀를 완전히 치유해 주셨다.

자 – 사실, 이 이야기는 다음 주제를 설명하려고 꺼낸 것이다. 조는 그녀를 고쳐 주실 주님이 필요했을 뿐만 아니라, 악마의 괴롭힘으로부터 해방되기 위해서도 주님이 필요했던 것이다. 그러나 당신도 알다시피, 그런 일은 주 예수님께 조금도 어려운 문제가 아니다. 그에게는 우리를 치유하실 완전한 능력과 악령 위에 다스리시는 완전한 능력이 있다. 악령들까지도 굴복케 하시는 주님이시다.

그러므로 당신과 나는 하나님의 굉장한 능력을 결코 과소평가해서는 안 된다. 내가 앞에서 말했듯이 아무것도, 절대적으로 아무것도 그에게는 불가능하지 않다. 주 예수님은 영원히 악령보다 큰 힘을 갖고 계신다. 그래서 그는 악령들을 꼼짝 못하게 굴복시키기도 한다. 사탄은 좋든 싫든간에 우리의 전능한 예수님께 순종해야만 하는 것이다.

나의 친구여! 우리의 삶이 주님과 바른 관계에 놓여 있기만 하면, 우리가 주님의 보혈의 은신처 아래 살기만 하면 악령을 두려워해야 할 이유가 전혀 없다. 성경은 마귀가 우리를 건드리지도 못하며 상하지도 못한다고 말한다(요일 5:18).

이제 내가 경험한 일 중에서 가장 크게 주의 능력이 나타났던 일을 (또한 가장 지독한 사탄의 활동을 본 일도 아울러서) 말하려고 한다.

오랫동안 나는 이것을 말해야 하는지 말아야 하는지를 망설여왔다. 당신은 내가 어느 날밤 나쁜 꿈을 꾸었거나, 내 스스로 지어낸 이야기라고 말할지도 모른다. 그러나 그렇지 않다. 이것은 사실이다.

티모르에는 우리가 '알라우트'라고 부르는 사람들이 있다. 티모르에 남아 있는 이교도인들 중에 알라우트는 가장 두려움의 대상이 되는 사람들이다. 그들은 완전히 악령에 사로잡혀 있었다. 그들의 행위는 실로 부디즘(buddhism)이 하는 일들보다도 더욱 징그러웠다.

그들은 몸 전체를 사탄의 지배 하에 두는 특별한 의식을 거행한다. 그들은 전적으로 자신을 마귀에게 주는 것이다. 그런 다음에는 악의 힘으로 가득 차서 그들의 영혼과 몸을 분리시켜 죽이는 데 사용한다.

밤에 알라우트는 모든 것이 정상인 것처럼 잠자리에 든다. 그러나 마을 전체가 조용해지면서 잠이 들면 그는 악마적인 일을 시작한다. 그는 어떤 뿌리나 돌을 주물로 사용하여, 그의 영혼이 몸에서 떠나 그의 적의 집으로 가도록 명령한다. 알라우트의 영혼은 밤 부엉이의 등뒤에 있는 집으로 달려간다. 마을 사람들은 밤 부엉이가 등골이 오싹하게 울어대는 소리를 들으면 잠자리에서도 소름이 끼치며 두려움에 얼어붙어 걱정하는 것이다. 혹시 그 영혼이 자기에게 오면 어떻게 하나하고.

한번 그가 집에 들어오면, 그 알라우트의 영혼은 그의 원수에게 주문을 외워 더러운 악마의 일이 다 끝날 때까지 깨어나지 못하도록 깊이 잠들게 한다. 보통 알라우트는 특별한 악마적인 칼을 사용한다. 그것은 만질 수 있는 진짜 칼인데 2인치 정도의 길이로 초인간적인 힘이 아니면 무뎌서 무엇을 자르거나 할 수 없다.

이 칼을 가지고 그는 원수의 복부에 상처를 낸다. 그는 원수의 간을 조금 잘라 내거나 아주 사악한 경우는 반을, 혹은 간 전체를 빼낸다. 가끔 그는 그 간이 있던 자리에다 죽은 나뭇잎들을 채워 넣기까지 한다. 일을 마친 후에 알라우트의 영은 눈에 보이는 인간의 간을 갖고 집으로 돌아온다.

밤중에 그것은 10배 가량의 크기로 팽창한다.

다음날 아침 알라우트가 깬 후에 그는 그것을 별도의 용도로만 쓰는 점토 그릇에다 끓여서 아침식사로 먹어 치운다. 그가 그것을 어떻게 끓이는가에 따라서 원수가 앓게만 될 것인가 아니면 죽게 될 것인가의 판결이 난다. 만일 간을 넣은 그릇이 끓어 넘치면 그의 원수는 죽을 것이다.

알라우트는 보통 원수의 간을 뺀다. 아마도 가장 먹기 좋은 부위라고 생각하기 때문인 모양이다. 그러나 가끔은 임신한 엄마의 배를 잘라 태어나지 않은 아기의 일부를 잘라 오기도 한다. 손이나 다리나 귀 같은 부위를, 그리고는 그것을 아침으로 먹는다.

왜 알라우트가 무서운 존재인지는 명백하다. 그를 조금이라도 화나게 하면, 이내 그의 방명록에 명단이 오를 것이기 때문이다.

알라우트들 중의 하나가 그의 이웃에게 가서 "오, 그 윗도리가 멋있어 보이는군. 나한테 줄래?" 하고 물었다가 "안돼"라는 답을 받으면 그를 원수로 취급하는 대상에 오르는 충분한 근거가 되는 것이다(알라우트의 능력은 그를 화나게 한 사람에게만 적용한다).

부흥이 시작되기 전, 티모르에는 수천의 알라우트들이 살고 있었다. 보시다시피, 성령은 인도네시아의 부흥을 시작하는데 쉬운 곳을 선택한 것이 아니었다. 이 귀신들린 사람들을 처리할 방도가 없었다.

경찰들도 그들이 너무나 무서워서 잡지 못했다. 알라우트 전체가 폭동을 일으키듯 그에게 달려들어 난도질을 하고 말 것을 알기 때문이다. 보호를 받을 수 있는 단 한 가지 길이 있었는데, 그것은 그들도 알라우트가 되는 길이었다. 심지어는 몇몇 교회의 목사들까지도 신변을 방어하려고 알라우트가 된 사람들이 있다.

내 눈으로 직접 알라우트가 사용하는 용기(그릇)를 보지 않았더라면, 이 모든 설명을 믿기엔 너무나 소름이 끼치는 얘기일 것이다.

그 작은 악마적인 칼과 그들이 인간의 간을 끓이는 피문은 요리 용기를 말이다. 알라우트를 보면 그들이 얼마나 사탄의 힘의 지배를 받고 있는지를 쉽게 말할 수 있다. 그들 중에는 목욕을 하지 않아 너무나 더러운 자들도 있다. 머리칼은 헝클러졌고 기름 끼었으며, 눈은 혈기로 빨갛기 때문에 쳐다보기조차 징그럽다. 그래서 그들을 쳐다보는 것은 마치 사탄의 얼굴을 보는 것과도 같다.

나는 수십 번이나 알라우트의 마을에서 잤다. 주님이 우리에게 그 마을에 들어가 설교하라고 하셨을 때, 친구들은 우리에게 미쳤다고 하면서 다시는 살아 돌아오지 못할 것이라고 했다. 알라우트의 악령들은 우리가 그의 영토를 침범하는 것이 밉기 때문에 우리에게 전력을 기울여 대항할 것이기 때문이었다. 그러나 주 예수님의 보혈의 보호를 믿으면서, 우리는 주님께 순종하여 어쨌든 그들의 마을로 갔다.

그날 밤 여러 방이나 문밖에서 여러 가지의 이상한 소음이 나는 것을 들었다. 우리도 알라우트의 영혼들이 우리를 죽이기 위해 문안으로 들어오려고 하는 것을 알고 있었다. 그러나 주님은 우리의 집 주위에 천군 천사를 보내신 것이 틀림없다. 왜냐하면 단 하나의 악령도 들어오지 못했기 때문이다.

주님은 우리를 원수로부터 보호하셨을 뿐만 아니라 그의 이름으로 귀신들을 내쫓을 능력도 주셨다. 그는 우리에게 사탄에게 대항하여 넉넉히 이겨 승리할 능력을 주셨다.

집회를 열기 위해 우리는 주님이 말씀하신 지시를 따라 귀신이 들끓는 마을로 들어갔다. 복음만이 알라우트의 능력을 깨뜨려 버릴 유일한 희망인 줄 마을 사람들도 알고 있었기 때문에, 마을의 지도자들은 주위의 모든 사람이 집회에 참석하도록 명령했다. 그리고 하나님을 찬양할지니, 하나님 말씀의 순전한 능력이 그 아무것도 할 수 없는 일을 할 수 있게 했다. 그 말씀은 알라우트들의 검고 더러운 마음에 도전하여 함께 회개해야만 한다는 진리와 대면하게 했던 것이다. 그 사악한 알라우트들이 죄악의 삶을 청산하고 주 예수께로 돌아오는 것을 보는 일은 가장 큰 경이로움일 것이다.
(예수님이 그들을 구원하실 수 있다면, 그는 누구라도 구원하실 수 있는 것이다!)

나는 그들이 죄악과 악마의 힘에서 완전히 자유롭게 되는 것을 보았다. 내 눈으로 직접 예수님이 수백명의 알라우트들을 구해 주시는 것을 본 것이다(그러나 그들 중 몇몇 사람들로부터 귀신을 쫓아내는 것은 여간 어려운 일이 아니었다. 그들은 거짓으로 가득한 영들이어서 그들의 죄악을 승인하게 하는데 수 시간씩 걸렸다. 주님이 공급해 주신 지혜와 분별력이 아니었더라면, 그 사람들을 결국 승리로 이끄는 일은 어림도 없었을 것이다).

주님이 그들을 구원하실 때, 그는 온전한 역사를 베풀어 주셨다. 그들은 새사람으로 변했다. 그들은 이전의 옛 생활로부터 등을 돌렸다. 그래서 그들의 신체적인 모습도 바뀌었다. 그들은 깨끗이 목욕을 했으며, 사악하게 초점을 잃어버렸던 눈은 맑고 빛나는 눈이 되었다. 징그러워서 쳐다보기조차 거북했던 그들의 흉한 얼굴은 예수님의 사랑으로 채워져 기쁨으로 빛났다. 그리고 내가 만난 그리스도인들 중에서도 그들은 가장 빛나고 아름다운 사람들이 되었다.

특별히 한 늙은 부인이 기억난다. 그녀는 70세쯤 되었을까. 그녀는 이미 말한 것처럼 그런 끔찍한 방법으로 백 명 이상의 사람들을 죽였다. 그녀가 악령으로부터 해방되던 날 밤, 기쁨으로 울며 소리 지르는 것을 보는 것은 얼마나 귀한 광경이었는지 모른다.

"오! 예수님이 저를 건져 주셔서 얼마나 감사한지 모르겠습니다. 그렇지 않았더라면 곧 지옥에 떨어질 운명이었는데요."

그러나 이전에 알라우트였던 그 사람들은 구원의 기쁨에 취하여 앉아 머무르는 데 그치지 않았다. 그들은 전에 완전히 사탄에게 속했던 것처럼, 지금은 완전히 주님께로만 자신을 드린 것이다. 그리고 그들은 주님의 강한 성령으로 충만하게 되어서, 전 지역을 돌아다니며 사람들에게 그들의 놀라운 구속자에 관해서 그리고 삶을 변화시켜 주신 주님의 놀라운 능력을 알리는 사람들이 된 것이다.

예수님이 그런 사람들을 사탄으로부터 구해 내실 수 있다면, 당신을 구해 주실 수 있는 사실 또한 자명하지 않는가.

나의 친구여! 악마는 당신을 어떤 방법으로든 괴롭힐 권리가 없다. 그러나 당신은 그 압박 하에 살 필요가 없다. 당신은 우울한 암흑의 메마른 인생을 살 필요가 없는 것이다. 당신은 죄와 두려움의 사슬에 매여 있을 필요가 없다. 예수님은 바로 당신을 자유롭게 해주시려고 돌아가신 것이다.

악마는 도둑이다. 피 흘리기를 즐기는 끔찍한 도둑놈이다. 그는 당신을 파괴시키고 당신의 삶을 파멸시켜 엉망으로 망쳐 놓는 일을 즐거워한다. 그는 무슨 수를 쓰든지, 주님이 당신에게 주기 원하시는 아름다운 새 삶을 도둑질하려고 하는 것이다. 그러나 예수님은 사탄의 모든 능력으로부터 당신을 구속하시려고 구속의 대가를 값진 죽음으로 치르셨다. 그래서 악령이 당신을 도로 빼앗아 삼키는 것을 보면 예수님은 견딜 수 없어 하신다. 그는 당신을 해방시켜 주시길 원하신다.

그러므로 – 사탄아, 예수님의 전능하신 이름으로 너를 대적한다. 내 친구의 삶에서 너의 더러운 손을 떼고 떠나갈 것을 명령한다. 너는 더 이상 그를 누르거나 괴롭힐 수 없다. 더 이상 어떤 방법으로든 그를 묶어 놓을 수 없다. 예수님은 그를 자유롭게 해주시려고 그 귀한 보혈을 흘리셨다. 그러므로 지금부터 내 친구를 괴롭히던 너의 지배는 끝났다.

그리고 – 주 예수님, 저의 친구를 당신의 사랑하는 손안에 위탁합니다. 그로 하여금 완전히 보호받는 줄을 알게 해주시옵소서. 주님이 임재하심으로 불벽을 치고 그 주위에 진리로 두르셨기 때문에, 어떤 지옥의 악령도 그의 삶을 다시는 건드릴 수 없다는 것을 알게 해주시옵소서. 당신의 보혈로 말미암은 우리의 승리를 감사드립니다. 우리가 주님의 이름으로 악령들을 대적할 때마다 완전한 승리로 이끌어 주시며 우리를 온전하게 해주실 권능이 있음을 감사드립니다.   아멘.

예수님의 임재하심을 느끼는 환희, 당신의 육신을 치유하심 그리고 모든 죄악으로부터의 완전한 구속을 베푸심은 주님이 당신에게 주길 갈망하시는 하늘 축복들 중의 몇 가지이다.
　그 외에도 수없이 많은 축복들이 있다. 그리고 그것들 중에 몇 가지를 여기에 기록하려고 한다. 그런데, 부디 내게 호의를 베풀어 주길 부탁한다.

다음 이야기를 읽는데 필요한 이 목록들을 빼먹거나 뛰어 넘지 않기를 부탁한다. 대신 각 축복들을 사려 깊게 읽고, 어떻게 하면 성령님이 당신의 삶 속에 실제로 계셔서 일하실 수 있는지를 이해하도록 하라.

- ◆ 당신의 죄악이 사함 받은 줄로 아는 기쁨
  (에베소서 1:7, 요한1서 1:9)
- ◇ 큰 섬에서 흑암 가운데 혼자 걸어야 할 때도 보호를 받음
  (시편 91)
- ◆ 당신의 온 가족이 구원을 받음 – 당신의 아들이 마약 중독에 걸린 히피일지라도(사도행전16:31, 이사야 54:13)
- ◇ 행복한 결혼(에베소서 5:22-33)
- ◆ 긴장감에서 해방되어 쉬게 되는 축복
  (시편 23:2, 마태복음 11:28-30)
- ◇ 당신의 상사가 어떤 사람이든 간에 그를 사랑할 수 있는 은혜
  (고린도후서 9:8)
- ◆ 언제 자녀를 때려 주어야 할지 또는 언제 꼭 껴안아 주어야 할지, 혹은 마땅히 보여야 할 도리를 아는 지혜를 주심
  (에베소서 1:9, 야고보서 1:5)
- ◇ 당신이 깊이 사랑 받고 있음을 아는 안전감
  (에베소서 3:17, 로마서 8:38-39)
- ◆ 집안 일을 할 수 있는 힘을 주심(빌립보서 4:13)
- ◇ 당신이 온종일 마음으로부터 노래 부르며 지낼 수 있는 아름다운 기쁨(시편 34:1, 베드로전서 1:8)
- ◆ 밤에 깊은 잠을 주심(시편 127:2 ; 4:8)

- ◇ 당신이 분을 내지 않고 극복할 수 있는 승리를 주심
  (로마서 8:1-2, 유다서 24)
- ◆ 하나님이 당신을 기뻐하신다는 것을 아는 지식
  (에베소서 1:6, 이사야 62:3~5, 아가서 4:7)
- ◇ 당신의 어린애가 죽었을 때 하나님이 깊은 위안을 주심
  (고린도후서 1:3-5, 데살로니가후서 2:16~17)
- ◆ 예수님을 위하여 고난 받는 특권 그리고 그의 아름다운 성품을 발견함(빌립보서 1:29, 로마서 8:17-18)
- ◇ 주님과 함께 일하는 즐거움을 알 수 있도록 당신에게 특별한 사역을 맡겨 주심(고린도전서 3:9)
- ◆ 예수님과 얼굴을 대면하여 사귈 수 있는 기쁨
  (에베소서 1:17-18 ; 3:19)

주님은 하늘의 축복 목록에 당신에게 주시려는 너무나 많은 계획을 두셨기 때문에, 당신이 지금 성령님과 이 약속을 해둘 것을 제안한다. 시간을 정해서 성령님과 함께 앉으라. 성령님과 홀로 성경을 갖고 시간을 보내라. 성령님께 내 삶의 어떤 영역이 아직도 풍성한 삶을 경험하지 못하고 부족한 채로 있는가를 여쭈어 보라. 우리가 성령님과 50년을 함께 걸었다고 하더라도, 언제나 그가 우리에게 더욱 더해 주시고자 하는 축복들이 있는 것이다. 나의 삶에서도 많은 영역이, 그 풍성한 삶으로 채워져야 한다는 것을 안다.

우리는 너무나 오랫동안, 메말라 쪼들린 신앙생활에 대해 변명을 늘어 놓아왔다. "신앙생활이란 원래 승리가 있는가 하면 패배할 수도 있고 실수할 수도 있고, 뭐 그렇게 기복이 있는 것 아닙니까? 누구든 완벽한 사람은 없는 거라구요. 삶은 언제나 풍성하게 될 수만은 없어

요." 물론 삶의 고비를 겪을 때도 있다. 우리가 하늘에 가기 전에는 완벽한 삶을 갖지 못할 것이다.

그러나, 실제로 문제가 되는 것은 오래 반복된 작은 골칫거리들에 너무나 익숙해져 버린 나머지 주님이 우리를 변화시켜 주시도록 요청하는 노력도 기울이지 않는 데 있다. 예수님은 삶의 모든 문제에 대해 답을 갖고 계신다. 주님은 우리가 예수님이 이 땅에 사시는 동안 누린 그 완벽한 승리를 경험하며 살기를 원하시는 것이다. 이 말을 오해하지 말라. 나는 우리에게 아무 문제도 없어야 한다는 것을 의미하는 것이 아니다. 예수님 그분 자신도 강렬하게 부딪치는 문제들을 대면해야 했다. 그러나 그분은 성령으로 충만했기 때문에 그 문제들을 극복할 능력이 있으셨던 것이다.

바로 그런 삶이 우리의 목표가 되어야 된다. 그러므로 오늘 정직하게 성령님께 나아가서 우리의 문제들을 그의 하늘 축복으로 바꾸어 달라고 간구해야 되겠다.

우리는 그 모든 성경에 기록된 놀라운 축복들을 문자 그대로 우리의 것이 될 수 있도록 해야 할 것이다. 성령님이 우리의 삶에 전혀 새로운 방법으로 홍수처럼 흐르도록, 그리고는 예수님과 동행하는 신선하고 흥분된 차원으로 이끌어 주시도록 구해야 한다.

9
하늘의 왕국

태양은 이미 언덕 위를 황금빛으로 물들이며 진홍빛 양귀비에 불을 붙이고 있었다. 작은 올리브나무는 햇빛이 손가락처럼 펼쳐진 잎새들 끝에 떨어져 반사될 때마다 기쁨으로 춤추면서 움푹 들어간 잎의 황금 웅덩이에 받아 모으고 있었다.

예수님은 일어나 앉아 그의 눈을 손으로 비볐다. 잔잔한 산들바람이 스치며 그의 얼굴에 입을 맞추었다. 그리고 친근한 아침 백합화가 나무들 아래서 그에게 손을 흔들었다. 세상은 깨어서 이미 창조주에게 힘있는 칸타타로 찬양을 시작했다. 그는 서늘한 산 공기를 힘껏 깊이 들이마시고 나서 속삭였다.

"오! 감사합니다. 아버지! 당신과 함께 걸을 수 있는 새 하루를 주셨군요."

그의 주변에는 제자들이 입은 옷이 뒤죽박죽 된 채로 깊이 잠들어 있었다. "저런, 아직까지도 자다니." 예수님은 안되겠다고 생각하며 다가가서 빌립과 안드레의 옆구리를 장난스럽게 찔렀다.

"얘들아, 일어날 시간이야. 아침 먹으러 가자꾸나."

빌립은 신음소리를 내며 몸을 한번 뒤척이고는 입을 하마처럼 크게 벌리고 하품을 해댔다.

30분 후에 그들은 피워 놓은 불가에 둘러앉아 무화과와 올리브를 먹었다. 몇몇은 생선을 창꼬치에 끼워 구었다(야고보와 요한이 그 전날 잡아온 것을). 그리고 (베드로 부인이 오븐에서 막 구어 내놓은) 옥수수빵을 먹었다.

그러다가 평화로운 아침식사 시간은 갑자기 싸움판으로 돌변했다. 마태가 나다나엘에게 성을 낸 것이다.

"이놈아! 네가 뭔데, 그렇게 높은 사람이야? 어째서 네가 새 왕국에서 부대통령감이란 말이냐? 난 너희 멍청이 바보들을 다 합쳐 놓은 것보다 훨씬 똑똑하단 말이야. 왠지 알아? 나는 수학에는 천재지, 암산으로도 곱셈, 나눗셈을 척척 해낼 수 있다고 ……."

"그래, 잘났다. 잘났어!"

열성당원 시몬은 더 이상 참을 수가 없었다.

"머리 좋은 것만으로 되는 줄 아니? 용기와 열성으로 치면 너희들은 날 못 당할거야. 난 로마 군인들 전체를 때려줄 자신이 있지. 그냥 나한테 칼만 있었더라면 ……."

"아니 왜 그렇게 벙어리처럼 가만히들 있어?"

도마가 나섰다.

"내가 부총리쯤 된다는 것을 상식적으로 모르겠어? 내가 제일 논리적인 사람이라구."

"그렇지만 한 가지는 확실히 해두자."

유다가 그의 녹색 눈을 반짝이며 내뱉었다.

"내가 회계 보는 데는 수석 비서로 채용해 주지."

"그만들 하지 못해."

베드로가 유다의 배를 한 대 치면서 고함쳤다.

"내가 물론 제일 높은 자리를 차지할 거야. 나는 주님과 제일 친한 친구니까. 그는 나에게 모든 비밀을 다 말한다고."

예수님은 긴 한숨을 내쉬었다.

"오, 제발 그만들 두어라."

그는 자신에게 중얼거리듯 말씀하셨다. 분위기가 잠잠해지자 그가 입을 열었다.

"내가 열 번이나 설명을 했는데도 아직까지 모르니 한번 더 말해 주어야겠구나."

"나의 왕국은 이 땅의 왕국이 아니야. 그것은 이 세상의 것들과는 전혀 차원이 다른 것이야. 너희가 정말 높아지려면 위치에 대해서는 신경을 쓰지 말아야 한다. 대신 다른 사람들을 섬기기를 원해야 하는 거야. 나의 왕국에서는 사랑과 친절과 겸손을 갖춘 자만이 높은 영예를 얻는단다."

그렇다! 예수님은 우리를 사랑의 왕국에 부르셨다. 그 왕국의 일원이 되려면 사랑이 우리의 마음을 주장하며 다스려야만 한다. 사랑이 우리의 모든 동기와 행동을 치리하는 기준이 되어야 하는 것이다. 그러나 형제여, 예수님의 제자들은 이 모든 것을 곡해하고 있었다. 그들의 둔한 머리는 아직도 사랑의 지배를 받는 예수님의 삶이 무슨 뜻인지 이해하지 못하고 있었다. 바로 당신과 내가 가끔 그들처럼 행동하고 있지는 않은가?

우리가 진정으로 서로를 사랑하려면 어떻게 해야 하는가? 하나님께서 우리를 대하시는 바로 그런 태도로 서로에게 대해 주어야만 할 것이다. 그는 우리를 가치 있다고 생각하시며, 또 우리 안에서 엄청나게 큰 잠재력을 보고 계신다. 그렇다면 우리도 똑같이 느껴야 한다. 사랑의 왕국에서 시행되는 첫째 법 중 하나는 우리 각자가 어딘가에 귀한 가치와 기질을 저마다 지니고 있다는 것을 깨닫는 것이다(아마 그러한 기질은 묻혀서 보이지 않을지도 모르나 사실은 다 있다).

당신의 교회에 '스미스'라는 부인이 있다고 가정해 보자. 그는 여선교회 사업에 활동적이며, 교회에서 저녁 예배 후 잔치가 있을 때마다 멋진 요리를 만들어 낸다. 그런데 아무도 그녀를 좋아하지 않는다. 문제는 스미스 부인이 입을 가만히 두지 못하는 까닭이다. 그녀는 언제나 누군가를 꼬집어 험담한다. 특히 목사 사모에 대해서는 민망할 정도로 지저분한 말들을 지어내서 말한다. 또 더 딱한 일은, 스미스 부인은 아주 심술이 많아서 화난 사람처럼 항상 뾰로통해 보인다. 그리고 누군가 그녀의 주변에 좀 오래 있으면 불편하게 만든다. 자, 어떻게 왕국의 사랑의 법이 그녀에게 적용될 수 있을까? 내가 믿기로는 그녀의 험한 입버릇이나 심술같은 결점을 넘어, 아직 발달되지 않은 채로 있는 아름다운 기질이 그녀의 성품 안에 숨겨져 있는 것을 보아야 한다. 스미스 부인은 교회일에 열심이며, 어쩌면 근본적으로 남을 도와주고 싶어하는 아주 친근한 사람이다. 만일 바르게 일하는 법을 알기만 한다면 말이다. 또한 그녀는 누가 보더라도 아주 재능 있는 여성이다. 왜냐하면 실력있는 요리사이기 때문이다. 그러므로 우리는 스미스 부인이 놀라운 기지가 있는 사람이며 훌륭한 재질도 지녔다는 것을 동의한다. 그리고 또 무엇이 있을까? 사랑의 또 다른 법은 그녀가 또한 우주에서 독특하며 유일한 사람이라는 것을 깨닫는 것이다.

세상의 어느 누구도 그녀만이 갖고 있는 개성이나 기질의 특성, 재능이나 신체적인 모양을 종합하여 똑같이 흉내낼 수 없다. 그녀는 흉내내기가 불가능한 유일한 원형이므로 매우 가치 있는 존재가 아닌가? 그렇다면 그녀를 존경해야 할 것이다. 그녀가 주는 축복들을 당연히 여겨서는 안 되며, 그리고 그녀를 무시하지 말아야 하는 것도 명심하라. 그 대신 그녀를 진정으로 가치 있는 존재로 대우하라.

우리는 이제 그녀가 값진 존재이며 개인적으로도 존경해야 한다는 것을 알았다. 그러나 우리는 무엇인가 해야 할 일이 있다. 자 핵심으로 돌아가서 재미있는 일을 시작해 보자. 어디부터 시작하면 좋을까? 진정한 사랑이란, 언제나 사랑하는 사람의 필요를 채워 주는 것이다. 그러므로 우리의 눈을 크게 떠야 할 것이다. 스미스 부인이 필요로 하는 것들이 무엇이 있나 그 실마리를 찾기 위해서 말이다. 그렇게 어려울 일도 없다. 우리가 그녀와 친근해지려는 노력을 기울이기만 하면, 그리고 그녀를 더욱 잘 알려고 가까이 한다면 얼마 안 가서 우리는, 그녀가 왜 그렇게 우울증의 문제와 옥신각신 싸워야 했는가를 발견할 것이다. 아무리 애써도 얼굴이 항상 심술로 부어 있는 버릇을 떨쳐버릴 수 없었던 이유가 있었다. 우리는 그리스도의 사랑으로 그녀의 문제를 예수님께 가져와 어떻게 하면 그녀가 치유 받을 수 있는지 지혜를 달라고 구해야 할 것이다.

어쩌면 당신의 딸은 스미스 부인과 또 다른 종류의 문제를 갖고 있는지도 모른다. 그녀는 충분한 자신감이 없으며, 그러므로 자신을 스스로 존중하도록 많은 격려가 필요하다. 당신이 딸을 정성껏 사랑하는 부모라면 그녀의 모든 좋은 점을 알려 주라. 그녀의 감정에도 예민하게 반응을 일으켜 그녀를 헐어 무너뜨리는 대신 일으켜 세워 주려고 하라.

또한 당신 교회의 주일학교 선생님은 또 다른 유형의 필요를 갖고 있는지 모른다. 그는 뭔가 실제적으로 필요한 것이 있다. 당신은 그 필요를 안 후에 찾아가 온종일 그의 아이들을 값없이 돌봐줌으로써 그와 그의 아내가 다정한 데이트를 단 둘이 나가게 해줄 수 있다(이러한 실제적인 사랑이 바로 성령 충만한 삶으로부터 나오는 것이다).

그렇더라도 사랑은 상대방의 필요를 채워 주는 데서만 끝나지 않는다. 그 사람을 행복하게 해주려면 뭐든지 멋지고 기쁘게 해줄만한 것이 있는지 사려 깊게 궁리해 보아야 한다. 진정한 사랑은 친근하게 대해 주면서도 사려 깊게 도와주는 것을 뜻한다. 그러므로 대학에서 함께 공부하는 반 친구에게 그녀가 입고 온 노란 색깔의 드레스가 그녀의 머리 빛깔과 썩 잘 어울린다고 귀띔해주라(물론 이것은 거짓말을 하는 것이 아니라 진정으로 말이다). 당신의 상사가 열광적인 야구팬이라면 어느 날 모시고 나가서 그의 티켓을 사주고 함께 야구 시합을 구경하라. 그리고 당신이 저녁식사 후에 멋진 요리를 만드느라고 하루 종일 수고하고 애쓰신 엄마를 위해 설거지를 하고 부엌을 말끔히 해 놓은 것을 보면, 엄마는 기뻐서 어쩔 줄 몰라 하실 것이다.

사랑은 진정으로 상대방의 느낌도 존중해 주며 그 사람의 관점에서 상황을 보려고 하는 것이어야 한다. 당신의 비서가, 마침 고향에 돌아왔다가 다시 떠날 때가 된 선원인 남자 친구(약혼자)와 함께 시간을 보낼 수 있도록 삼일 동안의 휴가가 주어지지 않아서 화가 나고 당황하여 쩔쩔매면서 사무실 안으로 들어온다면, 당신은 조용히 동정어린 마음으로 그녀의 말을 들어 주어야 하지 않겠는가? 그리고 그녀의 흥분이 조금 가라앉은 다음에 당신이 그녀의 도움이 얼마나 필요한가를 지혜롭게 설명해 주라. 그리고 가능하다면 당번을 바꾸어서라도 휴가를 가질 수 있도록 시간을 만들어 주라. 그렇게 하는 것이 그녀에게 울화가 일어나게 하는 것보다 얼마나 멋진 일이 되겠는가?

　어느 날 당신의 남편이 직장에서 돌아와 대문을 열자마자 머리를 디밀고 이렇게 고함을 친다고 가정해 보자.

　"집안 꼴이 도대체 이게 뭐야! 하루 종일 뭐했어?"

　당신이 저녁 식사을 차려 놓았는데도 식탁에 앉아 불평을 늘어놓는다.

　"이그! 또 똑같은 반찬이야? 뭐 다른 것 좀 만들어 놓을 수 없어?"

　그럴 때, 곧장 짜증을 부리며 바가지를 긁기 전에 당신이 잠깐 생각해보라. 그가 온종일 힘든 일에 시달려 지치고 피곤해 신경이 날카로와질대로 곤두서 있다는 것을 깨달을 것이다. 사실 그는 당신 때문에 짜증이 난 것은 아니다. 다음날 그가 집에 돌아올 때, 그를 과로한 노예처럼 취급하는 대신에 왕처럼 맞아 대접해 준다면 그는 그만 깜짝 놀라 충격을 받을 것이다. 당신이 그에게 얼마나 감사하고 있는지를 말해 주라. 그리고 할 수 있는 대로 그를 위해 모든 것을 안락하고 행복한 분위기로 만들어 주라. 당신은 그가 왜 그토록 안 좋은 기분으로 집에 돌아왔는지 이해해 주며 용기를 북돋아 줌으로써 당신의 사랑을 증명할 수 있는 것이다.

　만일, 다름 아닌 당신의 동생이 당신을 못살게 구는 버릇이 있다고 하자. 그는 손톱이 찢어져 피가 날 때까지 물어뜯는 버릇이 있다. 그러나 당신은 그를 사랑하기 때문에 '그가 자기도 모르는 사이에 그러는 것이겠지' 하고 생각하고 있었다. 그는 손톱을 물어뜯는 버릇이 당신을 얼마나 역겹게 하는 버릇인지를 모르고 있는 것이다. 그런 경우, 그에게 그 사실을 말해 주는 것이 훨씬 낫다. 그러나 그가 버릇을 떨쳐버리지 못하고 마치 취한 것처럼 자기 손톱을 물어뜯는 데 습관 되어 있다면, 당신이 할 수 있는 일은 그를 위해 기도해 주는 것이다. 그러나 예수님은, 어쩌면 그보다 먼저 당신을 도와주려고 하시는지도 모른다. 예수님은 그의 버릇이 당신의 신경을 곤두서게 하지 않고 참을 수 있는 은혜를 주시고 싶은 것이다.

더 나아가서 이런 경우가 있다고 생각해 보자. 당신과 당신의 부모님은 대화를 나누다가 언제나 심한 말다툼으로 끝을 맺는다든지, 또는 심하게 의견이 달라서 대립된다고 해보자(좀 더 '영적인 문제'로 말이다). 만일 당신이 부모님의 의견을 침착하게 들어 주려고 애쓴다면 주님은 당신의 의젓한 태도를 퍽 자랑스러운 눈으로 보실 것이다. 그는 부모님들이 그 상황에 대해 왜 그런 의견을 갖게 했는지에 대해 이해하도록 도와주실 것이다. 그것이 바로 당신이 주님과 부모님께 대해 사랑을 증명해 보이는 태도이다. 당신의 주장만 고집하여 그들의 의견에는 장님과 귀머거리가 되는 대신 말이다.

이따금 사랑은 어떤 일에 대해서 개인적으로만 알고 처리하지 않도록 하는 성숙함을 의미한다. 당신의 이웃인 존스 부인이 운전하면서 뒤로 차를 몰다가 당신의 정원까지 돌입해 들어와서는 아끼는 장미꽃밭을 엉망으로 망쳐 놓고 아무런 사과를 하지 않더라도, 그녀가 고의로 그렇게 한 것이 아니라는 사실을 우선 깨닫고 있어야 할 것이다. 그녀를 그냥 무뚝뚝한 데가 있는 여자라고 생각하고, 그녀와 친구로 지내기 위해서는 정원에 울타리를 만들어 두는 것이 지혜일 것이다.

사랑의 가장 중요한 핵심은 상대방을 있는 그대로 용납해 주는 것이다. 이것은 그를 변화시키려고 하지 말아야 한다는 것을 의미한다. 만일 그럴 필요가 있다면, 주님이 하시도록 그의 손안에 맡겨 드려야 한다. 다른 사람이 나에게 적응하기를 기대하는 대신 내가 그들에게 적응하도록 해야 한다. 만일 당신의 목사님이 주일날 아침 설교하실 때 듣기 거북한 농담을 일삼아 하기 때문에 그가 좀더 점잖게 처신해야 한다는 생각이 들면, 우선 그를 용납할 수 있기를 결심하라. 교회의 장로들과 만나 험담을 늘어놓거나 망쳐진 기분으로 교회를 떠나거나 하는 대신에 말이다. 주님도 굉장한 유머를 갖고 계시다는 사실을 기억하라. 교회에 나가 그의 설교를 들어야 하는 동안 내내 그의 이야기가 메마르지 않고 생동감이 넘치는 것에 대한 감사한 마음을 갖기로 결심하라. 그러면 곧 다른 사람들이 그의 우스갯소리에 배꼽을 잡을 때마다 당신도 덩달아 웃게 될 것이다. 다른 내용으로 넘어가기 전에, 왕국의 사랑의 법칙에 관해 한 가지 더 언급해 둘 것이 있다. 우리가 주님이 상대방을 사랑하는 것처럼 그를 사랑하기를 원한다면, 그의 약점을 생각하는 대신에 장점을 발견하는 데 시간을 보내야 한다. 그것은 "사랑은 허다한 죄를 덮느니라"(벧전 4:8)고 하신 성경 말씀을 실현하는 것이다. 당신과 가장 가깝게 지내던 친구가 침울해져서 아무와도 말하고 싶어하지 않을 뿐 아니라 심지어 당신에게도 마음을 털어놓지 않을 때, 당신이 그와 막역하게 재미있는 대화를 나누었던 다정한 시간을 상기하라. 당신의 재치 있는 친구가 당신을 즐겁게 해줄 때가 있는 것처럼 오늘같이 좋지 않을 때도 있다는 것을 이해하라. 그리고 그가 어떻게 하든지, 그냥 가까운 친구로 지내라.

자, 우리는 여러 가지 경우를 생각해 보았다. 이 부분은 사랑의 멋지고도 미묘한 데가 있는 국면이다. 당신이 누군가 나쁜 짓을 일삼고 생을 망치는 죄악에 빠진 사람들을 알 때도 그들을 사랑하는 데만 집착하도록 하라.

인간이라면 누구나 다른 사람들의 죄에 빠지는 것을 볼 때 정죄하려고 하는 것이 첫 번째 반응일 것이다. 우리는 우선 거룩한 가운을 둘러 걸치고 콧대를 공중으로 높이 세운 후 자신을 신령한 사람으로 생각하면서 냉소를 퍼붓는다.

"세상에, 나쁜 놈들 같으니라고, 천벌을 받고도 남을 거야!"

첫째로, 우리가 이런 판단을 내리는 것은 옳지 않다. 그것은 주님이 맡으실 영역이다. 그럼으로써 우리는 주님의 역사를 그르쳐 더 어렵도록 만들고, 우리가 그들을 비난할 땐 실제로 그들을 망가뜨리는 결과를 낳는다. 하나님의 의도는 죄인을 돌이켜 그와 친밀한 교제 안에 들어올 수 있도록 하는 것이다. 그러나 우리가 비난할 때는, 그 딱한 친구들을 하나님의 의도와는 반대 방향으로 끌어당기는 것이다. 우리의 할 일은 그를 사랑하고 용서해 주는 것이며 하나님이 그의 죄를 다루시도록 해야 한다.

두 번째, 우리가 남을 판단하는 것은 말도 안 되는 우스운 일이다. 왜냐하면 우리는 정말 충분히 똑똑하지 않기 때문이다. 오로지 하나님만이 사실을 참작하여 올바른 판결을 내릴 지혜를 갖춘 분이시다. 그는 완벽한 지혜의 하나님이시다. 그는 그 죄인이 언제 따끔하게 매를 맞아 정신을 차리고 잘못을 깨달을지, 그때를 아신다. 또한 주님은 몇몇 사람들에게는 이런 방법이 전혀 효과가 없으리라는 것도 아신다. 그렇게 하면 이전보다 더욱 반역하는 사람들이 될 것이기 때문이다. 그래서 그들을 매로 때리는 대신에(매란 그들의 삶에 어려운 역경을 보내는 것을 의미한다), 그는 그의 팔로 그들을 안고 축복해 주시며 그들이 더 이상 견딜 수 없을 때까지 축복해 주신다. 그러면 그들은 서둘러서 죄악의 길을 떠나 그의 용서와 자비의 은신처로 성급히 되돌아오는 것이다. 그런 사람들을 회개로 이끄는 하나님의 섭리는 벌이 아니라 주님의 선하심이다(롬 2:4).

나는 이것을 설명할 좋은 예를 알고 있다. 내가 어린아이였을 때, 난 여러분이 기대한 것처럼 그렇게 천진한 아이가 아니었다. 무척 개구쟁이였다. 솔직히 말하자면 난 진짜 말썽꾸러기였다. 그래서 엄마는 내게 언제나 신경을 써야만 했다. 나는 고집스럽고 반항하였으며, 언제나 내가 원하는 대로만 하려고 했다. 사실 나는 집안의 왕처럼 아빠, 엄마 그리고 모든 사람들이 내게 복종해 주기를 바랐다. 난 다른 사람들을 못살게 굴었다. 내가 좋아하는 장난 중에 하나는 남동생이나 누나의 접시에서 고기를 꺼내어 훔치는 일이었다. 아빠가 식사기도를 인도할 때 식구들은 다 엄숙하게 눈을 감고 있는데, 나는 고기를 꺼내어 재빨리 입 속에 넣고는 아빠가 '아멘'을 하기 전에 꿀꺽 삼켰다. 그런 후 밥상에 둘러앉았던 어린아이들은 자기가 좋아하는 고기가 없어진 것을 알고는 한꺼번에 울음을 터뜨리는 것이었다. 물론 누구의 짓인지 뻔히 알고서 말이다. 그러나 아무도 내게 심한 잔소리를 해대지는 못했다. 그러면 내가 복수를 할 테니까 – 그렇게 되면 상황은 훨씬 더 악화되기 때문이다. 나는 수없이 여러 번 엄마에 대해 불만을 품었다. 왜 그랬느냐고 묻지 말라. 그녀는 언제나 상냥하며 근사한 엄마였다. 그러나 나는 어쨌든 엄마에게 화가 났다. 그래서 한 번 굉장히 놀라도록 골려 주고서야 속이 풀렸다. 나는 큰 부엌칼을 갖고 그녀가 아끼는 수박밭 도랑으로 갔다. 그리고 잎새들 밑에 숨어서는 하루 종일 수박 파티를 했다. 밭의 수박은 어찌나 단지, 지금도 생각만 하면 입에 군침이 돈다. 나는 순식간에 엄청나게 먹고 뱃속이 꽉 차 터질 정도까지 부풀어 오르면 수박 껍데기 속에 머리를 쳐 박고 긴 낮잠에 빠지는 것이었다. 그때쯤 되면 해는 지고 어린 멜이 어디를 갔는지 기척이 없으므로 엄마는 정신없이 찾아 헤맸다.

"멜, 오! 멜아, 어디 있니? 내 아들 멜아, 도대체 어디에 있는 거야?"

나는 집 반대쪽에 가로놓인 밭에서 엄마 목소리를 들었다. 그리고는 '지금쯤 엄마는 내가 구덩이에 굴러 떨어져서 바위에 몸을 찢겨 상했을까봐 안달이 났겠지!' 하고 생각하며 오히려 신나는 것이었다.

"오, 내 아가. 멜아, 엄마가 널 사랑한단다. 오늘 아침에 야단치지 말

앉어야 했는데 …… 너 보고 말썽꾸러기라고 야단친 내가 잘못이었어. 넌 내 지극히 사랑하는 아들이야!"

바로 그 말이 내가 기다리는 것이었다. 엄마가 날 꾸짖은 것을 후회하는 말을, 엄마가 충분히 반성해서 이제는 됐다고 생각하면, 그제서야 수박밭에서 뛰어 나와서는 "엄마, 저녁밥 다 됐어요? 서둘러요. 먹자구요"라고 천연덕스럽게 말을 거는 것이었다. 그러나 그 정도에서만 그치는 것이 아니었다. 한번은 심하게 매를 맞은 후에(물론 내가 맞아야 될 만큼 잘못했기 때문이었다). '엄마가 날 죽였지' 하는 식으로 놀려 주기로 결심했다. 그래서 식사하는 방의 먼지 낀 바닥에 얼굴을 묻고 누운 채로 움직이질 않았다. 저녁식사 시간이 돌아오자, 식구들이 식탁에 앉기 위해서는 전부 다리를 크게 벌려 나를 넘어서 조심스럽게 자리를 잡아야만 했다.

"가만 내버려 둬."

식구들은 이렇게 서로 말을 주고받았다.

"한 두 시간쯤 뒤에 배가 고프면 일어나겠지 뭐."

그러나 그들은, 멜이 자기 고집대로 행동할 때는 세상에서 둘째 가라면 서러워할 만큼의 억센 당나귀 같은 능력을 과소평가한 것이었다. 난 그 더러운 바닥에 장장 이틀 동안이나 먹지도 않고, 근육하나 꼼짝하지 않으면서 누워 있었다. 마침내 사랑이 넘치는 엄마가 더 이상 보고만 있을 수가 없었다. 엄마가 날 부드럽게 가슴에 감싸 안고 용서해 달라고 하면서 눈물을 뚝뚝 떨어뜨렸다. 난 그것을 보고서야 '드디어 내가 이겼구나' 하고 끝장을 내는 것이었다. 다시 한번 내 최고의 위치를 돌려 받은 것이었다.

얼마 안 가서 아빠, 엄마 그리고 주님이 서로 앉아서 조그만 회의를 하셨다고 생각된다. 그들은 내가 매로나 꾸짖는 설교로는 도무지 훈

련될 희망이 보이지 않는다는 결론에 동의했다. 그렇게 하는 것은 날 더 고집스럽게 만들어서, 나중엔 혹독하게 야단을 쳐도 날 움직일 수 없다는 것이었다. 오직 한 길이 있다면 사랑해 주는 것뿐이었다. 내가 나쁜 짓을 하면, 나에게 기가 막힐 정도로 사랑을 표시해 주어야 한다고 생각했다. 그것은 안성맞춤의 제안이었다. 그들은 그보다 더 효과적인 무기를 발견해 내지 못했다. 그들의 사랑은 견고한 큰 성처럼 단단한 내 마음을 녹여서, 드디어 산산조각이 나도록 깨뜨리고야 만 것이다. 예를 들어, 내가 어린 동생 '이아스'를 때려서 그의 윗도리가 찢어지고 뺨에는 피멍이 든 채로 부어오르면 엄마는 화를 내는 대신에 부드럽게 다가와서 나를 팔에 안고는 조용한 소리로 "널 사랑한다. 멜! 네가 얼마나 자랑스러운 아들인지 모른단다"라고 말해 주는 것이 전부였다. 그러면 이윽고 내 마음이 깨뜨려지면서 "오, 미안해요. 엄마! 좋은 애가 되려고 했는데, 정말 참으려고 했다구요"하면서 얼싸안고 흐느끼게 되었다. 그들이 내게 사랑과 부드러움으로 대할 때마다 내 마음은 물처럼 녹아 내렸다. 그리고 오늘날까지도 내가 도무지 저항할 수 없는 것이 있다면 바로 그러한 강한 사랑이다.

 자, 그러면 이제 여러분과 나는 누군가 죄를 지었을 때 판단하지 말아야 한다는 것을 알았다. 대신 우리는 주님께서 그가 잘못하고 있는 것을 회개로 이끄시는 작업을 전담하도록 맡겨 드려야 한다. 그러나 우리가 그들을 정죄하지 않더라도. 그들에 대하여 어떤 태도가 마땅할까? 마치 주님이 그들을 보시는 그런 눈과 태도로 대해 주어야 한다고 믿는다. 이것을 배우기란 내겐 쉬운 일이 아니었다. 주님은 내게 끝없이 자비로운 분이시나 내가 누군가에 대해 자비롭기란 어려운 일이었다(가끔은 그렇게 하는 것이 미련하기 짝이 없다는 생각이 들어 그것을 배우는 데 무척 시간이 걸렸다).

티모르에 있는 나의 팀원들 중에, 키가 작은 여인이 하나있었다. 바로 그녀가 언제나 내 비위를 거스르게 했다. 그녀는 아주 신령한 자매였다 - 그러나 나중에 깊은 궁지에 빠졌는데, 그녀를 당황하게 할까봐 여기서 이름을 밝히지 말아야 하겠다. 그녀의 이름을 'X부인'이라고 해두자 -. 부흥이 시작된 후 몇 년 동안에는 주님이 그녀를 굉장하게 쓰셨다. 그녀의 사역을 통해서 적어도 다섯 사람은 죽었다가 다시 일어났다. 그들 중 한 사람은 세마우 섬에 살던 남자인데 살해되었었다. 그의 원수가 물에다 독을 타 놓은 것을 마시고 난 후 죽은 것이다. 그러나 그의 가족들이 X부인을 불러 죽은 사람을 위해 기도할 때 주님은 그를 다시 살도록 일으켜 주셨다. 그녀는 또한 24시간 동안 죽어 있던 소우의 어린 아기를 위해서 기도했었고, 주님은 여기서도 똑같은 기적을 베풀어 주셨다. 그런 이야기가 더 있으나 여기에 다 쓰려면 시간이 모자랄 것 같아서 그만해 두기로 한다.

주님이 그렇게 강력하신 방법으로 X부인을 사용하신 다음에 불행하게도 그녀는 교만해져서 그녀의 동기 자매들보다 우쭐하게 되었다. 두 미국 여자가 티모르에 방문해서는 하나님이 그녀를 사용하신 기적들에 관해서 듣고 매우 흥분하였다.

"당신을 미국으로 초대해서 데려가야겠어요."

그들이 그녀에게 말했다.

"모든 사람들이 하나님께서 당신을 이렇게 특별히 사용하신 것을 보면 놀랄 거예요."

차라리 그녀는 그런 말을 듣지 말았어야 했는데 …… 그들이 아첨하는 말은 그녀를 못 쓰도록 망가뜨려 놓았다. 그녀는 동료 친구들에게 미국에 가게 될 것이라고 하면서 뽐내고 돌아다니게 되었다. 실제로 그녀는 자신이 다른 모든 사람들보다 우월하다는 생각을 했다. 나는 이에 대하여 화가 많이 났다.

　어느 날 나는 더 견딜 수가 없었다. 그래서 난 내가 머물던 그 작은 방에 뛰어 들어가, 침대 위에 올라가서는 얼굴을 베개에 묻었다.

　"오, 예수님!"

　내 마음속에서 고함을 질렀다.

　"주님, 왜 저런 형편없는 여자를 쓰십니까! 그녀가 팀의 교제 분위기를 다 망치지 않습니까? 저 여자가 저렇게 끝장낼 줄 아셨을 텐데 도대체 왜 그녀를 쓰셨는지 모르겠습니다. 예수님, 실수하셨어요. 실수도 보통 실수가 아니라구요!"

　예수님은 내가 울분에 찬 마음을 다 토해 놓을 때까지 듣고 계셨다. 그러나 곧 아주 부드러우면서도 엄하게 내 마음에 말씀하셨다.

　"사랑하는 아들아, 내가 그녀를 사용한 것에 대해 넌 이의를 제기할 필요가 없다. 넌 그 일에 대해 감사해야 돼. 내가 저런 여자를 쓸 수 있다면, 하물며 너같은 사람도 쓸 수 있지 않겠느냐. 만일 내가 완벽한 사람만 사용한다면, 넌 생전 기회를 갖지 못할 거야. 넌 내가 그녀의 삶을 향해 가진 그 모든 계획을 이해하지 못하기 때문에 X부인을 멸시하고 있는 것이야. 내 얘기 하나 들어보겠니?"

　주님은 계속 말씀하셨다.

　"사과나무 과수원을 가진 한 농부가 살고 있었다. 한번은 그가 자기 아들과 함께 나가서 과수원을 둘러보기 시작했다. '자, 이만하면 어떠냐?' 아버지가 아들의 손을 맞잡아 주며 함께 걸었다. '오, 아버지 형편없군요!' 어린 아들이 이렇게 대답했다. '글쎄요, 좋은 사과를 맺지 않았군요. 그냥 이렇게 시퍼렇고 못생긴 사과만 열리는데요. 아버지, 차라리 찍어버리는 편이 낫겠어요!' 그러나 그 농부는 사과나무 사이를 걸으면서 사랑스러운 미소를 지었단다. 그는 그의 아들이 모르는 것을 알고 있었던 거야. 몇 달만 지나면 그 작은 열매들이 크고 물이 좋은 실과로 자랄 것이라는 것을 그러나 지금은 그 사과나무들이 자라는 계절이므로 농부는 매우 흡족해 있었다. 지극히 정상인 상태였거든."

"그리고 자, 사랑스런 멜 테리야, 나의 사랑하는 아들아. 내가 네게 알아듣기 쉽게 설명해 주마."

주님의 음성은 그 어느 때보다도 부드럽게 내 심중 깊은 곳을 찔렀다.

"넌 풋 익은 과일 같은 교만한 그녀의 태도를 보고 화를 내는구나. 네가 내 눈으로 그녀를 바라보지 않기 때문이다. 실제로 그녀는 성장 과정의 지극히 정상인 단계에 와 있단다. 그녀가 이런 단계를 거칠 줄을 알고 있었다. 그러나 또한 그녀가 거기서 머물지만은 않을 것이라는 것도 알고 있다. 그녀는 더 나은 단계로 자라고 있는 중이란다. 난 현재만 보는 것이 아니라 미래도 본단다. 난 나의 사랑이 그녀를 온전하게 찾고 난 후에 아름다운 작품으로 변해 나올 것을 볼 수 있단다. 멜, 이해할 수 있겠니?"

예수님이 속삭이는 음성으로 가만가만히 말씀하셨기 때문에 난 귀를 기울여 들어야 했다.

"내가 X부인을 향해 갖고 있는 마음을 알고 싶으냐? 아가서 4장 7절을 읽어보아라."

내가 성경을 펼쳤을 때 어떤 말씀이 나왔는지 아는가?

"나의 사랑 너는 순전히 어여뻐서 아무 흠이 없구나."

나는 깜짝 놀랐다. 난 그녀가 예수님께 그렇게 귀한 존재인 줄을 몰랐다. 오, 난 견딜 수 없을 정도로 내 자신이 부끄러웠다. 그녀를 향한 내 태도가 주님의 태도와 얼마나 달랐던가. 얼마나 자신이 부끄러웠던지 말하기 송구스러우나, 침대에서 내려와 밑으로 숨고 싶은 심정이었다. 난 내 자신이 침대 위에 누울 자격도 없는 사람으로 여겨졌던 것이다. 그리고 나서 내가 마음을 깨뜨리면서 심하게 울며 회개한 기억이 난다. 마침내 나는, 다름 아닌 바로 내 자신이 변화될 필요가 있다는 것을 깨달았다. X부인이 아니라. 난 주님께 나의 사랑과 이해가 부족하며 주님처럼 그녀를 용납하지 않은 것에 대해 용서해 달라고 구했다(지금은 실제로, 예수님이 X부인에 대해 아름답게 변화되리라고 예견한 말씀이 정확히 실현되었다. 주님은 그녀의 삶에서 교만을 말끔히 씻어 버리셨고, 그녀는 상냥하면서도 겸손한 크리스챤으로 자랐다. 오늘날 주님은 다시 한번 그의 영광을 위해 X부인을 사용하고 계신다).

  다른 사람을 예수님의 눈으로 보는 것, 그리고 하나님의 도우심으로 마침내는 그 삶이 아름다운 작품으로 성숙할 것을 기대하는 것 – 그것이 바로 예수님이 우리를 사랑하시는 것처럼 우리도 남을 사랑해야 한다고 하신 말씀의 의미이다.

  "내 계명은 곧 내가 너희를 사랑한 것같이 너희도 서로 사랑하라 하는 이것이니라"(요 15:12). 그것은 초자연적인 신성한 사랑이다. 우리 스스로는 그럴 힘이 없다. 신앙생활에 있어서 다른 일도 그런 것처럼, 우리는 성령님께 의존하여 우리를 그분만으로 충만하게 해주시며 또한 우리가 아름다운 사랑의 열매를 맺을 수 있게 해주십사 하고 구해야 한다. 주 예수님은 우리의 전 삶을 그에게 열어 온 맘과, 뜻과 힘을 다해 주님을 사랑하라고 하신다. 그러나 또한 우리가 자신을 사랑하는 것처럼 이웃을 사랑해야 한다는 중요한 명령을 내리신다. "둘째는 이것이니 네 이웃을 네 몸과 같이 사랑하라 하신 것이라 이에서 더 큰 계명이 없느니라"(막 12:31).

  우리가 기꺼이 두 번째 명령을 지키려고 하지 않는다면 첫 번째 명령도 제대로 지키고 있는 것이 아니다. 이 명령들은 손에 손을 맞잡는 짝과도 같기 때문이다. 우리가 이미 나눈대로 주님의 방법으로 서로를 사랑하기를 거절한다면, 사실은 진정으로 예수님을 사랑한다고 말할 수 없다. 또한 우리의 온 맘과 뜻과 정성을 다해 예수님을 사랑하기 전까지는, 서로 진정으로 사랑할 힘도 없는 것이다. 내가 여태껏 말한 것을 복습할 수 있는 좋은 성경 구절이 있다. 들어 보라. "누구든지 하나님을 사랑하노라 하고 그 형제를 미워하면 이는 거짓말하는 자니 보는 바 그 형제를 사랑치 아니하는 자가 보지 못하는 바 하나님을 사랑할 수가 없느니라. 우리가 이 계명을 주께 받았나니 하나님을 사랑하는 자는 또한 그 형제를 사랑할지니라"(요 1서 4장 20, 21절).

10
이보다 더 큰일을

하루는 주님이 17번 팀에게 티모르에서 24Km 떨어진 작은 섬 로테로 가서 복음을 증거하라고 말씀하셨다. 그래서 그들은 명령에 대한 순종으로 우리가 '페라후'라고 부르는 작은 배에 올라타 선장과 선원들에게 그곳으로 가자고 했다(사실 이 배는 큰 돛이 측면에 붙어 있는 큼직한 나룻배에 지나지 않는다. 좌석이 15석밖에 되지 않고 또 낮은 갑판도 없었다. 사람들은 지붕이 없는 배에 걸터앉아 태양에 그슬릴 대로 그슬리며 바람과 맞부딪치는 채로 항해를 해야 했다). 그런데 불행히도 그날따라 바람이 이 친구들을 있는 힘을 다해 세차게 몰아 부쳤다. 그들은 쿠팡 항구에서 떠난 지 24Km가 안 되어서 항해가 아주 곤란하다는 사실을 깨닫게 되었다. 매년 11월 이맘때면 우기가 시작되면서 티모르와 로테 사이에 있는 바다의 어느 지점에 소용돌이가 형성되어 있었다. 세 방향에서 흘러내리는 물이 바로 그 지점에서 만난

다. 그리고 바람이 어떤 방향으로 일정하게 불기만 하면 물은 성난 파도가 되어 격렬하게 소용돌이 치게 되고, 그 소용돌이에 걸린 사람들은 살아서 빠져 나오기가 불가능하다. 그 날 선원들과 팀원들이 항구를 떠날 때는 괜찮은 날씨였다. 모든 것이 잠잠했다. 그러나 경고 없이, 흉한 바람이 몰아닥친 것이다. 그 바람은 불운한 그들을 바로 그 소용돌이로 몰아갔다. 아무리 애를 써도 방향을 틀어 노를 저을 수가 없었다. 거대한 파도가 공격해 오면서 힘없는 작은 보트를 사정없이 내리쳤다. 뱃가는 수면에서 불과 몇 인치도 안 되었다. 그들은 빈깡통으로 어떻게든 물을 퍼내려고 했으나 무엇으로 그 거대한 폭풍과 겨룰 수가 있겠는가? 선장은 균형을 유지하기 위해 돛에 밧줄을 붙들어 매달고 잡아당기려고 안간힘을 썼다. 당장이라도 돛이 쓰러질 위기에 놓였다. 그러면 배는 가라앉고 그들도 다 빠져버릴 것이다. 그 와중에 팀의 리더가 선장의 어깨를 두드렸다.

"선장님, 주님이 메시지를 주셨어요. 모든 사람들이 하던 일을 멈추고 그냥 가만히 있으면 예수님이 폭풍을 잠잠하게 하실 겁니다. 그러나 당신은 우선, 당신의 목숨을 구하려고 하는 노력을 그쳐야 돼요."

"자넨 도대체 뭐야?"

선장은 화가 났다.

"저는 주 예수 그리스도를 섬기는 사람입니다."

"전에 이런 풍랑을 경험해 본 적이라도 있나?"

"아뇨, 전혀 없어요. 보우트를 타기는 생전 처음인걸요."

"그러면 이 어리석은 사람아, 제발 가만히 있어. 뭘 안다고 잘난 체하고 그래!"

팀리더는 참을성 있게 침묵을 지켰다. 그러나 성난 파도는 전보다 더 기세를 부리며 뱃전을 때리고 바람도 더 심하게 불었다. 상황은 점점 악화되어 가고 있었다. 그리고 훨씬 악화되었다. 그러나 그들은 이제 지쳐서 더는 지탱할 힘이 없었다. 몇 분 있으면 한꺼번에 떼죽음을 당할 것이다. 모두가 희망을 잃고 포기해 버린 것을 보고 팀리더가 다시 말했다.

"자, 그럼 하나님이 이 상황을 다루실 수 있도록 권위를 드릴 준비가 됐습니까? 당신의 목숨을 건지려고 발버둥치는 노력을 그치겠습니까?"

선장은 조만간에 그들이 물에 빠질 것을 알고 있었다. 그래서 터무니없는 소리처럼 들리는 팀리더의 말대로 하도록 내버려두었다. 마침내 그는 고개를 끄덕였다.

"그럼 모두들 앉으세요. 물 퍼내는 작업도 그치고, 배가 기울지 않게 하려고 돛을 맨 밧줄을 놓으시오. 여러분 모두가 일을 쉬기 전까지는 하나님이 기적을 베풀어 주시지 않을 것이요. 주의 도우심이 아니라면 누구라도 살아날 수 있다고 장담할 수 없을 거요."

선원들이 깡통을 남김없이 다 바닥에 내팽개치자 팀 리더가 풍랑을 향하여 말했다.

"주 예수 그리스도의 이름으로 명령한다. 파도는 잠잠하고, 바람도 불기를 멈출지어다!"

그 말이 그의 입에서 떨어지자마자 기적이 일어났다. 그 사나운 파도가 공중으로부터 갑자기 바다로 내려앉는 것을 보고 선장과 선원들은 어안이 벙벙해졌다. 1초만에 6피트 높이로 되더니 그 다음에는 축 가라앉는 것이 아닌가! 바로 그들이 보는 앞에서 바다 전체가 금방 잔잔하게 되었다. 그리고 그 사나운 바람도! 그것들은 어디론가 사라져 버렸다. 마치 하늘이 입을 벌려 순식간에 삼켜버린 것처럼.

모든 것이 적막하게 조용해졌다. 물결은 잔잔한 연못처럼 평화롭게 가라앉았다. 물표면 위로 흩어진 하얀 파도 거품 외에는 그렇게 센 풍랑이 불었었다는 흔적도 없었다. 선장과 선원들은 하나님의 능력이 보여준 명백한 증거에 저항할 수가 없었다. 그들은 회교를 믿는 광신자들이었다. 그러나 바로 거기, 조그만 보우트 안에서, 해안가에 도착하기 전에 예수님께 삶을 드렸다. 선장은 그 배의 이름을 '히둡 바루'로 짓겠다고 했다. 그것은 '새로운 삶'이라는 뜻이다. 그리고 그때부터 선장은 주님의 종들이 배를 탈 때마다 무료로 태워 줄 뿐만 아니라 원하는 좌석에 앉도록 허락해 주는 사람이 되었다. 그것은 하나님이 그를 구원해 주신 은혜에 대한 감사 표시의 하나였던 것이다.

나는 나의 아버지가 언제 예수님께 삶을 드렸는지 모르나, 내가 자라는 동안 그가 진심으로 예수님을 사랑하는 것을 보았다. 아버지의 경건한 삶은 내게 깊은 영향을 끼쳤다. 내가 말했던 대로 나는 말썽꾸러기였음에도 불구하고, 난 아버지가 주 예수님께 그토록 신실한 것을 보고 늘 경탄했다. 그는 사랑하는 주님의 무슨 명령에나 순종하는 것을 두려워하지 않고 감행했다.

아버지는 위대한 전도자는 아니었다. 내 말은 그가 티모르 전지역을 다니면서 예수 그리스도를 알리는 사람은 아니었다는 뜻이다. 그는 평범한 학교 선생님이었다. 그러나 그는 주님이 그를 있게 한 평범한 장소에서 최선을 다해 복음을 증거할 것을 결심했다. 그래서 그의 학생들에게 예수님 이야기를 전했고, 많은 어린아이들이 구원을 받았다. 그는 또한 이웃 사람들에게도 증거했다. 티모르의 작은 마을에서는 그들 동네만의 목사님을 모시기가 어려웠다. 그래서 학교 선생님인 아버지가 매주일 설교하는 책임을 맡고 있었다. 나의 아버지도 진정한 복음을 알리기를 주저하지 않았다. 우리 모두가 얼마나 죄인이며 또한 오로지 주 예수님이 흘리신 보혈을 의지함으로써만 우리가 구원을 받을 수 있다고 설교하셨다. 그 결과로 마을의 거의 모든 사람들이 주님께 돌아왔다.

그런데 이웃에 사는 이교도 제사장 한 사람은 그가 사업을 벌일만한 사람들을 잃어버리는 것이 누구 때문인가를 알고 앙심을 품었다. 그래서 우리 아버지를 몰락시키기로 결심했다. 그는 가장 악독한 마법을 써서 아버지를 해치려고 했으나, 그 저주들이 제대로 말을 듣지 않는 것이었다. 주님은 반복해서 나의 아버지를 보호해 주셨다.

마침내 자기의 주술이 효력이 없음을 깨닫자, 그 마술사는 사람들을 선동시켜 아버지와 적이 되게 할 것을 결심했다. 그는 온 동네를 다니며 심한 가뭄이 바로 아버지 때문이라는 소문을 퍼뜨렸다. 아버지 때문에 귀신들이 화가 나서, 그를 제거해 버리지 않는 한 가뭄이 계속되는 상황이었다. 땅은 비가 오기를 고대하며 목말라하고 있었다.

그해따라 가뭄이 더 한층 극심하였다. 몇 달 동안이나 비가 한 방울도 내리질 않았다. 땅은 메말라 쩍쩍 갈라지고, 나뭇잎들도 말라서 떨어지고, 심지어는 풀들도 바싹 말랐다. 더욱 안타까운 것은 우물이 완전히 말라붙은 것이었다. 사람들은 마을에 있는 샘에 와서 식수를 길어가곤 했는데, 딱하게도 몇 시간 동안 줄을 서서 기다려 보았자 그 샘은 겨우 물 몇 양동이 밖에 나오지 않는 것이었다.

아버지는 그 마술사의 험담이 마을 사람들로 하여금 자신에게 미움을 돌리게 하기에 충분하리라는 것을 알았다. 그들은 비만 올 수 있다면 무슨 일이든지 할 준비가 되어 있었다. 그래서 아버지는 그 상황을 주님께 말씀드리고 진지하게 기도하기 시작했다. 하나님을 찬양할지니, 주님은 그가 어떻게 해야 하는지 지혜를 주셨다.

10월 31일, 아버지는 큰 야외 집회를 열고 마을의 모든 신자들 그리고 마술사와 그의 추종자들을 모두 초청하였다. 그리고 집회가 열리는 동안 단순한 믿음으로 하나님이 역사하시도록 했다. 마치 현대판 엘리야처럼 그는 주님의 능력이 오늘날에도 여전히 기적을 베풀 수 있다는 것을 증명해 보일 작정이었다. 그는 마술사에게 얼굴을 돌려 말했다.

"내가 바로 이 자리에 우물을 하나 파겠습니다. 나의 하나님이 나에게 물을 주시는 것을 보십시오. 만약 그분이 그렇게 하시지 않으면 나한테 오늘 내 신앙을 청산하고 당신처럼 이교도가 되라고 해도 좋습니다."

(그것은 대단한 용기였다. 물론 주님이 그런 식으로 말하라고 명령하시지 않은 한 여러분에게 그런 방법을 쓰라고 추천하지는 않는다.)

아버지와 그의 친구들은 낡은 삽을 몇 개 들고 땅을 파기 시작했다 구덩이는 기껏해야 3피트 깊이 밖에 안 되었다. 그때 거품을 일으키면서 물이 스며 나오기 시작했다. 그 물은 곧 구덩이를 채우고 넘쳐흐르더니, 언덕 아래로 흘러 내려가 메마른 황야를 향해 힘있는 물살이 되어 흐르면서 온 땅을 적시는 것이었다. 그 흐르는 물은 멈추지를 않았다. 거기에 모인 모든 사람들이 보는 앞에서 주님은 전에 없던 새 시내를 손수 지어 놓으셨고 오늘날까지 그 시내는 마르지 않은 채로 있다.

나는 2년 동안 36번 팀인 나의 매형의 팀에 있었다. 그동안 주님이 놀라운 역사들을 일으키는 것을 보았다. 우리들이 수십 개의 작은 단위 마을들마다 집회를 열고 티모르를 교차하여 여행 다닐 때 수천 명의 사람들이 회개하고 예수님께 돌아오는 것을 보았다. 또한 주님이 기적적으로 병 고침을 허락해 주시는 사례들을 목격했다.

페투아트 가까이에 있는 작은 마을에서의 어느 날 밤, 부흥 집회를 마친 후에 우리는 어느 목사님 댁의 거실에 앉아 환자들을 위해 기도하고 있었다. 사람들이 기도를 받으려고 문밖에 줄을 서서 기다리고 있었고, 한번에 한 사람씩만 거실 안으로 들어왔다. 그렇게 하는 것이 교회에서 긴 환자들의 줄을 만들고 기도해 주는 것보다 훨씬 수월했기 때문이다. 목사님 댁 안에서는 사람들과 이야기하면서 차와 과자를 먹을 수도 있었고 몇 시간씩 서있지 않아도 되었다. 그날 밤 기도를 받은 사람 중에는 나이 든 전형적인 티모르 여인 한 사람이 있었다. 그 여인은 손으로 짠 사몽을 치마 위에 둘러 입고 있었다. 아마 그 여인은 직접 빨간, 주황, 노란, 까만 실로 그것을 짠 모양이었다. 그리고 위에는 소매가 긴 블라우스를 입고 있었다. 그리고 옷 핀으로 앞을 채웠다. 티모르 여인들은 단추나 똑딱단추 같은 것을 사용하지 않고 옷 핀을 사용한다. 그들은 블라우스 앞에 큰 은빛 옷 핀이 늘어진 것을 예쁘다고 생각한다(그래서 가장 귀한 자리에도 옷 핀을 많이 꽂은 옷을 입고 나타나는 것이 보통이다).

그녀의 블라우스는 밝은 핑크와 빨간 꽃으로 온통 얼룩무늬가 놓여 있었다. 물론 그것은 그녀의 빨간 머리와 주황색 줄이 간 사몽과는 잘 어울리지 않았다. 그러나 티모르 여인들은 개의치 않는다. 그들의 개념으로는 대담한 대조를 이룰수록 좋게 보이는 것이다.

이 작은 여인의 문제거리는 명백하였다. 그녀는 턱밑으로 파파야 열매 크기 만한 혹이 매달려 있는 갑상선 환자였다(어쩌면 여러분이 파파야 열매의 크기가 짐작이 안 갈까 싶어 다시 설명한다. 그녀의 갑상선은 큰 참외만 하였다). 그러나 주님이 그것을 고쳐 주시기를 기도하기 이전에, 우리팀의 다른 멤버들은 그녀를 영적으로 도와주기 위해 기도했다. 누군가 병 고침을 받기 위해 기도하기 이전에, 그가 우선 하나님과 바른 관계에 놓이기를 기꺼이 원하는지 확인하는 것은 원칙이었다. 우리가 경험한 바로는 사람이 영적으로 그리고 감정적으로 치유를 받은 후에, 육신적인 치료를 받는 것은 문제가 되지 않았다. 그러나 가끔 한 사람의 모든 장애물을 제거하기까지는 수 시간씩 걸려야만 했다. 우리가 사역하고 있던 페투아트 지역은 바로 알라우트들이 득실거리던 중심가였고, 그날 밤 기도해 주던 사람들은 모두, 어느 정도 차이는 있으나 악령의 힘과 관련을 맺고 있었다. 우리는 참을성 있게 환자가 필요한 만큼의 시간을 보내 주고 있었다.

마침내 이 자그마한 늙은 여인이 그녀를 묶고 있던 모든 악령의 힘을 벗어버리고 예수님께 그녀의 삶을 주관해 달라고 구할 때, 우리는 그녀가 치료를 받을 준비가 됐다고 느꼈다. 나의 매형은 그 거대한 갑상선 종양 위에 손을 얹고 예수님께서 그것을 제거해 주시기를 기도했다. 그리고 우리가 기도하는 동안 놀라운 일이 일어났다. 그 갑상선이 그녀의 목안으로 녹아드는 것처럼 가라앉는 것이었다. 나의 매형은 그가 직접 얹은 손이 목으로 점점 더 가까이 움직이는 것을 느낄 수 있었다고 말했다. 기도를 마친 후 눈을 떴을 때는, 그녀의 목이 완전히 정상으로 돌아와 있었다. 갑상선 혹은 어디론가 흔적도 없이 사라져 버린 것이다. 그녀가 목을 손으로 쥐어 본 후에 그 흉한 혹이 어디론가 없어진 것을 발견하고는 기쁨으로 소리를 질렀다(아마 그녀는 내가 전에 그랬던 것처럼 예수님이 고쳐주시려면 며칠은 걸려야 될 것이라고 생각한 모양이었다). 그녀가 그렇게 소리를 지른 것을 탓하지 않는다. 내가 똑같은 입장이었더라도 그렇게 했을 테니까.

얼마 전(1973년 1월), 한 남자와 그의 아내는 하루 종일 힘들게 일하던 일터에서 풀려나 집으러 걸어오고 있었다. 그들은 자바에 있는 어느 마을의 논에서 잡초를 뽑는 일을 했기 때문에 찌는 더위에 피곤하고 더러운 모습이 되어 있었다. 그들이 터벅터벅 걸으며 이웃집 앞을 지나가고 있었다. 그때 두 사람은 그 집에서 누군가 울고 있다는 것을 알게 되었다. 그들은 깜짝 놀랐다. 울음소리가 큰 것을 보니 뭔가 참담한 일을 당한 것이 틀림없었다. 그래서 그들이 문을 두드려 보았으나 아무런 대답도 없었다. 흐느끼는 소리만 전보다 더 크게 울렸을 뿐이었다. 그래서 문을 열고 안으로 걸어 들어갔다. 집안의 작은 방에는 희미한 불빛 아래 어떤 형제가 꼼짝 않고 누워 있었고, 그 옆에는 한 여인이 더러운 바닥에 무릎을 꿇고 있었다.

"도대체 무슨 일인가요?"

그 부부가 물었다.

"오, 글쎄 남편이 죽었어요."

그 여인은 비통하게 울었다.

"얼마나 됐나요?"

"몰라요. 아마 몇 시간쯤 전일 거예요. 이렇게 내내 울고 있었어요."

그 부부는 침대로 가까이 다가갔다. 시체는 숨도, 맥도 멈춘 채로 누워 있었다. 사실은 팔이나 다리를 움직일 수 없을 정도로 꼿꼿이 굳어 있었다. 그 여인의 말이 옳았다. 그녀의 남편은 죽어 있었다.

"오, 안됐군요."

그들은 그녀를 위로하려고 말했다.

"우린 지금 곧 돌아가서 씻고 옷을 갈아입어야 해요. 그리고 나서 친구들에게 일어난 일을 알려 주고 장례 치르는 일을 도와달라고 해야겠어요. 그러나 우선 당신을 위해 기도해야겠습니다."

사실 그 농부와 아내는 믿은 지 얼마 되지 않은 초신자들이었다. 4개월 전만 해도 그들은 회교를 믿는 광신자들이었다. 그러나 주님께로 돌아온 이후에는, 할 수만 있다면 새로 받은 믿음에 대해 배우려고 애쓰는 중이었다.

그 여인이 이렇게 말했다.

"우리 목사님이 지난 주일 설교 말씀에 말예요. 예수님은 결코 변함이 없다고 하셨어요."

"2천년 전에 예수님이 죽은 사람을 살려 주실 수 있는 분이라면 오늘도 우리를 위해 그렇게 하실 수 있지요. 주님께 그의 온전한 뜻이 이루어지도록 구합시다."

그들은 머리를 숙이고 경건하게 주님께 말씀드렸다.

"사랑하는 주 예수님, 당신이 원하시면, 부디 이 남자를 죽음에서 건져 주시옵소서. 그렇지 않으면, 정말 선하신 주님의 방법으로 이 여인을 위로해 주십시오. 그녀의 마음에서 모든 슬픔을 씻어 주십시오. 당신은 무엇이 최고의 길인지를 아십니다. 그러므로 우리는 그냥 이 상황을 주님의 손에 맡겨 드립니다."

그리고 나서 그들은 여인과 인사를 한 다음에 그 집밖으로 걸어나왔다. 그런데 그들이 18m정도 걸어왔을 즈음, 갑자기 그 여인이 문밖으로 달려나오는 것이었다.

"돌아와요, 돌아와 보세요!"

그녀가 큰 소리로 부르는 소리가 들렸다.

"아니, 왜 그러세요?"

"당신들이 떠나자마자 남편이 곧 움직이기 시작했어요!"

그들이 방안에 들어왔을 때는 그 남자가 침대 중간에 앉아서 활짝 웃고 있었다.

"어떻게 된 일인가요?"

그들이 물었다.

"오, 내가 죽은 후에 예수님과 하늘에 있었어요. 그곳은 너무도 아름다운 곳이었어요. 예수님이 저를 보고 땅으로 돌아가라고 하실 때 사실은, 예수님과 함께 있는 것이 얼마나 좋은지 오고 싶은 생각이 없었어요. 그때 그는 내게 섭섭해하지 말라고 하시면서, 곧 주님이 직접 땅으로 오셔서 나의 아내도 나와 함께 영원히 살도록 해주시겠다고 말씀하셨어요."

"그거, 멋있었겠는데요."

부부가 말했다.

"그렇지만 당신이 하늘에서 그렇게 재미있게 지내는 동안 당신의 아내는 딱하게도 여기서 내내 울어야 했다구요. 왜 멋진 남편이 되어 사랑으로 위로해 주지 않았나요?"

그 농부와 아내는 집으로 돌아와 저녁을 먹었다는 것으로 이 이야기는 끝난다. 그러나 성령의 역사는 거기가 끝이 아니다. 성령은 그의 강력한 능력이 주 예수님을 통해 흘러 나가게 하셨다. 그는 또한 그 능력이 17번 팀과, 아버지, 그 농부인 부부를 통해 흘러 나가게 하셨다. 그리고 그는 또한 그 능력을 부어 주시기를 원하신다. 2천년 전 예수님이 이 땅에 사셨던 동안에 행하셨던 것과 똑같은 놀라운 역사들을 오늘날에도 이루신다는 사실을 세상에 나타내는 일에 당신을 사용하기를 원하신다. 얼마나 기쁜 사건인가! 당신은 주님의 손이 당신을 통해 놀라운 기적의 역사들을 베푸시는 것을 보는 일이 그야말로 기쁜 일이라는 것을 승인할 것이다. 성령으로 충만하게 되는 것은 그가 주시는 아름다운 은사들을 사용하여 다른 사람들을 도와줄 수 있도록 하는 큰 보너스이기도 하다. 믿음과 지혜와 병 고침과 기적을 일으키는 일 등의 은사들을 포함하여 말이다(고전 12:8-10, 롬 12:6-8을 보라). 그러나 나는 또한 지나치게 기울어진 사람들을 알고 있다. 그들이 생각하고 말하는 것은 오로지 은사들에 관한 것뿐이다. 그들이 성령 충만에 관하여 좋아하는 것은 은사들뿐이다. 그들은 성령의 열매나, 주님으로 하여금 우리의 삶을 주장하게 하는 중요한 과목들에 대해서는 열의가 없다. 그러나 실제로, 성령 충만한 삶에 있어서 위에 언급한 과목들은 매우 중요한 기초이다.

앞의 몇 장에서, 성령 충만한 삶의 네 가지 다른 분야들을 설명하였다. 〈성령의 바람이 불게 하라〉는 장은 우리 삶의 모든 영역들을 예수님께 드리는 것이 얼마나 필요한가에 대한 것이었다. 다음의 두 장은 우리를 위해 예배해 놓으신 그의 풍성한 삶의 모든 영역들을 누리는 것에 관한 것들이었다. 하늘의 왕국에 관한 설명은 실제로 어떻게 하면 성령의 열매들을 우리의 삶에 적용시킬 것인가에 관한 것이었다. 자, 이제는 이 모든 과목들 중에 가장 감격에 찬 과목에 관하여 이야기할 준비가 되었다. 바로 성령의 은사들에 관한 것이다. 이 제목을 제일 마지막으로 꺼내는 데는 한 가지 이유가 있다. 우리가 주님과 그리고 다른 사람들과 올바른 관계에 놓이기 전까지 주님은 안심하고 우리에게 일을 맡겨 주실 수 없다. 우리는 전적으로 그의 다스림 아래 있어야 하며 주님이 부여하신 새 삶의 방식을 경험해야 한다. 그리고 하나님의 능하신 기적의 역사를 위한 통로가 되기 전에 다른 사람들을 향한 사랑의 통로가 되어야 한다. 그렇지 않으면 그 능력을 다룰 수 있을 만큼 충분히 성숙하지 않은 것이다. 우리는 그의 능력을 엉망으로 만들어 놓기가 일쑤일 것이며, 악마가 하나님의 영광을 가로채 버림으로 종식되고 말 것이다. 나의 말을 오해하지 말기를 바란다. 내 말은 은사가 중요하지 않다고 하는 것이 아니다. 은사는 물론 중요하다. 사실은 아무리 강조해도 지나치지 않을 만큼 중요하다. 은사를 사용하여 사람들을 예수님께로 이끄는 능력이 없다면 다른 사람을 사랑한다고 하더라도 별로 유익이 되지 못할 것이다. 그 반대도 마찬가지이다. 성경은 세상의 모든 능력들이라도 사랑과 연합된 것이 아닌 한 한푼의 가치도 없다고 말한다(고전 13:2). 그러므로 사랑과 능력은 언제나 나란히 짝이 되어 일해야 하는 것이다.

성령의 은사들은 실제로 예수님의 역사가 그의 제자들의 삶 안에 재생산되는 것이다. 그가 이 땅에 계신 동안에 여러 번이나 능력으로 나타낸 기적들은 자신이 하나님의 아들임을 증명하는 역사임을 말씀하셨다(눅 7:20-22, 요 5:36 ; 10:36-38 ; 14:8). 똑같은 원칙이 오늘날에도 역시 적용된다. 이교도 나라에서는, 그들이 강력한 능력의 역사를 보기 전에는 사람들이 회개하여 예수님께로 돌아오지 않는다. 우리는 원하는 내용들을 설교할 수 있다. 그러나 그런 사람들을 납득시키기 위해서는 하나님의 능력을 나타내 보여 증명해야 한다.

자바 섬의 동쪽 끝은 그러한 좋은 예이다. 수천의 회교 광신자들이 거기에 산다. 내가 그들을 광신자라고 부를 때는, 진정으로 회교 미치광이를 말한다. 그들은 기독교인들을 맹렬히 미워할 뿐 아니라 그 미움을 공공연히 행사한다. 그들이 예수님을 믿는 누군가를 죽일 기회를 얻으면 하나님을 위해 위대한 업적을 세웠다고 생각하고 의기가 양양한 것이다.

오늘날, 회교도 세계가 가장 전도하기 어려운 지역이라는 사실은 잘 알려져 있다. 내 친구 한 사람은 말레이시아에서 3년간이나 선교사로서 수고했는데, 그동안 맺은 결신자 열매는 단 한 명뿐이었다.

난 회교도들이 예수님께로 돌아오게 하는 유일한 방법을 알고 있다. 주 예수님의 능력이 악령의 힘보다 얼마나 위대하게 큰가를 기적을 통해 증명해 보이는 것이 그것이다. 회교도인들은 대부분 사탄도 숭배하고 있다. 그들은 사탄의 능력이 얼마나 강한지를 안다. 그들은 약은 사람들이므로 악마보다 약한 하나님을 따르지는 않을 것이다. 그래서 그들이 기독교인이 되려면 예수님이 더 능력이 있다는 사실을 납득할 수 있어야만 한다. 그렇지 않으면 주님을 따르기 시작할 때 악마가 화가 나서 복수로 쳐버릴 것이기 때문이다.

1970년 내 친구 중의 하나는, 동부 자바에 있는 이 사람들을 위해 사역하라는 주님의 명령을 받아들였다. 그들은 노방 전도 집회를 열었다. 그리고 설교를 할 뿐만 아니라 환자들을 위해 기도하였다. 수백 명의 사람들이 치유를 받았다. 장님, 절름발이, 귀신들린 사람들이 말이다. 회교도들은 기적이 일어나는 것을 눈으로 직접 보고 난 다음에 즉시 예수님께로 마음을 향하기 시작했다. 심지어는 메카에 성지 순례를 다녀온 하드지스(hadjis)들까지도 처음으로 집회에 참가하여 단상에 뛰어 올라와서는 마이크를 잡고 모든 사람에게 지금부터는 예수님을 따를 것이라고 발표했다. 왜냐하면 그들은 주님의 능력을 보았기 때문이다(회교도가 무슨 일인가를 결심할 때는 화끈하게 실천하는 데가 있다. 무엇이 진실인가를 알면 즉시로 뛰어들어 자기 것으로 만든다).

주님을 찬양할지니, 이런 회교 광신자들이 수천 명이나 회심하고 주께로 돌아왔다. 40개 이상의 교회들이 개척되었다. 기적이 일어난 것이다. 앞에서 말한, 죽은 남자를 위해 기도하고 살아나도록 한 그 농부 부부도 이 지역 출신의 사람들이다. 그들의 이야기는 그 지역에서 진행되고 있는 굉장한 부흥 이야기의 단편에 불과하다.

우리 아버지가 엘리야처럼 물을 주시도록 하나님께 담대히 기도한 이야기를 기억하는가? 주님이 그 아름다운 기적을 베풀어주신 결과로, 그렇게 문제를 일으키던 마술사(이교도 제사장)도 역시 회심하게 된 것이다. 하나님의 능력이 너무나 커서 저항할 수 없었다. 이것은 부흥이 일어난 비결 중의 하나이다. 우리는 하나님의 능력에 대해 설교할 뿐만 아니라 직접 그분이 우리를 통해 표적과 기사를 보여주시도록 함으로써 그 능력을 나타내 보인 것이다.(롬 15:18-19, 고전 2:4).

그리고 여러분에게 아직 말하지 않은 비밀이 있다. 우리팀이 작은 단위의 마을에 들어가서 복음을 증거할 때는, 회심자들에게 제자 양육시키는 일을 병행하였다. 그래서 팀이 다른 지역으로 복음을 전하러 떠날 즈음엔, 또 다른 새 팀이 탄생되었다. 이 초신자 전도팀은 다른 지역으로 예수님을 알리기 위해 떠났다. 주님은 이 새 전도팀을, 모체 전도팀을 쓰셨던 것과 마찬가지로 기름을 부으시고 치유와 귀신을 쫓아내는 등과 같은 기적들이 일어나도록 하셨다.

나의 민족은 중요한 교훈을 배웠다. 하나님의 눈에는 어떤 특정한 한 사람이 다른 사람들보다 특출나게 영적인 것도 아니다. 하나님이 어떤 사람을 기적을 일으키는 데 쓰실 수 있다면, 그는 누구라도 마찬가지로 쓸 수 있는 것이다. 티모르 사람들은 팀의 멤버들을 특별난 사람으로 여기지 않는다. 그들은 어떤 부류의 사람들을 우상화하여 뒤따르지 않는다. 대신 그들은 예수님을 따른다. 그들이 하나님과 바른 관계에 놓이기만 한다면 그들을 통해서도 기적이 일어나지 않을 리가 없는 것이나.

"내가 진실로 진실로 너희에게 이르노니 나를 믿는 자는 나의 하는 일을 저도 할 것이요 또한 이보다 큰 것도 하리니 이는 내가 아버지께로 감이니라"(요 14:12).

이 성경 말씀은 내 마음에 강하게 부딪쳐 온다. 이 구절에서 예수님이 무엇을 의미하는지 아는가? 우리 모두가 진정으로 올바르게 그를 믿는다면, 그가 세상에 계신 동안 행하셨던 것과 똑같은 놀라운 일을 할 수 있을 것이다. 하나님의 능력이 예수님을 통해 흘러 나갔던 것처럼 우리도 그와 같은 일을 경험하리라는 것이다. 우리의 삶에 기적이 일어난다.

"예수님은 그의 역사를 이루는 데 날 쓰기 원하시네. 그리고 나의 친구여, 그는 당신을 사용하시길 원하신다."

주님의 계획은 당신이 문둥병자를 주님이 하신 방법대로 깨끗케 하는 것이다. 그는 당신이 환자들을 위해 기도해 주고 난 후에 뒤로 물러나서 주님이 그를 완전한 건강으로 회복시키는 것을 보기를 원하신다. 그는 당신이 귀신을 쫓아내며 죽은 자를 일으킬 만큼, 그의 능력에 대해 확신과 자신감으로 대담하게 되기를 원하신다(막 10:8).

당신은 요한복음 3:16을 개인적인 약속으로 받아들이기 위해 '세상'이나 '누구든지' 대신에 자신의 이름을 넣어 읽어본 적이 있는가? 그러면 다음과 같이 되지 않는가(당신의 이름을 넣어 읽어 보라).

"멜 태리가 그를 믿으면 멸망치 않고 영생을 얻게 하려 하심이라."

모든 기독교인들은 요한복음 3:16을 좋아한다. 그들은 예수님이 이 말씀을 하셨을 때 진정한 의미가 함축되어 있다는 것을 안다. 그들은 예수님이 다름 아닌, 바로 그들을 위해 이 말씀을 하신 줄을 안다. 그러나 사실은, 예수님이 말씀하신 요한복음 14:12는 그보다 더 강조하여 말씀하시려고 하셨던 것이다. 그는 우리가 그의 말을 믿기 어려워 할 것이라는 것을 아셨다. 그래서 앞에 '진실로 진실로'를 붙인 것이다.

그러면 이 구절에 당신의 이름을 넣어 읽어 보라.

"내가 진실로 진실로 너에게 말한다. 멜 태리가 나를 믿으면 나의 하는 일을 저도 할 것이요, 또한 이보다 큰 것도 하리니 이는 내가 아버지께로 감이니라."

얼마나 강력한 말씀인가? 왜 우리 중 많은 사람들이 그들의 삶 속에 예수님의 역사가 재생산되는 것을 보지 못하고 있는가? 내가 믿기로는 그들이 단순한 믿음을 실천하지 않기 때문이다. 주님이 우리를 사용하시기 이전에 우리는 그를 알기 위해 집중해야 한다. 각 상황에서 그가 무엇을 원하시는지를 깨달을 정도로 그를 알아야 하는 것이다. 주님이 이렇게 말씀하실 때 곧 알아들을 수 있도록 그와 충분히 가까이 사귀라.

"오늘 오후 병원에 가서 미리 아줌마를 위해 기도해 주라. 내가 그녀의 부러진 허리를 고쳐 주겠다"(의사들은 깜짝 놀랄 거야). 혹은 "이 천둥치는 폭풍은 날 영화롭게 하지 못한다. 악마가 내 백성들이 교회에 나가지 못하게 하려고 방해를 놓고 있는 거야. 예수의 이름으로 폭풍의 기세가 가시도록 명령하라. 그리고 하늘에게 맑고 파랗게 변하라고 명령하라. 지금 이 날씨에 기적이 일어나도록 하겠다." 혹은 당신의 남편이 미리 알려 주지도 않고 15명의 친구들을 집에 데리고 오면, 예수님은 이렇게 말씀하실 수도 있다.

"난 너희 집에 있는 햄버거 요리가 온 사람들이 다 먹기에는 넉넉지 못하다는 것을 안다. 이 음식을 내게 맡기라. 내가 지금 기적을 일으키도록 기도하라. 전에는 없던 음식을 창조해 내겠다."

우리가 전적으로 주님께 의탁 드리고 온 맘을 다해 그를 사랑할 때, 우리가 사랑하는 주님께로 직접 더 가까이 이끌어 가는 그의 부드럽고도 잔잔한 바람이 우리의 삶에 아무런 방해를 받지 않고 불도록 할 때, 조만간에 우리는 바로 예수님의 일을 할 것이다.

그러나 우리는 주님이 맡겨 주신 책임 분량만큼만 일할 수 있다. 우리 모두는 한 팀으로써, 영광스러운 그리스도의 몸의 서로 다른 지체들로써 연합해야만 한다. 사랑 안에 연합하여 성령의 능력을 통해 나란히 손을 잡고 일해야 한다. 그러면 우리의 뭉쳐진 노력들로 주 예수님의 일이 수천 배나 크게 성취될 것이다.

  그렇다. 온 세계의 그리스도인들의 삶 안에 역사하고 있는 고요하고도 잔잔한 바람은 급하고도 강하게 불어닥치는 한 바람을 형성할 것이다. 그 능력이 마지막으로 한번 박차를 가할 때, 그 위대한 능력의 바람은 지구 위 어느 곳에나 부흥의 불길을 일으키며, 왕중 왕이 그의 영원한 왕국을 하늘로부터 내려오게 하는 그 날을 위해 땅을 준비시키며 사방에 세게 불게 될 것이다.

할렐루야!

11
신랑을 맞이할 준비

 오, 보라! 저 천사들이 얼마나 기쁘게 움직이고 있는가를! 저기 바닥에 식탁들을 차리고 있는 천사를 보라. 빛나는 거대한 방안에 식탁들을 길게 줄지어 차리려고 하고 있다. 몇몇 천사들은 왼쪽에서 황금 접시들을 나르고 있다. 저기 문으로 막 들어오고 있는 천사가 보이는가? 그는 테이블 위에 놓일 금잔들이 담긴 쟁반을 실은 수레를 밀며 들어오고 있다. 그리고 오, 보라! 저기 창가에 장미꽃을 한아름 안고 아름다운 얼굴을 한 채 서있는 저 천사를! 그는 각 접시들마다 옆에 꽃을 한 송이씩 놓을 모양이다. 그들은 큰 파티를 열 준비를 하고 있다는 짐작이 간다. 그렇지 않은가!
 부엌에서 솔솔 새어 나오는 멋진 냄새들이 나를 배고프게 한다. 저마다 요리사들이 이번에야말로 최고의 실력을 발휘하고 있는 것이다. 냄새를 맡아보면 알 수 있듯이, 틀림없이 뛰어난 요리 기술을 솥에 담아내고 있는 것이다. 그러나 그 연회장만이 천사들이 준비하고 있는 장소의 전부가 아니었다. 천사들은 사방에서 일하고 있다. 현관에서, 복도에서, 큰 창고에서 그리고 보좌가 놓인 방에서 …… 오, 그 위대한 보좌에 광을 내고 있는 천사들이 보이는가?

그들은 하나가 아닌 두 개의 벨벳 방석을 놓고 있다. 그리고 그 위에 가장 값진 왕의 의복들을 놓고 있는데 그것들은 보석이 촘촘히 박힌 옷들이다. 이미 눈부시게 빛나는 이 방에 촛불이 온통 켜진다. 거대한 대관식이 열릴 준비인 양.

신부의 방에는 가장 정성스럽게 공들여 놓은 갖가지 준비들이 진행되고 있다. 천사들은 구석구석마다 사랑의 달콤한 향기를 흩뿌리고 있다. 그들 중에는 샹들리에부터 문의 아치로 이어지는 벽까지 꽃다발을 고리로 달아 매달고 있는 천사들이 있다. 다른 이들은 진홍빛 꽃잎들을 뿌려 찬란한 양탄자를 깔고 있다. 그 바닥의 중앙에는 눈부신 보석함이 놓여지고 있는 중이다. 그것은 신랑이 신부에게 준 선물인 모양이다 – 물론 그 자신을 선물로 주는 이외에도 말이다. 온 하늘은 기쁨에 들뜬 분위기로 술렁거린다. 어느 순간이고 주 예수님이 그 거룩한 홀에서 나와 신부를 맞으러 나오려고 하고 있다. 그러면 빛나는 영광을 입은 채, 그들은 세상에 없는 영원한 기쁨을 함께 누리는 삶을 시작하기 위해 하늘 문으로 들어가게 될 것이다. 그러나 신부는 우선 티 없이 곱고 하얗게 빛나는 옷을 입고 자신을 준비해야만 한다.

"서둘러요. 서두르라고요!"

천사들이 부른다.

"결혼식 진행 시간이 거의 다 됐습니다!"

하늘의 메시지가 지구 위로 보내지면서 하나님의 자녀들에게 곧 신랑이 내려와 그들을 집으로 데려갈 것을 일깨우고 있다. 하나님은 그의 모든 자녀들이 이 중요한 소식을 빠짐없이 받게 되길 원하신다. 그래서 1973년에는 그의 사자들 중 하나를, 석기 시대 사람들처럼 상상할 수 없을 정도로 원시적으로 사는 '서부'란 한 섬으로 보내셨다(아마 여러분은 그 섬을 '뉴기니아'라고 부를 것이다).

어느 날 예수를 믿는 한 부인이 그녀의 밭에서 오우비 뿌리를 캐고 있었다(거기는 석기 시대만큼이나 원시적인 채소 상가였다. 누군가 채소를 사려면, 그냥 채소상의 밭에서 캐가면 그만이다). 그녀도 그런 스타일이었는데, 입은 옷이라고는 풀로 엮은 허리를 두른 치마뿐이었다. 그녀의 두 애들은 옆에서 정신없이 놀고 있었다. 그들은 좋은 시간을 보내고 있었다. 그런데 갑자기 그녀는 위를 올려다보게 되었다. 그리고 그녀 앞에 서있는, 다름 아닌 매우 이상하게 생긴 남자를 보게 된 것이다. 그녀는 깜짝 놀랐다. 그녀는 생전 그런 옷차림을 한 사람을 본 적이 없었다. 그러나 그가 말을 꺼내기 시작했을 때, 그의 이야기는 한층 더 이상한 내용이었다.

"나는 하늘에서 온 사자입니다. 가장 높으신 하나님이 보내서 왔습니다. 그는 당신이 마을로 돌아가라고 말씀하셨습니다. 그러니 모든 사람에게 준비하라고 말씀하십시오. 왜냐하면 왕이 오실 것이기 때문입니다."

아무런 경고도 없이 그는 바로 그녀의 눈앞에서 홀연히 사라졌다. 그 여인은 뭔가 놀라운 일이 일어났다는 것을 알아차렸다. 이 신성한 명령에 불순종하면 안 되겠다는 결심이 생겼다. 그녀는 땅을 파던 연장을 내던지고 두 아이를 꼭 안고는 마을로 뛰어가면서 모든 사람들에게 소리질렀다.

"준비하세요! 준비하세요! 왕이 오십니다!"
"누가 왕인데요? 준비하려면 어떻게 해야 하나요?"
모든 사람들이 물었다.
"몰라요. 그 사람이 얘기를 안 해줬어요. 그러나 아마 그 선교사님은 알거예요."

그는 알고 있었다. 하나님을 찬양할지니, 그 지역에는 C & MA(Christian and Missionary Alliance) 선교사 한 분이 사역하고 있었는데 사람들이 그에게 질문할 때 예수님과 재림에 대해 충분히 알려줄 수 있었다.

몇 년 전, 알로 섬에서 작은 부락 사람들에게 결정적인 사건이 필요했다. 그래서 다시 하늘의 주권자는 그의 천사를 보내어 기쁨의 선포를 하도록 하였다. 그러나 우선 무슨 일이 일어났는지를 설명하겠다.
주님은 그 섬에 부흥을 시작하셨다. 부흥은 주님이 그의 주권으로 정한 한 사람(이번 경우 그는 학교 선생님이었다)으로부터 시작되었다. 어떤 사람의 영향력도 없이 예수님은 자신을 그에게 계시해 보이고 구원의 도를 설명하셨다. 그가 주님께 마음을 드렸을 때, 그는 성령으로 충만하게 되었다. 그리고 다른 사람을 주님께로 인도하려는 진정한 갈망을 갖게 되었다. 그는 심하게 가파른 산을 오르내리면서 모든 사람들에게 예수님을 증거하였다. 곧 조그만 회심자 팀이 그와 힘을 합하게 되었다. 그 지방에 살던 소위 기독교인이라고 불리우는 사람들은 대단히 화가 났다. 새로 생긴 이 그룹의 행동하는 방식이 그들의 태도와 천지 차이로 다른 것을 보고 피가 끓었다. 왜냐하면 이 그룹도 무당을 따라가는 일을 더 이상 하지 않을 뿐만 아니라 술도 마시지 않고 담배도 피우지 않았는데, 그들은 더 예수님 안에 새 삶을 누리는 기쁨으로 만족해 보였다.

소위 크리스찬이라고 부르는 사람들이 진정한 크리스찬들을 미워했다. 그들은 시기심으로 참을 수가 없었다. 그래서 그 회심자 그룹을 방망이로 때려주고 난 후 경찰서로 끌고 갔다. 그 사악한 자들은 그 '예수님의 사람들'에 관해 미친 사람들이라는 거짓말을 지어내며 가두어 두어야 한다고 주장했다(실제로 그들은 이 진짜 기독교인들의 사역이 너무나 확산될까봐 겁이 났다. 그들은 얼마 안 가서, 사람들이 죄를 버리고 모두 하나님께로 향해버릴 만성 질병이 퍼질까봐 두려웠다).

그 새신자 그룹에게는 혹독한 핍박의 때였다. 그들은 결사적으로 주님이 그들을 위로해 주실 뿐만 아니라 버틸 수 있는 힘을 주시는 것이 필요했다. 그래서 어느 날 오후엔 기도하기 위해 모두 교회 앞뜰에 모였다.

갑자기 하늘은 천사들로 붐볐다. 키 큰 코코넛나무들 꼭대기, 머리 위로 수십 명의 천사들이 이리저리 날아다녔다. 천사들도 한소리로 찬양하고 있었다. 아름다운 하늘의 노래가 마을 전체에 퍼졌다.

주 예수 이름 높이어 다 찬양하여라!
금면류관을 드려서 만유의 주 찬양.
금면류관을 드려서 만유의 주 찬양.

이것은 비전이 아니었다. 교회 옆을 지나는 사람들은 누구나 그 천사들을 볼 수 있었다. 그리고 동네의 모든 사람들까지도, 또한 그들을 박해하던 자들도 노랫소리를 들었다.

그 노랫소리는 점점 더 확산되었다. "면류관 씌우세! 면류관 씌우세!

만유의 주께 면류관 씌우세!"

곧 작은 그룹은 어디론가 수송되어지는 기분을 느꼈다. 그들은 하늘의 방으로 올려간 것이다. 더 이상 딱딱한 바닥에 앉아 있는 상태가 아니었다. 대신 그들은 보좌 주위에 무릎 꿇고 그의 영광의 광채에 휩싸여, 그들을 사랑하는 분 앞에 마음 깊은 데서부터 울먹이며 찬양과 경배를 드리고 있었다.

빨리, 아주 빨리 그 시각이 오리라. 그들은 이 역경의 세상을 영원히 떠날 것이다. 그리고 그들의 모든 고통과 핍박은 구세주의 발 앞에 던져진 빛나는 보석들로 바뀔 것이다. 그렇다! 한때 그토록 극심하며 견디기 어려웠던 시련들은 그들의 능한 왕이시며 주인이신 주께로 향한 귀중한 표시로 남을 것이다.

부흥이 일어난 첫주 동안 주님은 우리에게 강력한 명령을 내리셨다. 그날 밤, 여느 때와 마찬가지로 큰 예배당 안에 자발적인 예배가 드려지고 있었는데 '자코바'라는 소녀가 수백 명의 다른 사람들과 함께 예배에 참석하고 있었다. 그녀는 부흥이 시작되는 바로 며칠 전날 밤 영어로 방언을 하던 자매였다. 『급하고 강한 바람처럼1』에 나오는 이야기를 기억하는가(『급하고 강한 바람처럼1』p. 30, 31을 보라).

모든 사람이 찬양하고 있는 동안 주님이 말씀하셨다.

"자코바, 일어나라. 교회 밖으로 나가 보아라."

그녀는 순종했다. 주님이 이어서 말씀하셨다.

"자, 하늘을 올려다 보아라."

자코바가 위를 올려다 보았을 때, 밤하늘에 빛나는 별들의 군대에 둘러싸여 있는 아름다운 천사가 있었다. 그 천사는 20피트나 되는 큰 키에, 손에는 황금 나팔을 갖고 있었다. 자코바가 바라보고 있을 때 그 큰 천사는 나팔을 입에 대고 가만히 있었다. 바로 그때였다. 주님의 목소리가 하늘을 가로질러 가는 천둥처럼 메아리치는 분명한 음성으로 퍼졌다.

"나의 백성들에게 준비하고 예비하라고 이르라! 그들에게 내가 아주 빨리 다시 온다고 말하라!"

이 메시지는 우리가 전국을 여행하며 어디에서나 주님을 전파할 때, 우리의 심장에 고동치는 맥박이 되었다. 나는 이 소식이 바로 인도네시아에 부흥이 일어난 깊은 목적이었다고 믿는다. 주님은 곧 재림하시는 날을 위해 그의 백성들이 귀한 신부로서 준비하기를 원하시기 때문에 우리 가운데 그런 능한 일을 하신 것이다.

"준비하라!"

예수님은 우리에게 촉구하신다. 그러면 준비하기 위해 무엇을 해야 하는가?

이것은 실제로 이 책 전체를 통해 이야기 되어져 온 주제이다. 우리의 신랑을 위해 우리가 준비할 수 있는 유일한 길은 '정상적이고도 건강한 그리스도인들이 되는 것'이다. 신자로서의 삶은 주님이 계획해 놓으신 대로 사는 것이다. 우리를 향한 예수님의 계획은 무엇인가? 우리가 주님의 풍성한 삶을 누릴 수 있도록, 그가 우리를 성령으로 충만하게 채우시도록 하는 것이다. 주님께 온 힘을 다하여 가까이 사귀어 살므로 다른 사람들에게는 그의 사랑과 능력이 증거되도록 하는 것이다. 우리의 전부를 바쳐 열정적으로 주님을 사랑하고 다른 모든 것에 앞서 우선권을 주님께 두는 것이다. 그렇다. 진정한 신부라면 신랑을 깊이 사모하므로 그를 위해 기꺼이 고통 받을 준비까지 되어 있어야 한다. 신부가 그 사랑하는 자와 함께 있는 한 어떤 역경도 못 견딜 만큼 어려울 것이 없다. 앞으로는, 우리가 진정으로 예수님을 얼마만큼 사랑하는지 증명해 보이는 것을 요구할 핍박의 날들이 더욱 잦을 것이다. 이 마지막 날은 매우 기쁜 날이다. 사실이다. 그러나 또한 매우 어려운 환경의 날인 것이다. 사탄은 싸우려고 만반의 준비를 갖추었다. 그는 광분해 있다. 왜냐하면 그의 날이 얼마 남지 않았기 때문이다. 그래서 그는 예수의 사랑하는 자들을 핍박하고 못살게 굴려고 작정한 것이다. 성경은 실제로 우리가 온 마음으로 예수님을 사랑하면 핍박을 당할 것이라고 말씀하고 있다(빌 1:29, 행 14:22, 딤후 3:12). 이 마지막 날에 많은 사람들은, 세상에 임할 재난에 대해 환상을 보며 예언한다. 티모르에서는 부흥이 시작된 이후로 줄곧 그런 환상이 보여졌다. 그러나 그 메시지는 우리가 겪어야만 하는 문제들을 강조하는 것이 아니다. 하나님은 언제나 우리에게 이렇게 말씀하셨다.

"걱정하지 말라. 내가 너를 돌보아 주겠다. 무슨 일이 일어나더라도 너와 함께 있겠다!"

하나님은 우리가 극심한 역경의 와중에서도 압도적으로 승리하시기를 원하신다. 그는 그를 향한 우리의 믿음이 굳건하기 때문에 그런 핍박을 당하는 중에도 그의 풍성한 삶을 누릴 수 있기를 원하신다. 그것은 신앙의 가장 큰 힘이다 - 우리가 고난을 당하는 중에도, 예수님과 함께 함으로써 나오는 큰 만족과 행복으로 넘치도록 기뻐할 수 있는 것이다. 그러나 예수님이 오시기 전에 우리는 왜 고난을 받아야 할까? 그것은 우리로 하여금 더욱 예수님을 갈망하도록 하며, 영원한 새 집에서 누릴 순결함과 아름다움을 감사하도록 만들 것이다. 이 죄악 된 세상의 역경에서 풀려나는 날, 그 해방감이 얼마나 크겠는가? 그러나 어쨌든 한 가지를 확실히 알 수 있다. 우리가 어떤 고난을 당하는 동안이라도, 내내 예수님이 우리를 안전하게 인도해 주실 것을 큰 확신으로 신뢰할 수 있다는 것이다. 그의 사랑은 어느 때보다도 강렬하게 우리를 보호해 주실 것이며 모든 필요를 공급해 주실 것이다.

할렐루야! 이 땅에서 받는 잠시 동안의 시련은 장차 모든 상상을 초월한 영광스러운 날들을 위한 전주곡에 불과하다. 내가 맨 처음 구원받았을 때, 도대체 천국은 어떤 모양일까 하고 늘 궁금해 했었다. 그리고 내가 생각할 수 있는 가장 멋진 광경을 그리곤 했다.

그리고 여쭈어 보았다.

"예수님, 천국은 어떻게 생겼습니까?"

"아니다 멜아. 그보다 훨씬 더 멋있단다."

그래서 난 나의 온 머리를 다시 짜내야 했다. 처음 그린 것에다가 굉장한 광경들을 더했다.

"주님, 그러면 이만하면 될까요?"

"아니다. 그보다 훨씬 더 멋있지."

현기증이 날 때까지 온갖 상상력을 총동원하였다.

"오, 예수님!"

난 숨을 헐떡이면서 말씀드렸다.

"오, 천국이 이보다 더하지는 못할 거예요!"

"멜, 네가 포기하는 편이 나을 것이다. 천국은 그보다 훨씬 아름답다. 그곳을 네 작은 두뇌로 그려내기엔 너무 벅차다."

주님은 이렇게 대답하셨다.

"하나님이 자기를 사랑하는 자들을 위하여 예비하신 모든 것은 눈으로 보지 못하고 귀로도 듣지 못하고 사람의 마음으로도 생각지 못하였다"(고전 2:9).

오! 하나님은 엄청난 축복을 예비해 두신 것이 틀림없다. 상상할 수 없을 만큼 아름다운 미래가 우리 위에 펼쳐질 찰나에 있다. 천국이 우리가 기대하고 소망하는 모든 것이라면, 우리의 마음은 흥분으로 채워지며 살기에 충분하지 않은가!

그러나 나의 친구여! 당신과 나는 그보다 더한 영생의 약속을 받았다. 당신과 나는 주 예수님 그분의 사랑하는 자로 택함을 받은 것이다. 우리는 주의 얼굴을 맞대고 바라보며 즉시로 그를 알게 될 굉장한 영예가 주어질 것이다. 그는 영원토록 우리로 그와 함께 다스리도록 우리를 선택하셨다. 우리는 실제로 보좌에 앉으신 예수님과 앉으며, 그의 가장 사랑하는 여왕으로서 왕국의 의복이 입혀질 것이다.

오, 예수님과 함께 있을 수 있는 순전한 기쁨이여! 날이 갈수록 우리는 그의 얼굴을 올려다보며, 그의 모든 아름다움에 취하여 압도될 것이다. 그가 우리에게 이 땅에서는 생전 이해하지 못했던 깊고도 심오한 비밀들을 속삭일 때, 그의 얼굴에서 나는 광채는 우리들의 속 깊은 데까지 따뜻하게 스며들어 비출 것이다.

손에 손을 맞잡고 그는 우리를 영광의 복도로 지나도록 인도하실 것이다. 그는 분명, 그런 아름다운 신부를 취하게 된 기쁨에 넘쳐 우리를 천사들에게 자랑스럽게 보여주실 것이다. 우리는 그의 마음에 지극히 사랑하는 애인이므로, 그는 사랑하는 자를 위해서라면 아무것도 아끼지 않을 것이다. 그의 아버지 하나님으로부터 상속받은 엄청난 보물들을 또한 우리에게 나누어 참여하게 하실 것이다. 그의 능력과 명예와 그리고 빛나는 영광을!

그렇다. 지금 어느 순간이라도 역사의 결정이 시작될 준비를 하고 있다. 주 예수님은 그의 하늘 왕궁으로부터 달려 내려와 우리를 그의 신부로 취할 것이다. 그리고 찬란한 영광의 옷을 입은 채로, 신부와 신랑은 견줄 데 없는 기쁨을 함께 나누는 삶을 시작하기 위해 하늘 문에 들어갈 것이다.

아멘!